父母的格局

成就孩子的『第三种力量』

黄静洁·著

中国妇女出版社

谨以此书

作为十八岁的生日礼

献给爱儿谭焉（Ian）

你用十八年的岁月

成就了一位母亲

并陪伴弟弟一起成长

爱你们

更爱你们带给我的世界

推荐序一

静洁终于出书了。

她以18年来在中美两地养育孩子的亲身经历，和近10年来与中国年轻父母探讨育儿经验的独特体悟，完成了这本《父母的格局》。

在中国历史上，大概没有哪一代父母像今天这样纠结。传统的育儿观念、教育观念、亲子关系受到前所未有的挑战，从孩子什么时候分床睡，到究竟该上什么样的学校；从能不能打骂责罚，到如何启齿谈“情”说“性”……父母们各执一词，莫衷一是。成年人的焦虑投射到孩子身上，让这一代中国孩子疲于奔命，迷失方向。表面上，是因为大家的手头有钱了，选择增多了，视野全球化了；深层里，是对待人生、看待世界的价值观或是评价体系在剧烈转变，且尚未完成。许多历史遗留的、集体无意识的沉淀，反过头来纠缠我们，让我们进退失据，左右为难。

有这样两个问题往往被隐藏在表面冲突的背后。

第一个问题：孩子是谁的？

孩子因父母来到这个世界上，所以就属于父母吗？在中国传统的伦理关系中，孩子当然是父母的。“身体发肤，受之父母，不敢毁伤，孝之始也。立身行道，扬名于后世，以显父母，孝之终也。”《孝经》如是说。在历史上相当长的一段时间里，人们认为，既然父母给予了孩子生命，那么打骂、责罚，甚至以不孝之名剥夺孩子的生命，都是情理之中的事情。

同时，中国父母对孩子的付出，从金钱到情感，责任几乎是无限的：节衣缩食供孩子读书，孩子成年了还要帮他们找工作、相亲、买房子、带孙子……与这样“无限”的付出相对应，父母对孩子的期许也常常令人胆怯。学业上要比过邻家的小孩，为父母“争气”；择业时要替父母完成没有实现的梦想，出人头地……这倒不是说父母贪心，要求孩子给自己多大的回报，而是基于这样一种逻辑，即“我为你牺牲这么多，你就该听我的，一切都是为你好”。

基于这种逻辑，孩子就要去你为他选的学校；下课了去参加你为他选的学习班；未经他的允许，你可以检查他的日记和电脑；他应该听从你的建议选择“有出息”的专业；有的母亲甚至认为，儿子即使结婚了，也应该听妈妈的话，而不是媳妇的。

许多的矛盾与不幸就从这里开始了。

以爱的名义包办一切，孩子就失去了成长的内在动力和负责任的能力；以爱的名义如影随形，就剥夺了孩子的空间，让他们在父母的关注中喘不过气来。这种内心的压抑与痛苦不仅是一种悲哀，也产生了怨恨和疏离，伤害了亲子关系。所以是否认识到孩子作为独立个体存在的价值，说到底，取决于对生命抱有怎样的态度。孩子借由我们来到这个世界，但他们不属于我们，而属于他们自己，属于这个世界。为人父母的责任不是借由孩子让自己脸面有光，而是帮助他们完善自我、学习选择、学习为自己的决定和行为负责任，甚至给予他们犯错误的权利。

黎巴嫩诗人纪伯伦在《孩子》一诗中写道：

你的儿女，其实不是你的儿女。
他是生命对于自身渴望而诞生的孩子。
他们借助你来到这世界，却非因你而来，
……
你可以给予他们你的爱，却不是你的思想，
因为他们有自己的思想。
你可以庇护他们的身体，却不是他们的灵魂，因为他们的灵魂属于明天，属于你做梦也无法到达的明天。

……

你是弓，儿女是从你那里射出的箭。

……

怀着快乐的心情，在弓箭手的手中弯曲吧，

因为他爱一路飞翔的箭，也爱无比稳定的弓。

静洁在这本书中讲到父母的四种智慧，正是基于对孩子个体生命价值的尊重和信任。承认我们其实不懂自己的孩子，才会虚心倾听和理解他们；让孩子选择，护航他们心中的坚持，就是尊重他们的个性和梦想；给孩子时间，相信他们内在的力量，保持成长的自然节奏，甚至让他们“在错误里多待一会儿”；让孩子学会独立生活和思考，不做始终在头顶盘旋的“直升机父母”……我非常赞同静洁的建议，特别想对那些紧张焦虑、用力过猛的父母们说：“别把所有的劲儿都使在孩子身上！”因为对孩子影响最大的不是你硬要灌输给他们的东西，而是他们从你身上看到了什么样的活法！

这也就引出了第二个问题：你究竟打算怎样度过这仅有一次的、自由而珍贵的生命？这既是给孩子的问题，也是给父母的问题。在这方面，父母说什么其实没有太大作用，怎么做才是关键。

静洁在书中把这称为“父母的格局”。如果父母把接受良好教育的目的理解为光宗耀祖、挣大钱、买大房子，那么孩子的学习动力和压力也就停留在这个层面上。这不仅局限了孩子的格局，也恰恰让他们无缘进入致力于培养改善世界的领导者的“名校”，因为没有什么比自私、虚荣的学习目的更能引发“一票否决”的了。当然，对“名校”的迷信，也正是家长们普遍存在的迷思。

出现这样的状况，错误不在孩子，而在于很多父母自己正处于价值观的混乱期。试问我们自己：我们做过什么来帮助他人、改善世界？我们有对知识的好奇心并不断学习吗？我们有独立思考能力而不是人云亦云吗？我们能够承认错误、接受改变吗？我们面对困难时做出过各种努力吗？

父母自己如果无法回答这些问题，又怎能指望孩子尊重我们，并以我们为榜样呢？孩子的眼睛是雪亮的，如果父母一边搓麻将，一边训斥孩子“要好好读书”；如果父母一边炫耀花钱“搞定”老师，一边要求孩子“做正直的人”；如果父母天天吐槽，怨天尤人，而让孩子“积极乐观”；如果父母斤斤计较，却希望孩子“大度包容”……那可真是缘木求鱼了。

父母的格局也在于拥有自己的独立空间和天地。静洁是一位出色的杂志出版人。她的先生谭盾是举世闻名的音乐家，经常在世界各地采风、创作、指挥或担任大型音乐节的艺术总监。其实，静洁如果相伴左右、云游四方，应该是挺风光、挺轻松的生活方式。不过，为了孩子们有更稳定的成长环境，她在孩子幼年时选择更多地留在家里陪伴孩子。而她的陪伴，“质量”就太高了。每天孩子回家，在餐桌上，她并不急于检查孩子们的功课，而是“笨笨”地问一些有趣的问题，让孩子们为她“上课”，无论是谈论流行音乐还是探讨年轻人的政治观点，都使孩子们很有成就感。她放手让孩子们设计旅行路线，即使他们弄错了距离和时间，害得膝盖不好的她多走了个把钟头，也陪伴到底。她细心观察孩子的兴趣与才能，并且做他们的啦啦队和好朋友，帮助孩子开始对某个领域自发追求，形成“软”实力。同时，她也懂得如何在激励和竞争中把握分寸，让孩子打好学业基础的“硬”实力。她还带领孩子去旅行和进行户外活动，让他们开阔眼界、强健体魄，为他们带来终生的益处。

不过，最让我佩服的，是她从不放弃自己的学习和追求。在照顾两个孩子的同时，她还创办了儿童教育网站，并在线上线下完成了与千万家长的互动咨询。她没有过分身乏术，时差倒不过来，或是被琐事困扰抓狂的时候吗？我想一定不少。但她热爱自己所做的这番事业，也乐在其中。正当她暗地里自责没有给孩子更多时间时，孩子却给了她大大的惊喜。在学校面试中，当老师询问她的儿子最钦佩的人物时，儿子的答案正是自己的母亲，因为“她在凭一己之力努力改变中国家庭的育儿观念”。看，这就是孩子眼中的母亲，一位相信且热爱一份事业并传播知识与希望的人。还有什么是比这更好的陪伴？静洁说：“如果每位父母都能抱着改变世界、贡献世界的观念和格局养育孩子，那么不仅世界会变得更美好，我们的孩子也会变得更优秀、更强大，他们的人生将更有格局。”

说得好，做得更好。我为静洁感到骄傲，也希望有更多的父母从她的这本书里得到启发，给自己一份笃定，还孩子一片天空。

杨　澜

2016年11月

推荐序二

静洁的书即将出版了，我除了要祝贺她之外，还由衷地为她高兴。记得她曾带着20名孩子去贫困的肯尼亚做公益夏令营，其间发的微信和微博，内容丰富，观点鲜明，颠覆了一些传统的教育观。当时我就劝静洁要把这次去肯尼亚夏令营的各种素材总结成书。但因为她不仅工作忙，还是两个孩子的母亲，教育和培养孩子又是她的重中之重，两者都要兼顾，真的有些忙不过来。这次，她终于把这些内容写进了新书。

认识静洁很多年了，当初她带着两个孩子从纽约回到上海，除了当好两个孩子的妈妈，还在使命感的驱使下自己创业，并在网络上写博客、微博，为提升广大妈妈对科学育儿的认识而发声。近几年，她创办的育儿公众号“父母堂”更是广受赞誉，并被上海市科协评为“2015年社会类十大科普微信公众号”。因为我家大外孙子的年龄和她的小儿子相仿，平时一有机会两个孩子就在一起玩儿。通过两个孩子的接触，我能看到静洁作为一位母亲的用心和智慧。她有不少独到的教育理念，在分享给众多不相识的妈妈的同时，更是自己在亲身实践。静洁在养育两个孩子的过程中，很注重给孩子宽广的世界，就像她在书中写到的“用大视野来育人，而不是小视角养儿”。她还特别注意尊重孩子的选择，她在大儿子6岁时陪孩子择校的经历，真让我既吃惊又佩服。

我在读她的书稿时，最被吸引的是她提出来的“教子的第三种力量”。这个理念真是非常新颖，读来又觉得很熟悉，因为她讲的可以成为“第三种力量”的人、事、物，都是我们每个人能够从身边找到的，就看我们是不是真的对孩子用心。我一直觉得静洁在养育两个孩子的过程中，虽然投入很多，但不像很多妈妈那么身心疲惫，她总是快快乐乐，充满笑声，让人感到她真的在享受妈妈这个身份。这次读到她的书稿，找到了她一直说的“快乐育儿”的根本，不仅仅是心态要好，还要有办法、有智慧。她并不是一位在育儿路上一帆风顺的妈妈，她在这本书稿的第一节就抛出了“其实，我们不懂孩子”，也并不是两个孩子从小到大就聪明、懂事，她遇到的孩子制造的大大小小的难题一点儿也不少，但是她善用方法，善于借力，善于机智地解决难题，这是值得每一位妈妈学习的地方。

静洁在书稿中讲到的闲暇教育，也是让我感触很深的地方。平时我的外孙子经常去他们家，也参加了由上海电视台第一财经频道《财商童星》栏目和静洁的“父母堂”联合打造的“水公益”夏令营。这次“水公益”财商之旅传播出公益新理念：用爱和音乐创造财富。6天5晚的训练营亮点闪烁，有各种各样的活动。由静洁全程担任“班主任”，带领小朋友们完成各项公益任务：做水资源保护现状大考察；在专家助力下学习用众筹方式做公益；让每位小朋友散发出公益财智和爱心。在一系列活动中，孩子既能动脑、动手，还颇为受教，而且明白了赖以生存的水有多珍贵。正如静洁所说：“最高境界的财商熏陶源于公益实践。”闲暇教育目前在国内还不是特别受重视，很多父母对闲暇的理解比较局限，有些人甚至认为闲暇就是“闲着”或者就是“玩儿”，也有些父母用各种辅导班去填充孩子的闲暇时间。其实这些都不对！读读静洁写的书，就会发现，闲暇中蕴含着孩子成长的巨大力量，像她在书里写到的规划闲暇时间、如何更好地读闲书、亲近自然、家庭DIY、击剑赛、丰富的夏令营以及非洲之行等，这些有规划、有意义的闲暇时间才是孩子成长的优质养料。

这本书还有很多对广大父母有启发的内容，希望这本书能够帮助家长更好地养育孩子，也希望她的育人观能够影响更多的人！更希望她提出的教育理论能够发扬光大！

张思莱

2016年11月

推荐序三
情生爱，爱生婚，婚生儿女，儿女成就父母亲

情生爱，爱生婚，婚生儿女，儿女成就父母亲……为人父母，做得好是一辈子的荣誉和欣慰，做得不够好则是一辈子的纠结和遗憾。所以，谁不想做好父母亲呢？说起做好父母亲，其实家家户户都有一本故事。

我和太太静洁的故事，从偶遇相识结为夫妻，到生儿育女共享天伦之乐，一眨眼已有23年了。现在，她把自己养育孩子的亲身经历和科学经验写成了书，与大家分享。在我看来，这本书既真切又真实。由我读来，这本书是她自己做好一位母亲的心路历程和日记。它感动我，它也让我心存感恩。她为我和我们的孩子所做的一切，让我觉得即便把这辈子的所获都献给她也不够报答她这辈子给予我们的三分之一。我从她的书里读到了为人父母的天义，也从她的字里行间中看到天下父母心。太太静洁喜欢做自己认准的事，她一旦认准自己想做的事，就会乐观而自信地去完成。“这辈子我一定要做好一个母亲！”这事她认准了，所以做起来更是自豪又执着。

记得那是23年前的一个初夏之夜，我在纽约下城的街头红绿灯下等一位老朋友，绿灯一亮，马路对面匆匆走过来一位中国女子，她并没有太注意到我，但我在一瞬间就盯上了她：这个人好似就是我未来的太太……我的心开始慌了起来——其实，那天晚上我是在等几位约好的朋友一同去欣赏纽约下城的现代舞，其中一位朋友问我她能不能带一位我不认识的上海姑娘来，我说当然可以——我之所以慌神，一是认出她一定就是那位朋友带来的上海姑娘，二是我

怎么会在一瞬间对她“来电”啊?

此时，她已走到我跟前，我看着她笑，她也看着我笑。她说：“我认出你了，你是那个搞音乐的谭盾吧？”我回答她：“是的。那你是做什么的呢？”她说她是在印第安纳大学读MBA的学生，刚刚毕业，是回纽约来度假的。我说：“你看起来可不像学管理的。”她说：“那你看我像做什么的呢？”我说：“像模特！”她大笑起来，她的笑声中透出了乐观和自信、理性和执着。接下来的10个小时，发生了很多事，但最重要的一件是：我们决定牵手走到一起。那时我们都是留学生，充满了梦想。她非常天真、浪漫，我整天异想天开，天马行空地在音乐里云游……说起我们相识10个小时就想往结婚这件事，其实当时我们对实实在在的生活还没什么了解，尤其是对婚后生儿育女的这些事更没任何的准备。

写到这里，我和读者们一样感到纳闷了：10个小时之内决定和我结婚过一辈子的那个天真、浪漫的静洁，从一无所知的生儿育女“盲”到今天写成这本书的养儿育女“狂”，到底是什么促使她能把这些年做妈妈的心路历程和科学育儿心得一字一句地写下来，再与大家一同分享呢？是孩儿情，是慈母爱，是天义，是良心。

愿读到这本书的所有父母亲，用自己的情、爱、义、心，与妈咪Jane一同去分享、切磋，把孩子们养大，让儿女们成为美好未来的主人。

今天是12月9日，祝妈咪Jane生日快乐哦！

谭　盾

2016年12月9日于上海

『我的企鹅妈妈和爸爸』是小Sean在4岁时的涂鸦，让我深深感受到了父母在一个幼儿心中的重要位置。我们护他，他爱我们。

目录

CONTENTS

2006年的圣诞节，我们带着小Sean来到美国佛罗里达州的海边。再过6个月，我们即将带着9岁的Ian和2岁的小Sean回到上海，开启一家人生活的新篇章。

第一章

CHAPTER 1

大视野育儿：4种智慧4种行动

“格局”似乎是一个只可意会却很难言传其内涵的词，然而在18年为人母的岁月里，我始终被吸引着去探究其背后隐含着的真实和能量。当我把“格局”定格在脑海里，闭上眼睛沉思一会儿，眼前仿佛便出现了天空、大海，或是站在山顶上俯视的大地……

我所理解的父母的格局是，有高度的视野、有广度的胸怀、有厚度的理想，代表了三个维度，即高度、广度和深度。

视野需要我们攀上高山，然后把肩膀让给孩子，让他们看到更远的地方。

胸怀，即包容，越有广度的包容，一个人就越少封闭，越少自私。它能带给孩子正面而积极的价值观和世界观，而世界观影响思想，思想决定行为，行为养成习惯，习惯沉淀为性格，性格决定命运。

理想，也就是抱负。理想很薄时，就像近视眼，只能看到眼前；有厚度的理想会带给孩子大的抱负，让他们不只看到眼前，还可以看到海洋、看到天空、看到山川。

父母需要做的，就是对孩子少有捆绑，用自己的肩膀把他们托向天空，让他们看到更远的地方，有更宽广的胸怀，有更厚重的理想。他们的心、他们的追求、他们的命运都会为之改变。

听见

妈咪Jane

其实，我们不懂孩子

无论是律师还是投资顾问，是明星还是全职妈妈，在孩子面前一律“平等”。因为，做父母，我们都是“白手起家”，边学习边成为孩子的领路人。为了满足父母觉醒的学习需求，各类育儿图书、网站早在10多年前就开始热门起来。然而，大家有没有想过，如果照书做就可以养出理想中的好孩子，那么做父母的烦恼是不是立马就可以省去一半？为何千万个妈妈按同一本畅销育儿书来养育，却仍会教育出不同样子的孩子？

理由很简单。我们的孩子是不一样的，我们每个人的心也是不一样的。所以，育儿的第一个大智慧就是要学习读懂孩子，读懂我们自己。

一场母子面试透视出一个育儿真理

Ian3岁半时，我们从纽约以艺术画廊闻名的苏荷区（SOHO）搬到了紧挨着哈得逊河码头的纽约西城老区切尔西（Chelsea）。本来我以为孩子到了上学年龄去附近找个学校报个名就算完事了，哪知一打听，无论幼儿园还是小学都已经人满为患了，而且还要求面试孩子和家长。这对我这个在中国长大、接受完大学教育才来美国的新手妈妈来说，真是百分之百的“新生事物”。心急火燎的我给不下十几个朋友打电话，询问该如何应对面试。不想，他们都给了我同一个建议，不需要做什么准备，最重要的是让孩子在前一天晚上睡好觉，有一个好心情抵过做任何准备，因为他们实在也不知道要做什么准备。不久，我真的接到了附近一家叫切尔西幼儿园（Chelsea Day School）的面试通知。于是，我穿戴整齐，带着一个3岁的孩子，奔赴我人生中的第一次妈妈面试。

我被要求留在幼儿园的会客厅里，望着Ian与另外3个孩子被带进一个活动室。我很好奇，幼儿园老师会怎么“考”一群不谙世事的3岁毛孩子。估计30分钟后，校长亲自来请我进了她的办公室，说要聊一聊，这就是家长面试了。在递交书面申请表时，我曾突发奇想，附了一页A4纸的信，把家庭情况和平时与孩子的互动做了详尽的描述。没想到，这个“创意”竟然为我们母子赢得了一次非常有效的面试，校长见了我后很快进入了谈话主题。

校长对我说：“您的孩子观察力很强。”

我好奇地问：“您是怎么知道的？”

校长说：“您看，活动室里所有的东西都被我们安置在孩子的视线水平面的位置，所以他们都很容易看到这些物件，并指认出来。但是，我刚才问了一个比较特别的问题，‘答案’在墙比较高的位置（高过了孩子的视线）。只有一个孩子答出来了，就是您的儿子，说明Ian的观察力很强。”

原来这家幼儿园所谓的面试不是什么知识类的考试，也没有拿笔拿纸来测书写能力，就是看起来很稀松平常的让孩子一起玩耍了。然而，震撼我的恰恰就是“玩”这个事，老师不动声色地把孩子们引入一个自然的环境，在孩子们心情放松的情况下去观察他们，了解他们各自的性格特点，观察他们与陌生小朋友相处时的沟通情况，以此来判断孩子是否已经具备进入集体生活的各项能力，而一旦录取，面试里的许多细节又会被用来衡量如何为孩子合理分班等。

这第一次母子面试变成了我成为母亲后的第一次自我觉醒：原来我从来没有好好地观察过Ian，即使我全身心投入地与Ian一起做了许多美好的事情，我也没能好好地理解他。从那天开始，我意识到了一个经常被中国家庭忽略的育儿真理，那就是父母不是生来就懂孩子的！

妈妈其实真不懂如何择校

很快两年过去了，Ian即将从切尔西幼儿园毕业，到了要为他选小学的时候了。我不禁感慨，好像才刚刚顺利入园没多久，怎么小学的事又蹦出来了。我很迷茫，不知怎么选择学校，更不了解择校的条条框框是什么。于是我找来地图，把方圆凡是能步行或车程15分钟能到的学校列了一个名单，锁定了6所家附近的小学。但做到了这一步，我还是不明白该怎么衡量优与劣、利与弊等因素。有人告诉我，看学校排名做选择，但我疑惑那些排名到底是在排什么。以我自己的分析来看，A校在整体上好像比B校好，B校比C校的氛围更友好，C校好像跟D校差不多，总之很难找出一个标准来帮助我做决定性的选择。后来，有一位美国妈妈告诉我，其实很简单，去每所学校走走，亲身感受胜过别人的指点。

于是，按照每所学校列出的参观日，我先后去了几所学校。第一所学校，也是众所向往的学校，门口排了好多人，预计要排到午后才可以轮到参观。我立即排除了这所学校，心想，为何不能采取预约制来避免让大家苦等呢？一扇如此傲慢的大门，不进也罢了。

还有一所学校是远近闻名的老牌校，设在街边的一幢老式大楼里，楼道里没有任何方向和教室的标志，走着走着我就觉得晕头转向了。我想，儿子入校时将满5岁，是读小学预科班，他肯定会和我一样觉得晕，觉得有压抑感。我又排除了这所学校。

选来选去，最后剩下了两所。一所V校，规模较大，全校有8个年级，大概1000名学生，实行错龄分班教学，每学年重新分一次班，让孩子们每年可以交新朋友。还有一所S校，是教会式的小型学校，8年级制，每个年级只有一个班，每个班12名同学，每年不换班，也就是说在入学时分一次班，之后每个班始终保持原状，12名同学一起长大到14岁一起毕业。这所教会式学校很美，有一座教堂。老师介绍说，每周都要做一次弥撒，学校的每名学生都必须参与唱诗班的服务。

尽管我把6所学校缩减到两所，但还是拿不定主意怎么来做二选一的决定。我找到了Ian幼儿园的班主任——格蕾斯（Grace）老师，诚恳地向她请教。老师给我的一个回答，让我惊奇到不能相信自己听到的建议。

格蕾斯老师说："Jane，我先给你一个答案，但你必须自己再去找到下一个答案。我给你的答案就是：Ian 需要一个大的学校，因为他的心胸宽大（He has a big heart）。"我反问老师："您怎么会认为Ian心胸宽大呢？"格蕾斯老师说："我教了Ian一年，我看着他在我们幼儿园也有两年了，我当然知道他，他需要一个大的环境来吸引他，让他能够展示自己，从而遇到更多的朋友。这就是我要给你的答案，但你还得自己再去找下一个答案。"

我太惊讶了，于是好奇地问："我再去找一个什么答案呢？"

格蕾斯老师说："再找的答案在Ian手上，让他来告诉你吧！"

我更不解了，Ian怎么讲得清楚像选择学校这样的事呢？他还没满5岁呢！

格蕾斯老师又指点说："很简单，带着Ian去这两所学校逛逛，你不用做任何事，只要看他对两所学校的反应就可以了。"

我当时觉得头上有一扇天窗正在缓缓为我打开，引我走入一个全新的地方。我已不能等待，急着想看到Ian将如何给出他的答案。

最优选择就是孩子天性的选择

到了预约参观学校的时间，我们先去的是V校。

V校坐落在纽约下城的翠贝卡（Tribecca）老区，是由老厂房改建的，楼梯特别宽，扶手是铁质的，已磨出了光亮。所有的通道都宽敞笔直，屋顶高高挑起，还有中庭让阳光透过玻璃直直洒入。Ian和我走进大门没两分钟，我就发现他消失在了楼道里。他开心地在楼层间穿梭、盘旋，没显现出丁点儿犹豫和畏缩。到了该离开的时候，他还在转悠，我只能拜托老师去把他找回来，并告诉他应该离开了。

在去往另一所学校的路上，我问Ian："你喜欢V校吗？"他肯定地回答说："喜欢！"我问："为什么？"他看上去有点儿茫然，停顿了一下便非常直接地说："不知道为什么，我就是喜欢！"

很快我们到了邻街的S校。我们穿过一扇好看的、巨大的雕花黑铁门，过了这扇校门就是大花园了。花园里有条小路铺满了鹅卵石，中间分岔，向右通向学校唯一的教学楼，向左通向一座看起来非常静美的教堂。

Ian在花园口停顿了一下，我对他说："你看，这所学校多美、多漂亮啊。"没想到，他愣愣地来了一句："妈妈，我不想进去了。"

"为什么呢？"

"没有为什么，反正我不想进去，坚决不进去，我不喜欢这里。"

最终，Ian硬是没有走进花园，当然也就没有看到学校的内部。这时候我才意识到那位Grace老师有多厉害。选择学校的答案真的是攥在Ian手上。

其实，格蕾斯老师早就预料到了Ian 的选择——选择一所大学校，但她并没有替Ian做决定，更没有把这个"秘密"告诉我，而是鼓励我去做一番实践，慢慢地读出Ian的心思。通过这次经历，我体会到一位用心的老师不仅会看孩子能力的多寡，更能读懂孩子的心。

Ian进入V校后，我发现该校的错龄分班制的确非常适合他。因为他是8月底出生，如果按正常分班，他永远是班上最小的男孩，但按错龄分班的话，他就有机会体验并融入不同年龄的班集体中去。

再有，V校采用蒙台梭利式的体验式教学模式，提倡边体验边学习，比如有一门课叫“搞懂你所在的街区”。老师会带着学生一条条街去熟悉，然后把街名都写下来，制作成地图，再把街区的历史告诉学生，让大家一起在地图上标出哪里曾是工厂，哪里曾是商铺。老师围绕“二战”刚结束时很多人没有衣服穿，所以需要大规模发展成衣业这样一个社会主题上了一个学期的课程，把历史、人文和社区的变迁包括进来，把基础算术和语文作文也统统涵盖进去，让一个小学低年级的学生对自己的街区产生兴趣，并由此衍生出对各科目的学习热情。这样的学习模式恰恰适合好动，喜欢自由想象的Ian。

我们家隔壁住着一位美国有名的舞台和服装设计师格林伍德（Greenwood）老太太，她的外孙女弗吉尼亚（Virginia）比Ian小1岁，小女孩最后的择校决定恰恰是去Ian不去的S校，理由是喜欢那个大花园，喜欢走鹅卵石小道，喜欢与11位小同学不分不离地一起长大，喜欢听同一个老师讲几门课……格林伍德老太太和弗吉尼亚的父母也随了小姑娘的心愿。

前段时间的一天，Ian和我走在路上巧遇弗吉尼亚的妈妈。当妈的我们都动情地感叹起岁月的无情流逝和儿女们的可喜变化。Ian已经从当年的小男生长成1.86米高的18岁大男生，高中毕业后将进入著名的纽约大学电影学院学习；弗吉尼亚当然也出落成如花似玉的大姑娘了，就读的高中正是当年被我否掉的那个走在里面让人头晕的老牌学校。据她妈妈透露，她已决定报考美国著名的设计学院学习舞台和服装设计。

与Ian一起走过了这18年岁月，我现在才理解到，孩子在他们成长的各个年龄段都拥有属于那个年纪所特有的灵性触角，他们可以完全依赖最自然的感受来判断好恶，选择适合自己的；如果人与物之间存在心有灵犀的话，那么孩子的“灵犀”还没有遗失，因此他们对环境的灵敏远远胜过我们大人。格蕾斯老师和格林伍德老太太一家都是顺应了孩子们的自然灵性来为孩子做选择，因为他们相信，在幼年，孩子的选择就是天性的最优选择。

失去天性选择后的悲哀

我在上海认识一位非常有才华的名叫小小的女孩，能写一手好文，画一手好画，还能讲一口流利的英语。

小小有位严厉的奶奶，是数学特级教师，从孙女很小的时候起奶奶就立志要把她教成学霸。孩子的父母忙于工作，觉得让奶奶掌管孙女的一切吃喝住行是再好不过的，同时还可以“捡个便宜”——让奶奶辅导数学和其他学业功课，因此小小从小就住在奶奶家。

在小学前五年，小小的学业顺风顺水，大大咧咧的她还继承了妈妈那份天生的幽默感，这让她成为人见人爱的开心果。小升初时，小小同时被一所外语学校和一所区重点学校的尖子班录取。虽然她自己非常中意于钻研外语，但大人们还是希望她去重点学校尖子班。小小为自己投的那一票实在战胜不了全家人的意志和决定，于是她被“送”进了尖子班。

接下来的日子一切都变了。本来阳光灿烂的小小进入尖子班后变成垫底的“差生”，主要的短板竟然是数学。这让奶奶极其不能容忍：作为数学特级老师的奶奶怎么就没办法把孙女教成一位数学高手呢？奶奶开始对孙女抱怨、责骂，甚至上升到了辱骂。在小小15岁时，她的自尊实在顶不住奶奶无休止的高压和无节制的羞辱，有一天她终于决定“逃”回妈妈的身边。

天下哪有不爱儿女的母亲？对教学完全没有概念的妈妈硬着头皮去找老师商量，没想到老师直接提出让小小转离尖子班。小小的妈妈实在不忍心也不甘心，于是她每月掏出全月薪水来为女儿补习数学，可是事与愿违，小小就是严重偏科，怎么也逾越不了“及格”那条分数线，数学始终残酷地与她为“敌”。

有一天，小小的母亲遇到了我，在我耳边悄悄地说：“我女儿写了一篇很特别的作文，不是交给老师的，是专门写给我的。我读了，但不是完全明白孩子的心思，你帮我看看。”下面就是小小的这篇作文。

宛如麻雀般

要是我断开了它粉红色小脚爪上的一根丝线，它就会宛如疯子般撞、腾、拍、飞，直往蓝天白云那无比宽广的世界。

有这样一个地方，狭小阴暗又不适合“高飞”，封闭又潮湿……里面住着两个人，一个是终日忙碌不可多休的母亲，一个是着实无言的孩子。倘若我说，我的母亲就是那只那些年被抓着的“麻雀”，则我便成了捆绑她脚的“细丝”。

孩子系着母亲，于是母亲被拖着，像机器一样运转。但是宛如麻雀般，她从不记得自己失去过什么，她为这套阴暗的房屋增添光鲜亮丽的东西：贴纸、挂钩，黄黄绿绿盖满整个卫生间；茶叶、水壶、植物，她甚至还用我的初中课本来营造最温馨的环境。仿佛这里不是结束她美好理想的牢笼，而是一个新建的巢穴。麻雀从不嫌弃巢穴小的。

“喂雏，喂雏，喂雏。”我的母亲下班回来总想给我带些吃的，蛋糕、水果、面包……我不知道我的母亲是多么喜欢看我吃东西，她只是不断形容自己有多馋。母亲喜欢穿花衣裳，最好是橘红和紫，凤凰和蛇状花纹是传颂她个人意志有多精彩的媒介。麻雀总是叽叽喳喳的，然而我想说，那也得看时间。母亲下班总是非常之晚，通常要到一个初三学生功课几乎做完的境地。每一个疲劳对视的夜晚，母亲总喜欢抚弄着我的手说：“辛苦，辛苦。”我却隐约感到一只“老麻雀”的尖细催声渐渐放得沉重，在我耳边回旋，直至消失。侧头一瞥，母亲正蜷缩在一张沙发上，红着铜铃大的眼睛预备去睡——只要我先睡。

麻雀不是简单的生灵，而我母亲以烈女一般的支撑——撑起这个家，撑起我的衣食住行，撑起我的学业，还要在百万分疲惫之下给予我“麻雀式”迎头直追的精神。我感到了什么氛围，环绕在这片寂静的蓝天下，从家里到家外，它一直存在。那是相隔了15年的情感，相隔了15年的新鲜、陌生、陈旧与细腻……让一个自小没印象的人感觉有了一些可以开始回味的东西，让人信服沉醉；又仿佛突然找到了她曾经出现在我童年生活中的影子，仿佛一切我都不曾忘记，仿佛那段时光只属于我和她两个人……

小小很爱她妈妈，妈妈也很爱小小，但母女俩相依在一起的温暖并不能让她们绝缘于现实的寒冷。小小妈妈每次见到我都会夸女儿又画了一幅幽默的漫画，那故事会让所有读的人笑死……可是絮叨到最后，她总是会很绝望地说上一句："算了，我让她不要读高中了吧，还是去读旅游专科学校吧，这样可以多用英文。"每到此时，我的心就会悄悄地抽动一下，如果当年大人们可以听一下小小的话，随了她的选择去上外语学校，那么现在可能真的是另一番景象和另一种心情。

我们不懂孩子却在司父母之职

谁给了我们权利让我们成为孩子的父母？可能我们追溯不出这份权利的源头。谁来教导我们成为称职的父母？可能我们也找不出一个专人、一所学校或一门学科来为我们负责，把我们速成为父亲或母亲。我们虽然顶着"父母"的权威，但实际上却心中忐忑、焦虑不安。

其实，我们是从生活那里世袭了"父母"的名分。作为孩子的父母，我们绝对是一匹白布，与刚出生的婴儿一样，他们不了解我们，我们也不懂他们。虽然亲子之间的关系从受孕那一刻起就由血脉命定，成为不可逆转的一世父母和儿女，但无可否认的是，双方是身体最近、认知最远的两个个体。

因此，弄懂孩子的第一课就是承认我们不懂孩子，并认识到第一个带领我们学习成为父母的人就是我们的孩子。在Ian5岁之前，他的幼儿园老师为我完成了这重要的一课，让我能够大胆地睁开双眼，看清我和孩子的人生起点是一样的，他起步学习成人，我起步学习做父母，在我们生命密集相交的18年中，儿子与我是彼此的老师。

再来看看弗吉尼亚与小小，她们两个的日常生活、爱好和学业遭遇了截然不同的境遇。前者始终走在自己的心愿里，后者却没法摆脱别人的心愿。两个女孩的父母都一样的"放任"：弗吉尼亚的父母跟随孩子的天性和兴趣，为她护航了18年，这份"放任"给了弗吉尼亚一份胆识，让她为自己负责任地去寻找归属；另一边，小小的父母把教和养的过程全托付给了奶奶，奶奶从自己的职业擅长和为人师表的立场来设计孙女15年的成长岁月，父母的这份"放任"给了奶奶一个天大的特权，就是让奶奶为小小的双脚裹上了一条小脚布，让她像麻雀般的寸步难行，并与自己的兴趣和梦想渐行渐远。

为何这两家父母会有如此大的区别呢？

首先，两家父母看待孩子的眼光不同。从幼儿园开始，弗吉尼亚的父母已经开始"允许"她为自己做选择了，因为他们明白，10岁之前顺应孩子的天性就是最好的选择，父母只需要站在一边好好观察孩子的喜好，弄懂孩子行为背后的“真实”，为这个“真实”护驾。而小小的父母却放弃了一切学习做父母的机会，不仅把女儿的“养”托付了出去，也把女儿的“教”外包给了奶奶，其出发点只是因为“数学老师”奶奶比父母学识更深厚，所以能把女儿教得更好。孩子的灵性是要父母去发现的，失去了父母的呵护、体察和发掘，孩子便如风筝，飞得再高也会快速跌落，最后落得无法收拾的境地。

其次，两家父母对孩子的要求不同。弗吉尼亚的父母从一开始就把女儿的感受放在第一位，女儿会因为一个小花园的美而选定自己的小学，这恰恰预示出12年之后她的特长选择，她立志要做一个为美而创造的女人。如果有预言家来帮助弗吉尼亚的父母早早揣测出孩子的未来，那么那座花园和花园里漂亮的鹅卵石就是那位沉默的预言家，它们把孩子的灵性折射了出来。幸运的是，父母让弗吉尼亚待在那座花园里整整8年，对天性的顺应慢慢养成了今天的弗吉尼亚。再来看看小小，虽然她的语言天赋和内在兴趣早有显露，却没人支持、无人在乎，全家人对她的要求与中国千千万的家长对孩子的要求一样现实：你要听我们的，我们是父母，我们是长辈，我们牺牲了自己换来你的学费，我们要求你刻苦学习进入尖子班，拿下数理化，进入最好的初中、高中和大学。

现在，大家慢慢认识到孩子的人生起点不是上什么早教班，也不是趁早做什么胎教，而恰恰落在父母的身上，藏在每个原生家庭的氛围里。然而，这个起点并不在父母的富贵里，也不在父母的地位上，更不在父母的期望里，真正的起点是在父母看待孩子的育儿态度里。这就是为什么弗吉尼亚与小小的人生会有天壤之别，因为一个家庭从灵性出发，另一个家庭从教条出发，不同的育儿观念让孩子变成不同的人。

我常常对Ian说：“你是我成为母亲的第一位‘老师’！”他会接着问我：“那弟弟是什么？”我会这样回答：“Sean是我做母亲的合作伙伴，没有他，我在你那里学习来的许多做母亲的功课就没法实践和完成了。”

Ian每次听到这里都会笑，很开心地笑，把眼睛笑成一条缝。在我的心里有一朵看不见的花，也在笑，笑得最开心的时候，我会情不自禁地跨上一步对Ian说：“让妈妈再抱你一次。”

让孩子选择，护航他们心中的坚持

上一小节的故事讲的是父母对未成年孩子的尊重，尊重他们的自然感受，看重他们的自然灵性，倚重他们的自然选择，鼓励他们的自然坦诚，但这一切并不代表我们要放任孩子做不正确的选择。

仔细想想，在日常生活中，父母与孩子之间大部分的冲突来自选择的不同。小到饭桌上吃不吃蔬菜，大到写字桌旁做不做功课；近到什么时间睡觉，远到考什么学校、选什么专业。大部分时间我们都在问自己，为何我们生的孩子却不愿意听我们的话，而总是自顾自地按他的思路吃喝拉撒行？其实，这些都是选择的不同造成的。因此，教子的第二个智慧就是要学习如何面对孩子的选择，如何巧用过程让我们的心愿变成孩子心中的坚持。

为了能帮助孩子做好选择，我们从当父母的第一天开始就可以思考和练习以下3项功课：

- 预设自己的形象：我想当什么样的父母。
- 告诉自己：参与孩子的选择过程比告诉他你的决定更有效。
- 巧用孩子自己的力量：让他对自己的选择不放弃。

想当什么样的父母

我们常说，心想事成。这句话可以这样理解：你如此想了，就会按此目标去做，然后付出努力，最后实现自己的心愿。这个成语告诉我们，一切成功是从“心想”开始的，即从自己心定的目标起步。被大家恭贺着称作父母是从孩子呱呱落地那一刻开始的，这是我们成为父母的官方生理性标志。而真正司父母之职的开端，是我们能够有意识地思考：我要当一个什么样的妈妈？我要当一个什么样的爸爸？可能许多过来人都会说，我可从来没有想过要当什么样的父母，但我也当父母了。无可否认，我们基本上是被牵着鼻子走的成年人，不少人还没有做好生理准备，更没有做好心理准备，就被空降到了做父母这一刻。因此，我们应该腾出一些时间安安静静地问问自己，我想与我的孩子发展出什么样的关系？有了这么一个预设的“心想”，新手父母就可以迈步，按自己的“心想”去实践做父母的责任和义务，去体味当爹妈的咸酸苦辣甜了。

在这个新时代里，父母以各种面目出现，因为我们的家庭生活进入了个性化时代。但我还是归纳出几个较为“主流”的父母类型，希望供大家参考。

控制型父母：他们是最典型也是最常见的中国父母，在古时候就是那个板着面孔说话的爸爸和躲在奶奶背后遥控孩子的妈妈。他们会直截了当地告诉孩子什么是对、什么是错，然后命令孩子牢记对错。凡是听父母话的就是好孩子，凡是选择父母认为是对的决定的就是孝顺，即使孩子不愿意那样做也无法不遵循父母的旨意。这样的孩子活在父母的控制之下。

放任型父母：他们基本属于没辙的父母，也不想多管孩子的事，因为他们自己还是孩子，从来没有长大过。孩子小的时候，他们把孩子全托给长辈或看管阿姨，长大了直接交给学校或补习班，反正孩子的事别人管一定比自己管更好。孩子往往亲情淡漠，各种习惯不好，性格要么外露叛逆，要么内向孤僻。

规划型父母：他们的“心计”太早、太重，从宝宝出生就设计好了“造娃工程”，此后的日日夜夜便按照这张工程图纸来亦步亦趋地实现孩子的成长旅程，而图纸上的地标基本上都是名校所在地。这样的孩子一般都被灌输到“拥有”非常明确的求学目标，然而很有可能小小年纪就已丢失孩子该有的率性和主动选择的能力与愿望。

混合型父母：他们没有明确的育儿观，今天看到一对严厉的父母教出了规规矩矩的孩子，回家就开始对孩子严厉；明天看见一位计划缜密的妈妈，孩子6岁已经在暑假安排去参观哈佛，便立即给孩子报名补习班。这群善良好心的父母未必能为孩子带来好福。在这样的家庭里，孩子最常听到的话是：“宝宝，你看小明做得多好！”混合型父母养育出来的孩子活得很累，自尊也很低，因为他揣摩不出妈妈爸爸下一刻又要说什么。

攀比型父母：就如生活中爱秀包包、跑车和人脉关系一样，这群父母基本是把孩子当另一款奢侈品来跟着风向经营的。孩子穿衣跟风，上学跟风，旅行晒图也跟风。风潮里的孩子就如父母的附属品，难以生长出良好的生活和学习习惯，长大后的价值观也比较让人担心。

智慧型父母：他们见多识广，提早从“养”宝宝的阶段脱身，进入“教”孩子自我学习的阶段。他们明白教育是要看个性的，所以要按孩子的实际状况来为孩子挑选“教”的内容和方式。他们会“预谋”好，并参与育和教的全过程。他们看重良好的亲子关系，会想办法在良好的互动中把父母的影响作用到孩子的选择中去（这部分我将在第二章“成就孩子的‘第三种力量’”里来阐述）。这样养育的孩子往往会表现出自信、阳光的形象，会大胆表达自己的想法，也会勇于承认自己的错误，因为他们了解家中的行事规则，明白与父母的良好沟通才是“护航”自己选择的最有效途径。

我们到底要在孩子面前以什么面貌出现？这个问题很严峻，也很棘手。但如果从今天开始，我们能时不时地悄悄问自己一句，再时不时地打量一下自己，那么我们对自己做父母的要求就会有所改变。我们不能做到最好，但是为了孩子，我们要“心想”把自己变得更好。

让孩子参与选择比告诉他如何决定更重要

每位父母对于是否听从孩子的选择都会有不同的理解，有的认为听从就是放弃父母的权威，有的甚至认为这是父母软弱的表现。我的选择就是，尽量与孩子一起去经历他的选择过程，让我们在或长或短的选择过程中互相作用，形象点儿来说，就是让这个过程演化成一个化学式的变化，而不是纯粹的两种力量的物理性输赢。

2011年，Ian再次面临选择，要考高中了。这时，离他从纽约搬回到中国上学已有4年，他已可以在中、英文之间自如地切换频道。而且，Ian刚刚顺利完成他的第一次寄宿夏令营，他信心满满地对我说：“妈妈，我已经在中国完成了中文的基础学习，现在我想去尝试一个新的生活，一种新的学习模式，请允许我报考美国新英格兰地区的寄宿高中。”

我知道又到了烦心的选学校的时刻，这次我太有经验了。我先让Ian自己在网上找资料。他先挑地域，再挑学科方向等，很快从10多所学校里挑出了6所，然后按时间排列出要去参观的学校顺序，还交给我一份攻略。由于暑期时间有限，最后我们母子俩马不停蹄地看完了4所学校。每所学校都超级棒，因为它们都有自己的特点。

A校非常注重个人领导力培养，鼓励大量的课外参与，早早为孩子们定下学习的终极目标，那就是为改变人类和世界做出贡献，其有名的校训中有一句拉丁语："人不为己，Non Sibi[1]。"该校会在学业和各项能力上给予学生超高强度的训练。

G校是一所非常小型，极具人文色彩，偏哲学、政治的文科学校，给予每个孩子个性化教育和关怀。

H校在偏远的乡村，依傍在美丽的大湖边，学校重视文艺，开设艺术、电影、纪录片拍摄等课程，学校绝大多数学生都会玩一种以上的乐器，走进校园就能感觉到一种自由自在的自然气息。

L校在普林斯顿大学旁边，注重精英教育，为普林斯顿大学输送了大量的精英人才。

4所学校各有风采，到底选哪所呢?

从聆听幼儿园格蕾斯老师关于选择小学的指导，到10年后选择高中的这一刻，我已经学会了耐心和聆听，我坚信：答案终究在孩子的手里。我告诉自己：如果Ian没有给出他自己的判断，那我才应该焦虑。只要他自己有想法，我就应该安心地等他的答案。

我自己的答案很快就呈现出来了——就在走出G校的那一刻。

G校只有500多人，而这么一所小学校曾孕育了很多美国历史上重要的政治家、大律师。校园很特别，由设计纽约中央公园的设计师设计，校舍和教室连排绕着中央广场围成一个圆，如果人站在中央广场中间，可以360°转身，一眼望尽整个校园，包括校长的家。学校的每个人每一天都绕着这个圆形行走，每天的日子似乎都充满了哲学的意味，起点也是终点，终点就是新的起点。每天晨起后，全体师生必须在7：50赶到学校教堂集合，参加学校的早晨仪式。仪式以一段美妙的古典音乐开始，然后由一位高三或高四的同学"布道"，其演讲无关于宗教，而是对

1　意思为"不自私"。

自己年轻生命中最难忘或最特别或最有意义的一件事的追述和剖析。试想，每天聆听学长的一则人生分享，这将是怎样的一种心灵启迪和智慧积累啊！

这简直太棒了！我在心里大喊："我的孩子应该来这里上学！"

然而，当我们离开G校，车子开出校园还不到5分钟，Ian就对我说："妈妈，我知道你非常希望我来上这所学校，可是，我很悲哀地告诉你，我不会选择它。"我惊讶地问："为什么？"

Ian说："因为它太小了，我接受不了那么小的学校。"

难道10年过去了，Ian还在以大与小来做选择吗？对于妈妈来说，G校太理想了，可是对于孩子来说，他不需要这些，他还是一如既往地钟情于他的"大学校"。

我虽然爱极了G校，但还是选择支持Ian的决定，这完全归功于我们母子一起走过的从幼儿园到初中的10年光阴。有了这样的共同经历作为相互理解的基础，我很容易接受Ian不选择我的选择。更重要的是，我明白上学的人不是我，而是我的孩子，Ian才是选择的主人。所以，这10年一起成长的过程为我们母子各自的选择和不选择奠定了扎实的感性和理性的基础。

关于择校，很多妈妈会想：我们必须报本区域的学校，没什么可选择的。的确，关于选择我们还会面临另一个问题，就是我们是否拥有选择的可能？其实，无论什么事只要你仔细探究，都可以发现实际上凡事都有选择，只是选项的多少而已。比如，有些家庭没有太多资源，只能就读学区里的学校，那么是早一年上学还是晚一年上学？如果有经济能力，可以考虑区域外的学校，那么是上学区里的公立学校，还是去上民办的私立学校？是选就近的还是选远的但更好的学校？另外一个很实际的问题是，无论上什么学校，家长是准备请家教来辅助孩子学习做功课，还是让孩子自己做主？这样看来，其实每家每户都可能面临各种选择，而选择真的没有绝对的好与坏，有的只是相对每个孩子和家庭来说是否合适，是否可行。为了让选择达到最好的合适度和可行度，我们更应该与孩子一起做选择，而不是我们做了选择让孩子去执行。

在择校这件大事上，我总结了几点经验：

托儿所、幼儿园的选择要点

◆ 首选就近的。因为孩子尚小，需要保证早晚作息规律，不宜每天车马劳顿；

而且年纪小的孩子容易互相传染疾病，生病时经常是突发的，所以需要父母赶去学校接孩子看病等事可能会经常发生。所以，为孩子也为自己多留些余地，方便照顾是最重要的考量标准。

◆其次考虑环境安全、整洁。建议去幼儿园参观一下，主要观察教室里的家具和学习用品是否适用于幼儿，因为不安全的学习设施会增加孩子受伤的可能。我很看重教室的光照度和空气流通度，采光好、空气流通好的教室，会让孩子积极、开心，相反则会造成孩子慵懒、疲倦。

◆别忘了看厕所的洗手池和便池是否为孩子专用的。这一点可以体现幼儿园的专业性和对孩子的关爱程度。孩子刚上幼儿园时最大的问题就是能否自觉自愿地去厕所如厕，一个不方便孩子使用的厕所会让孩子焦虑，甚至影响孩子的性格形成。

◆了解食谱，判断是否有统一的营养标准。在可能的情况下，参观一下厨房，备餐的清洁卫生程度能体现出幼儿园的质量监控标准。大部分不达标的托儿所、幼儿园的问题是从厨房开始发生的。

小Sean天天与妈妈一起望着哥哥背着书包去上学，他的心中也充满了企盼。2011年，小Sean终于迎来了自己的小学时光。在入学前的1个月，他画下了这幅满是憧憬的自画像。

◆园区里是否设有户外活动场地至关重要，幼年的孩子需要大量的户外活动时间，活动场所的安全与游乐设施的新旧有着密切关系。

◆注意幼教老师的资质，没有受过专业幼教训练的老师会容易犯常规性的错误，比如自身的情绪控制，与孩子口头沟通的能力，在突发事件时的应对能力等。

如果一所幼儿园能妥善安排、严格把关好以上重要事项，那其他方面应该也不会太差。

小学的选择要点

◆以就近入学为重要决策因素。

◆实事求是地考量自身家庭的经济状况，找能承担得起各种费用的学校非常重要，否则会连带出夫妻关系问题、亲子关系问题和父母的工作问题。

◆仔细考量孩子的兴趣，因为小学阶段学业相对轻松，可以考虑一些在常规学业之外有特色的学校，比如我为孩子选择了注重音乐教育的小学。

◆探究一下从这所小学毕业的学生最常去的初中和高中是哪些，以此判断出这个学校是否符合父母对孩子就学的长期目标。

◆借鉴以上提到的在选择托儿所、幼儿园时应注意的所有事项，对小学做一次全面的了解，因为小学低年级的孩子还处在幼童阶段，他们对自我照顾的能力还较弱。

◆选择一所对家长和学生友好的学校，小学阶段除了要为以后的学业打基础，更不能忽视孩子人格、性情的养成。每个学校都有自己的“气质”特点，选对“气质”比选对硬件设施更重要。

最后想提醒的是，多听听别的父母的经验之谈很重要，但还是建议，多备选几个学校，带着孩子一起去走走看看，让孩子来告诉你他喜欢哪个，相信他们的灵性选择。

初高中的选择要点

◆严肃考量孩子的学习能力和学习特长，为孩子寻找适合他的学校最重要。

◆不迷信某些学校排名或有多少特级教师，因为说到底没有人能保证每年都能挑选到自己满意的老师。

◆多与小学的班主任聊聊，看看他对孩子的学业评估，学霸型的孩子毕竟还是少数，所以老师中肯的建议可能比父母一厢情愿的“高要求”来得更切合实际。

◆提早规划孩子的大学就学方向，是倾向国内大学还是国外大学，因为不同的选择会影响未来对不同类型学校的选择，尤其是高中的选择。

这个阶段的孩子已经拥有很好的独立思考能力，别忘了听听孩子的志愿和兴趣；更别为了让孩子上名校而委屈他，一所不切实际的学校比上不了名校更可怕。

让孩子对自己的选择不放弃

写到这里，大家一定对Ian选择了哪所学校很感兴趣吧？最后，他选择了注重领导力和全能力培养的A校。这所学校的确很大，每个年级300人以上，全校师生加起来近2000人。一路走来，我发现Ian的内心没有改变过，他一直怀有一颗宏大的心（big heart），始终按自己的灵性去选择，而格蕾丝老师就是那位在Ian3岁时一眼看到其本质的老师。

进入高中后，Ian常对我说：“妈妈，这所学校的压力好大啊。”我说：“这可是你的选择啊！要不，我们转学好不好？”他坚决地回答：“不，我决不转学。”我暗暗在想，如果当初这个选择是我做的，我硬逼他去了G校，他可能现在就会在心里打退堂鼓，面对严重挑战时还可能会很轻易地放弃。因为他会跟很多孩子一样想，那就是：“这不是我的选择，而是我爸妈的选择！”

所以，不为孩子做选择的另一个好处就是，降低了孩子半路逃跑的概率，增加了孩子坚持到底的可能。

我有一位朋友，我爱叫她D公主，是两个孩子的母亲。她很聪慧，虽然常常会发点儿公主脾气，但在教育孩子上绝对是一位智慧型妈妈。那一年，D公主的儿子13岁，女儿10岁，兄妹俩都喜欢音乐，正积极报名去参加一个艺术夏令营。妹妹报名的音乐剧项目要求入营6个星期，哥哥因此决定陪妹妹报名6个星期的乐队课程。而妈妈非常担心，毕竟孩子从出生以来从没有单独离开家那么长时间。在报名之前，D公主跟哥哥和妹妹说：“你们再想想，是否考虑选择3个星期的课程？6个星期会不会太久啊？”但是兄妹俩都坚定地回答：“我们没问题！ 我们决定报6个星期的课程。”于是，D公主强忍对即将到来的思念之苦的害怕，选择支持孩子们的主张，报名6个星期的夏令营。

夏令营开始了，D公主时不时地给我打电话，问我家的小Sean有否有打电话给家里报平安。当时小Sean也在同一个营区，但因为我已经历了2年前Ian夏令营全程无电话的艰难考验，变得笃定而有耐心。我听得出D公主语调里的担心和失落，她一直在等孩子们的电话，但是电话铃声直到夏令营开始后的第三个星期才响了起来。那是妹妹的声音："妈妈，我好想你，好想家！"妈妈说："那要不然你们回来吧。"妹妹却说："不行，我一定要坚持下去！"

没几天哥哥也来电话了，他跟妹妹的表达不一样，哥哥没有直接说想家，但是哥哥说他想念自己的睡衣了。妈妈一听就明白了，其实哥哥也想家了。妈妈问哥哥："要不要回来呀？"哥哥也像妹妹一般坚定地说："不要，我要坚持！"

很快，妈妈收到了妹妹的明信片，诉说着自己的开心和不开心，一边说着妈妈我想你，一边仍旧义无反顾地坚持着自己的主张和选择。

无论是Ian，还是D公主的孩子们，他们都会时不时地有抱怨和不满，有害怕和焦虑，有不开心甚至伤心，但孩子们就是没有说过一次放弃的话，因为选择是他们自己做的，为了自己的信念他们一定会坚持到底。

过去15年来，格蕾丝老师的话始终在耳边萦绕，她让我认识到一个简单却又非常不幸的道理：我们做父母的，不是生来就懂自己的孩子的！孩子的生命是我们给的，但他们的思想却不受我们的禁锢和左右。如果妈妈没有练就一双睿智的眼睛，不拥有一副容纳孩子的胸怀，不参与他们的成长过程，那么，我们的孩子再怎么天生聪颖也会毁在父母手中。

给孩子时间，相信他们内在的成长力量

为何说面对孩子做选择，我们的态度极为重要？因为这涉及第三个育儿大智慧，就是我们是否相信孩子有能力通过自己的力量来改正错误，让自己变得更优秀。我们之所以不愿意让孩子做选择，不外乎就是不信任孩子的内在力量，怕孩子会选错，更怕孩子选错就没法再纠正了。

让孩子在“错误”里再待一会儿

2015年夏天，小Sean选择去了一个学习作曲的寄宿夏令营，回来后高兴无比，还创作出一首近4分钟的四重奏小曲子，让我们全家从上到下都对他刮目相看，觉得老幺也长大了。唯有一件事让他耿耿于怀，就是他的一位室友S同学对他“不友好”，在夏令营期间会时不时地对着小Sean作的曲“说教”一番。我看得出，小Sean对这位小伙伴怀有复杂的心理，他既觉得S同学在专业上领先自己，同时又对S同学的一些不给面子的言语非常不爽。我明白 Sean正在经历一种叫“妒忌”的心理过程。从8月起一直到12月，他一直在重复地对我说：“妈妈，我恨他，明年不要再和他住同一个房间了！他最好不要再来夏令营了，我不要再见到S了。”

听着小Sean这么用力地抱怨，我评估了一下我可以为他做些什么：第一，可以选择去阻止他抱怨，告诉他这样想问题既不健康也不善待他人；第二，可以选择教训他，告诉他这样做不被允许，因为不道德。但最后我决定让小Sean自己选择如何面对他的负面情绪和解决自己的一些心理问题，当然我给了他两个建议：第一，可以直接写信给夏令营的老师，告诉他们自己对下一年室友的选择，但他必须如实告诉老师选择的真实理由；第二，多了解一下S同学，现在到明年

孩子的情绪也需要通路。在他们学会良好地控制自己的情绪之前，父母可以考虑帮助他们找到『自我释放，自我安抚』的办法。这张图为小Sean的『愤怒』自画像，是学校的作业。他正在学习表达与沟通。

7月还有大半个年头，说不定对S同学的看法会改变的。对第一个建议，小Sean支支吾吾地说他会写信给老师，却始终没有去做。有一天，在不经意间我发现他在YouTube上浏览音乐大师和学生们的演奏作品，于是我有了一个新主意，我建议他去看看S同学是否也开设了自己的小站，去了解一下他在做什么。没想到小Sean很快告诉我S同学真的有自己的音乐小站，而且还把自己最近的钢琴演奏视频和作曲的作品放在了网页上。开始时，小Sean一直在我面前评论S同学的钢琴演奏指型不好，乐感也不好，等等，但慢慢地我听到的负面评论越来越少。过了两周他突然对我说："妈妈，我觉得S进步好大哦。我想通了，我应该与他交朋友。"这时我们俩正走在大街上，我笑眯眯地拉起他的手问他为什么，他说："我发现其实我可以向他学习很多的，真的，他好强哦！当然我们也可以互相学习，说不定有一天，我们一起考上了纽约茱莉亚音乐学院，他作曲，我指挥。"

小Sean已到了不太愿意妈妈拉他手的年龄了，可是那天在大街上，他让我抓住他的手，而且不停地讲他脑袋里装着的未来 "故事"。我好开心，因为我没有动用 "一枪一弹"，没有批评、责骂，而是引导他想办法理性地看待自己和同学。我们花掉的只不过是几个月的时间，却赢得了一场选择爱谁、恨谁的“思想斗争”。

第二年，夏令营又开始了，我们来到营区，小Sean第一个寻找的就是S同学，可是让他失望透顶的是，S同学却没有来。我想象着，如果S同学来了，小Sean会怎么去与他“和好”呢？这只是我当妈的一份好奇罢了，我相信在小Sean的心里，他早就有谱儿了，否则不会那么自信地奔跑着去找S 同学。我也相信，总有一天，这两个孩子还会再相遇，到那时，他们内心所拥有的力量会更强大。

相信孩子在自有悟性中慢成长

“让孩子在错误里再待一会儿”，犹如感冒了不要急于吃抗生素一样，让自身的抗体发生作用。这就是试错，不让孩子试错就如同从不让孩子生病，但一旦生病了，则无药可救。

试错的另一个好处就是，让孩子的思维变得自主，他不仅要对自己的成绩做主，更要为自己的错误承担责任。通过试错孩子会明白一个重要的道理：每个错误都会让自己承受负面的代价，比如，小Sean就意识到，因为自己的一点点自尊心而失去了向S同学学习的机会，同时也失去了交到一位好朋友的可能。而让小Sean经历这份失落，再感受到的启迪一定比我当初责备他或为他讲一通道理来得有效得多。

我敢于让小Sean在错误里待上几个月的另一个理由，就是我坚信孩子拥有一份他们年少时天然的悟性：每个小孩都要长大，长大必须付出犯错的代价。而造物主赋予孩子们一项特别的能力，就是让他们在尝试中去体验错误带来的痛苦和失落，然后自我修正、完善，最后变得更强大、更优秀。这就是孩子发展良好判断力的渐进过程。作为父母，我们能够给予的就是我们的时间、耐心和理解。假如把“错误”比作黑黑长长的走廊，父母可以让孩子暂时留在这条走廊里，一边为孩子点上一盏温暖的灯，让那束灯的光芒始终温暖地朝孩子闪烁着，一边不动声色地观望，等待孩子走过黑暗，回到我们的身旁。当走出走廊时，孩子可能有眼泪，也可能有伤痕；可能不言语，也可能会愤怒，但总会看到父母用最美好的微笑和最温暖的胸怀来迎接自己，尽管自己刚刚犯了错。记住，这时无须再讲太多道理，因为试错的过程里孩子已经接收到你想告诉他的那些话。

当然，“试错”是把双刃剑，我们使用它时必须设定一个度，而这个度其实已经很自然地长在了父母的心里。这个度包括以下3个方面。

第一是同理心。举例来说，我们不愿意看到别的孩子对自己孩子做的任何身体和言语的冲撞，如果孩子做了，我们就必须立即制止。

第二是安全观。只要对孩子的安全和健康造成实质危险的，我们必须立即干预和阻止。

第三是常理心。只要父母判断这个行为或错误会给孩子或家庭带来无法弥补的大错，那么父母就应该行使职责，为孩子喊停。

但这个度就如我们小时候讲的“狼来了”的故事一样，经常无故谎报狼来了，等真的狼到家门口时反而没人会来帮忙了。所以只要不出大乱子，我们必须大胆地让孩子去试错，否则10岁时不犯的错会在20岁时犯，20岁时不犯的错会在30岁时犯，而等年岁大了再频频犯错的话，其代价已经不是少年儿童式的“知错能改”了。

在日常生活中培养父母对孩子的信任度

这是一个既大又小的问题。说大，就是父母能否做到无论发生什么事，都能无条件地先从孩子的立场出发，去看待事物发展的前因后果，去听听孩子的心里话。说小，就是在日常生活里，我们能否练习放开他们的手，让他们自己去犯点儿错，再自己去收拾“残局”。我列了个清单，大家看看能否试着做一做。

我们装点儿傻。无论是在学业上还是在生活里，只要孩子开始做一件新的事，我们可以让他先自己做一个计划，而不要立即告诉他们应该怎么做才是对的。记得一年春假我与Ian去做母子游，我把当地的旅途规划全部交给他来打理，结果很“残”。有一次，他在地图上看到了一条直直的大街，直达我们要去的美术馆，于是他告诉我顺着这条大道走下去马上就可以走到。不想我们走了半小时也没到，原来他忽略了距离和时间。这让我这个膝盖不好的妈妈可吃苦了，但是我乐意陪他走到最后，因为我想让他知道，我信任他，同时也可以让他自己发现错在了哪里。

我们装点儿笨。在每天晚餐餐桌上，不要急于检查孩子一天的表现，点评学校的功课，我们可以“笨笨地”向他们提问一些有趣的问题，告诉他们我们不太明白什么，让他们来为我们上上“课”。我家孩子一般特别喜欢这么“配合”我，老大会给我讲年轻人的政治观，老二会给我讲音乐。这样的聊天是产生双向信任的“催化剂”，孩子信任父母了就会与父母谈心里话；当然父母对孩子的了解越多，对他们的信任度也就越大。

我们装慢点儿。父母把凡事都自己包揽起来，就标志着对孩子不放心。父母可以从慢一拍做起，慢慢地让自己习惯给孩子多点儿自主的空间。

我们装作没看见。有些事不是什么大事，虽然觉得不对，但我们可以先往边上放一放，不要急于纠正或说教。过去两年来，小Sean坚定不移地只与一位女孩子交朋友，他称她为“我的女朋友”。我没多干预，因为我知道这是孩子在探索友谊和社会交往的一个过程。没想到一个夏令营结束后，小Sean主动对我说，这个夏天我交了许多好朋友，回到学校后我决定不只和一个同学玩了，我要交更多新朋友。经过了这一程，我对小Sean的自我判断能力有了更多的了解，自然我对他的信任度也就增强了。

我越来越坚定一个信念：父母对孩子信任度的大小，决定了孩子的能力大小。相信孩子内在的力量，就如同相信孩子的自身抵抗力不是靠抗生素喂出来的！我们对孩子有了信心，他们对我们也会有信心。我们如此坚定地信任他们，他们才会以电话、明信片和手拉手等方式的“交谈”来回报我们的良苦用心，他们才会在我们的世界里多待一会儿，才会告诉我们心里话。

放孩子独立，不做“直升机妈妈”

在美国寄宿夏令营里，孩子们是不允许带入手机的，但我时常听到一些中国父母抱怨怎么可以不让孩子用手机，理由是妈妈必须了解孩子的每日动向，怕他们吃得不好、睡得不好，可能生病、犯错，甚至怕没人照顾。

这让我想起了Ian初中时写的一篇作文。

2010年，升入初中的Ian在英文课上开始学习写作论证文（reflective writing），老师要求学生能够自由地表达自己的感受和观点。不久，我读到他的一篇作文，标题是《父母总是过度保护孩子》（原文附后）。一看到标题，我立刻惊讶地叫出声来：“哇！这不是我们曾经非常热烈地争论过的‘直升机妈妈’吗？”

“直升机妈妈”又叫“千禧年妈妈”，曾经流行于进入千禧年后的美国。这批妈妈出生于1940～1960年的“婴儿潮”（baby-boomer），到了千禧年后，他们的孩子开始大批涌入大学。这批由“婴儿潮”父母抚养大的孩子被昵称为“千禧世代”（millennial generation），他们还有一个更形象的名字，叫“成年孩子”（adult children），也就是我们说的长不大的孩子。这批为数众多的孩子始终无法摆脱“婴儿潮”父母对自己的时刻呵护和无孔不入的控制，导致大量的美国教育机构，尤其是大学老师和暑期夏令营里的老师普遍抱怨，这是一批体格上看似大人、实质心理上长不大的孩子。最典型的例子是这样的，每天早上父母会准时打电话到学校，叫醒熟睡在宿舍床上的孩子，催他们起床去上学；遇到学期考试成绩不理想，父母会直接电话老师，质问或抱怨自己的孩子分数不够好；学生在校大小事宜必须与家长讨论后才能做决定，否则会被家长数落；为了给已成人的孩子找工作，家长陪孩子去工作单位面试，还会直截了当告诉孩子这个工作不该做，应该选择另一份工作……

这个状况听起来似乎很像我们中国今天的家庭教育现状，而在美国15年前也曾发生过同样的状况。就让我们看看美国“直升机妈妈”的前世今生吧。

“直升机妈妈”的比喻来自于1969年的一本畅销书《家长与青少年》（*Parent and Teenager*），作者海姆·吉诺特（Haim Ginott）博士在书中提到一位少年如此描述自己的母亲：“我妈妈就像一架直升机在我头顶上不停盘旋……”而“直升机妈妈”这个称谓真正被大家广泛采用是在千禧年初期，当美国高校管理机构（American College Administrators）接到太多老师的“抱怨”之后，便开始正式使用这个词语。可见这种父母强势管教的养育方式对当时的美国大学和教育机构的冲击和影响既大又深刻。后来，还有经济学家就“直升机育儿观”做分析，认为父母们在经历了2000年和2008年的两次泡沫经济之后，开始担心起孩子的未来是否有依靠，是否还有能力自己生存。于是他们一心想要为孩子准备好一切的一切，生怕他们成人后在社会上竞争力不够，无法独立面对生活。

据美国知名的皮尤研究中心（Pew Research）2013年的普调显示，“直升机妈妈”大多属于美国的中产阶层，甚至还有很多是富裕的有闲阶级。然而，正是这样的“过度保护”让美国富裕的下一代成为 “成年孩子”，他们始终无法摆脱对父母的依赖，无法成功地走进成年的世界，最显著的特点是他们不能料理自己的日常生活，不能财务独立地养活自己。而且雪上加霜的是，进入21世纪后手机的普遍应用更加剧了“直升机妈妈”的怪象，有媒体甚至称手机已成为“世界上最长的脐带”，让“千禧世代”的孩子永远无法剪断那条与母体牢牢绑定的无形牵扯。在中国，我们周围也开始出现栩栩如生的“千禧宝宝”，不过他们不是金发碧眼，而变成了可爱的中国娃娃，紧跟在“直升机妈妈”或“直升机姥姥”身后，失去了成长过程中的上下颠簸和跌倒自己爬起的惊险。时代的改变，已让四世同堂的威权家庭变成了一家三口的微小家庭，但不让孩子拥有长大的空间和独立的思维始终没有改变得太多，过去以“孝尊”为主因，现在以“安全”为理由。

孩子需要独立和自由才能成长

Ian的作文不长，但我发现他用一个12岁孩子并不犀利却丝丝入扣的文字来表述出为何他和他的朋友们需要“属于孩子们的自由”。全文开头的第一句是这样写的："虽然说'父母保护孩子过度'是一个较有争议的话题，但我还是认为父母们的确是在过度保护自己的孩子。"

然后，Ian直截了当地摊出文章的第一个论点：孩子是需要独立与自由才能成长的。他这样解释："虽然，大家都已普遍认识到，像我这个年纪或更年幼的孩子，都必须通过亲身体验和自我探索才能学习新事物，然而仍有很多家长喜欢把孩子紧紧拉在身边，很少给予他们自由的空间，这意味着孩子们不能靠自己去发现，因为可探索的领域都已被父母局限住了。但如果我们不能去探索，那父母如何期望我们有最优异的表现呢？"

读到这里，我开始有点儿"胆战心惊"了。我想到自己儿时也与Ian一样写过相似的文章，对父母的监管在思想上和行为上抱以抵触和反叛。上初中后，我即在心中认定：我的思想是独立于父母的，我的未来应该掌握在自己的追求和努力之中。现在30多年过去了，我的孩子怎么还是遇到了同样的老问题，甚至情况更严重呢？因为我们有了手机，有了视频……是做父母的我们在"压抑"和"控制"孩子们的思想和作为吗？这不禁让我想到了唐僧的紧箍咒，当孩子们的行为和思想稍有偏差时，我们就会不知不觉地收缩紧箍咒，加紧控制，积极施教。父母与孩子的成长冲突不分地域、文化和年代，始终会以各种面貌出现在我们的生活里。当我们从孩子变成了父母，我们的立场也在越来越靠近我们的父母。因此，聆听Ian的话语对我是一个重要的提醒。

过分保护使孩子失去自我学习的能力

Ian提出的第二个观点有点儿意思：过分保护孩子的弊病是会代代相传的。他写道："父母过分保护的另一个后果是，在孩子成长过程中一旦遇到困难或是未知的境况时，父母和孩子都容易变得紧张，会害怕尝试新事物，因此孩子很难有机会学习新知识。长此以往，当孩子有一天自己做了父母后，他们则会承袭上一代的教养之道，久而久之这种模式会变成理所当然的家庭'规矩'。"

读到Ian的第一个观点时，我因他的独立宣言与我年少时的想法惊人相似而"心惊"了；读到第二个观点时，又被Ian的"大智"感动。他怎么就看到了"世袭"这个问题呢？父辈曾犯的错，我们自己还在犯，而且他还指出，可能现在的孩子（他自己）以后也会这样来培养未来的孩子。Ian道出了一个真理：如果错误不纠正，久而久之，不合理的会变成规矩，从而沉淀出一种错误的观念。

中国的一句俗语说“捧在手心怕掉，含在口里怕化”，这是最能形容“直升机父母”对孩子细致到毛孔的爱护。父母替孩子早早筑好围栏，再通过形象的语言把恐惧感反复灌输给孩子，于是孩子害怕的东西越来越多，顾忌的人也越来越多。当任何可能有不确定因素的事发生时，这份恐惧感立即占据孩子的身心，让他们难以逾越“雷池”一步。我们想让孩子有出息，可是我们却甚少给予他们演习开拓和创新的机会。

自我独立只有通过实践才能学会

独立是别人教不来的，Ian的第三个观点来了。

如果孩子总是在家长的保护之下成长，那如何学会独立？这是Ian作文中的最后一个论点。他说：“独立是别人教不来的，只有靠自己的实践才能学会。如果总是有人处处为自己筑起一道防护线，那么孩子何来机会去学习独立？父母这道防护线对孩子的阻碍作用可以与电脑游戏相‘媲美’，过分保护同样可以让孩子无法做到自己的最完美，孩子也可能会因此变得中庸（average），甚至更糟。”

其实，孩子已比他们的父母看得更清、更远、更明白，只是我们始终不太愿意接受他们的思辨。 在我看来，Ian 提到的3个过度保护的恶果还不止如此，还有不少潜在危害。

第一个危害：扭曲亲子关系，拖累家庭关系。通常与“过度保护”同出同进的孪生兄弟就是父母的“高期望值”，保护孩子的终极目标就是培养出一个高度成功的孩子。然而，高度保护下的孩子就如离开了森林的老虎，已经失去了成为森林之王的土壤。更可怕的是，父母的高期望值与孩子的低能力将形成不和谐的亲子关系，最终会把家庭关系拖累到分崩离析。

第二个危害：对成人社会的恐惧成倍累积。被过度保护的孩子进入社会后，对于未知的事物和未接触过的人都抱有根深蒂固的不安全感，这是因为长期以来在物质上被精心呵护，在精神上没有独立探索的释放，因此一旦对新环境有任何不适应，就会反应过度。那些从小被各种清规戒律营造出来的恐惧感和无助感会重新把孩子推回家中，使他们最后变成走不进社会的人。

第三个危害：造就一代又一代的“啃老族”。我们始终视孩子为弱小，认为他们缺乏自控能力、生活能力和判断能力，于是最安全和快捷的育儿法就是替代他们做好一切。2013年美国皮尤普调证实，73%的40岁至50岁的家长会继续给成年的孩子提供钱，这也反映了无论在东方还是西方，“啃老族”越来越多。已经做了父母的人里也有很多隐形的“啃老族”，而这些都会给下一代的孩子留下深刻的记忆，最后成为下一代的“榜样”。

初中生Ian的一篇小作文带给我们一份启迪：在亲子沟通和关系上，孩子可能比我们看得更清楚些。其实我们也曾经看得很清楚，只不过因为身份转换让我们渐渐看不到、做不到了。我们慢慢把自己从讨厌管束的孩子变成了精于管束孩子的“直升机父母”。我们淡忘了生存的本质就是一个适者生存的过程，如果我们不让孩子“野”出去，他们是不能很好地“活”下来的。这也就是我为何会同意Ian在他14岁那年独自离家、远赴他乡去读寄宿高中。因为我理解，那是他为自己选择的一种“野”法，也是我想让他去勇敢体验和获得“存活”的胆量和本领。

附：Ian的作文原文

Parents Are Over Protective

By Ian Tan

Parents are over protective is a highly debatable topic, but I agree that parents are over protective.

Many parents like to keep their child close to them, without giving them much freedom. This means that the child cannot explore, and is given limited amount of exploration area, so it is harder for children to learn. It is commonly said that children like myself, and even younger ones, learn most through experience and exploration. If we can't explore, then how are we expected to perform up to our highest standard?

Also, if parents are over protective of their children, then both the parents and the children will get paranoid, always afraid to venture farther than before, and to expand their knowledge. If that is what happens now, then when the children become parents, they will be over protective of their children too and it will be passed on and on, until it will be considered normal.

Even more, if we, the children, are always so protected, then how are we expected to learn to be independent? Like I've already written, children learn quicker if they explore themselves. Independency is something that a person can't learn through someone else, but only through themselves. If there is always someone shielding you, it is as much a barrier in children's learning as video games or electronic games, and will drag the child away from their best standard, down to average, or in some cases lower.

想要孩子“赢”，必须做好早期优质教育

学校的终极目标是升学率，为了“一刀切”的升学指标，应试教育不可避免。撇开不能改变的大环境，父母的教子目标是什么呢？除了进入好学校，还有什么是我们做父母的需要关心的呢？

幼儿早期教育该教什么

虽然应试教育逼着学校和家长拼“硬”实力，但“软”实力也渐渐得到父母和整个社会的重视。想让孩子在长达12年的漫长学习过程中从小学“赢”到高中，那么幼儿早期教育就如同建房前打地基，显得尤为重要。然而，在不少地区，幼儿早期教育提早进入灌输“硬”知识的阶段。由于家长害怕孩子会“输在起跑线上”，担心他们在进入小学后学业会跟不上，便把知识学习的起点向下延伸到了学前班，甚至更小的年龄。

幼儿早教到底教什么为合理且合适？先来看看其他国家的情况。下面是我从不同文化背景下挑选的3个国家的早教内容。

美国：把教育的关注点放在个性和综合能力培养上

建立独立生活能力。很早让孩子学会自理，如自己吃饭、入眠，在幼儿园里学习分享和分担，为成为一个能够独立生活的人打下基础。

倡导独立思考能力。教导孩子尊重个体，以此培养独立意识和个性，为成为一个拥有独立思维的人打下基础。

关注人文情怀和社会正义感。投入早期的情感教育，提倡对人友善，富有同情心和正义感，为培养良好社会能力打下基础。

培养实际操作的能力。注重孩子与他人、与社会的融合能力，提倡走出家门和校园，在家庭和集体活动中不断完善个体成长。

挪威：注重自然对孩子成长的影响，提倡在行动中学习

关注人与自然的关系。特别关注人与自然的关系，注重在自然中游戏，在游戏中开展隐性的学习，通过完成轻松快乐的游戏来体验和探索环境。

关注人与国家和社会的关系。通过各类活动，让孩子了解本国和本地的社会风貌和环境，尤其是宗教信仰和道德规范的学习。

培养良好审美。通过亲近自然，培养孩子从小热爱大自然的审美情操。

注重体能训练。零下15℃以上，学校户外活动风雨无阻。幼儿园配备自然活动器材，如供孩子“摸爬滚打”的沙坑。

日本：注重礼仪，学习感恩和为人

教礼仪。在学习识字和简单算术之外，幼儿园学习的重点是礼仪教育，学会笑眯眯，常说谢谢。

教感恩。在日常小事中贯穿感恩教育。孩子每天吃午饭前要说“谢谢，感恩有午餐吃”；午餐结束会说“感恩刚刚吃了午餐”。

教动手。在日常小事中，让孩子自己动手照料自己，午餐时孩子们会分成小组，在老师的带领下，自己动手把饭和汤分到小组成员的碗里。餐毕，大家分工收拾碗筷。

教珍惜生命。生命教育贯穿在日常的学习和生活中，比如通过生日会活动让孩子了解生命的由来，让孩子懂得尊重生命。

从以上3个不同地域文化背景的早期教育来看，没有直接灌输甚至抢先灌输知识的早期教育内容，3个国家都从本国的文化和传统出发，把焦点放在了对孩子最基本的为人素质和素养的培养上，为培养健全的人格打好基础。

作为父母，我们可以多多借鉴，并尝试一些符合自己家庭特色的幼儿素质教育内容。我就从我们家的文化背景和现实需要出发，为孩子们的幼年教育制定了3个关注点：

中文学习。通过中文学习完成孩子对世界的认知。如果没有中文基础和对中国文化的认知，即使孩子们的英文可以说得如母语般流利，我还是认为他们对世界的认识有重大遗缺。

对世界怀有强烈探索感和投入感。我利用每个暑期为他们搜寻各类夏令营和公益活动，为的就是把大大的世界植入他们小小的心房里。因为我坚信，做一个放眼世界的人对孩子世界观的建设有着举足轻重的作用。

人文、艺术、音乐和运动的熏陶。这些是决定孩子成人后能否营建自我幸福感的重要部分。当孩子在独处时仍能感受快乐，那他一定在拥有广泛兴趣的同时还有自己的修养专注点。这些非常个性化的熏陶只有在幼年时不经意地点滴积累才可能渗透到血液中，并让它们沉淀到气质修养之中。

以上这些“软”素养恰恰是一般学校和早期教育会忽略或没法照顾周全的。如果说学校是专管短跑冲刺的训练，那么家庭和父母应该担当起提升孩子长跑耐力的教练角色。

好学校优质教育的根本是什么

记得2011年的冬天，趁学校假期，我陪Ian去美国东部的寄宿高中A校接受面试，这是一所在全美排名数一数二的私立高中。A校挑选学生的标准除了优异的成绩之外，还有许多素质和能力的考量。我怀着一颗好奇而又忐忑紧张的心与Ian一起走进了招生办公室。我在想，这是我接受的第三次入学家长面试了，从幼儿园到小学，现在到了高中。我很想了解，一所推行优质教育的学府会看重哪些素质和能力。

面试官是一位叫凯文（Kevin）的中年教师。他与Ian先交谈了约45分钟后把我叫进办公室，开始对我进行单独“面试”。

一上来凯文老师就让我大吃一惊，他说：“Jane，你和先生教养了一个非常爱你们的孩子。”

我一下愣住了，心想这不是在面试吗？怎么说起了我的孩子如何爱他的父母？我自然地跟进问道：“你怎么判断Ian很爱我们的？我很有兴趣听听。”

凯文老师说：“因为Ian对你们的工作了如指掌，能说出爸爸妈妈目前正在忙着什么，他很为你们两位骄傲，尤其对妈妈您做的事业感到无比敬佩，他说‘我妈妈正在用她的一己之力改变中国父母的育儿观’。我觉得你们家很和谐快乐，Ian在生活里有两位好向导。”

原来，面试官是在考量和评估一个孩子生长的原生家庭，父母和孩子间的互动关系，因为一个良好的原生家庭是孩子的第一早教课堂，更是影响孩子成长的最大力量。同时，凯文老师也在观察Ian对家人的态度和关爱。

接着，凯文老师告诉我，Ian向他提了一个非常好的问题。他每年面试很多学生，但大多数学生的提问都很相似，一般都能在学校的网站或介绍手册里找到答案。然而，Ian的问题却不同。我很好奇，Ian到底问了什么问题会让老师如此印象深刻。

凯文老师说："Ian问我，这个学校的校训是'不为自己'，这个口号对我们这个年纪的孩子来说还很难完全理解，去真正实行并做好可能更难。那么学校是如何通过4年的时间来让学生认同这个崇高的价值观，并成为'不为自己'的人呢？"

原来，学校把"不为自己"当作校训，除了培养出学业优异的人才之外，全校的课余活动都会围绕着这个200多年的校训，深入地挖掘出每一个孩子的内在社会责任感，把改变世界的重大命题深深地植入到每个学生的思想和行为规范之中去。我注意到，在我们交谈的40分钟内，凯文老师始终没有用过一次诸如聪明、能干、学业全优等字眼。

很快到了放榜的时刻，那是一个周末的早上，联邦快递送来了一份快件。随信带来的除了被A校录取的好消息之外，还有一张凯文老师亲笔写的明信片。我记得上面有这么一句话：

> Ian，我至今记得你曾为我描述的你在夏令营里作曲的音乐是什么样的。当我听到你说，你把营地边树林里的青蛙声与纽约曼哈顿街上呼啸而过的救火车鸣笛声混合起来，放进了你的音乐里时，我就知道你不是一个寻常的学生了。

优秀的学校录取竞争都非常激烈，当然第一道关卡就是考试的硬分数，学生们都必须提交优良的初中成绩和高中统考（SSAT）成绩才能进入第二、第三阶段的比拼。Ian也不例外。如果我们把分数当作初赛，那么到达分数线之后的比拼就可以算是半决赛和决赛了。一旦进入决赛，游戏规则就完全从"硬"质的可量化的分数变成了"软"质的很难量化的个人素质和能力的比拼了。由此

Ian和我明白了一个道理：无论在东方还是在西方，分数一定是首先要拼下来的“硬”仗，也可以说是体现硬实力的初赛；但“硬”仗之后还有更难把握的“软”仗在等着。

与凯文老师的面试交谈涉及了3方面的“软”因素：

学生与他人和家庭的关系

良好的人际关系代表着良好的沟通、关怀他人的胸怀和对周遭事物的敏感。

学生与社会和集体的关系

一个在年轻时能认同“不为自己”价值观的人，一定能跨出自我和家庭的小利益，必定会发展出更好的社会责任感；一个有志向为社会带来改变的人，他的梦想和追求会更远大，而且更具有自我激励的动力。

学生的创造力和创新精神

这是推动一切改变的催化剂。没有想象力的学习不会带来自我突破，没有创造力和创新精神的思维不能带来社会的更多进步。

说到底，优质教育的根本就是创造不同，而非相同；追求个性突破，而非随波逐流；提倡服务社会改变世界，而非个人利益最大化。

高中教育的精髓是什么

高中是12年基础教育的最后几年，也是孩子从少年步入青年最关键的几年。基础教育除了文化扫盲和赋予年轻人数理化知识与技能之外，还有一个更重要的使命，就是建树一个具有独立思想的人。

就在写这个篇章的时候，传来了一个好消息，高中刚毕业的Ian被他曾就读的高中授予了一个奖学金，嘉奖他在校期间在视觉艺术方面的努力和贡献。因为他与另一个同学一起创办了学校的视频网站，把历史悠久的纸质校报扩展到了网络上，与社交媒体连接了起来。这个奖学金将由高中学校直接汇入即将就读的大学作为助学金。听完这个好消息，我和Ian在晚饭桌上展开了一次长谈，主题是“在你们高中，怎样的学生才能称得上是一名好学生”。

Ian首先告诉我，一名会拿高分的学生只能被称作“会读书的人”。而一名“好学生”除了会读书之外，还必须拥有一连串的优秀品质；只有把个人的读书能力和品格特质结合得很好的学生才能算得上是一名“好学生”。

于是，我请Ian列举出6个重要的品格特质，这些品格都是他认为在高中阶段必须具备的。

特质一：面对困境坚忍不拔

在学校的高强度学习和高密度课外活动的压力下，学生们经常会被自己的某种负面情绪打垮。一般的学习困难已经不算困难了，最大的障碍是你怎么努力都达不到自己对自己的要求，这时人很容易躺下去，再也不想站起来。如果战胜不了各种压力带来的精神层面的负面情绪，一个人就很难能够接受更大的挑战。这是关乎一个人的心理素养的问题。

特质二：面对未来必定要有抱负

虽然还是高中生，大学的新生活尚未开始，但Ian认为，他们对未来的企盼一点儿也不弱。没有企盼的学生就像走在沙漠里没有指南针，找不到方向。Ian的抱负就是先做最好的自己，再比别人做得更好。

特质三：面对未知始终保有好奇心

对所有不知道的事都要保有最大的好奇心，这才是驱动人一辈子去学习的动力，失去好奇心的人就如同失去了生活的动力。

特质四：培养独特的世界观

人要关心更大的世界，并把自己培养成具有独立思想的人，不人云亦云，不随波逐流。

特质五：勇于接受变化

不敢走出现在，不敢接受进步，不敢承认错误，不敢重新发现自己，就不能向前迈进。

特质六：做一个不断思考的人

用具有创造性的思维把不同的观念连接起来，通过思想的交流再把不同的人连接起来。

听完以上这些，我基本明白忙活了整整4年的儿子，在寄宿高中的强压下得以生存的原因。除了自己努力不倒下之外，还有一个重要原因，就是在一个用多元化标准来衡量学生的教学环境里，每一种生存都是一种实践和胜利，每一个孩子都能找到自己的生存价值。这些价值既可以体现在学业的成绩上，也可以体现在社群领导力上，还可以体现在课余活动的组织力上。就如没有挤进学校前10%

高学分的Ian，竟然凭他在课余活动里的成绩为自己“挣”得了一个荣誉，一份升入大学的奖学金。

晚餐餐桌上与Ian的对话让我得以安心地去睡一觉了，因为我知道这6点品格不是他死读书本背来给我听的，相反是他在4年高中的艰难岁月里每天不停地摸爬滚打探索出来的。

想要孩子自强，帮他们找到自己的“软”实力

什么是“软”实力？我喜欢用一个最简单的表述，就是一种让你变得“独有”的实力，有了它或它们，你的“你”就会变得鲜活而立体，不仅让人一直记得你，而且很可能让别人无法替代你。

我去过一家台湾老师傅开的大饼油条店，那丰满的油条夹在轻薄的大饼里，入口松软的是油条、脆香的是大饼，让我一次又一次地想去这家大饼油条店，而且从来不会心生二意地想去隔壁家的面馆。这家大饼店的老板好幸运，除了有开店铺的钱和资源之外，还拥有好师傅和好秘方，是这些软实力让老板的硬实力变得独一无二，让我们这些食客流连忘返。

再看看一个国家的软实力，可能是千年流传的历史和传统，丰富的人文和艺术，大批各行各业杰出的精英人才……当然，一个家庭也有其软实力，可以是爸爸的幽默、妈妈的好厨艺、姥姥那无数的朋友，以及一份颇有渊源的家谱……

回到孩子身上，他们每天都在学习硬知识，比赛硬功夫。在应试体制下，老师区别孩子的基本办法就是分数高低，学习好坏。然而一旦离开学校，我们就没办法再把好分数直接贴在孩子的脸上，尽管还可以用××名校的背景来铺路，但是如果孩子没有自己独特的竞争力为自己加分，那么名校的履历会随着时间推移而慢慢减分。记得有次开家长会，一位高中的物理老师告诉我们：“知识每天都在变，今天学生们背诵牢记的知识可能明天就“换代”更新了，但我们正在教给孩子的思维方式和推演逻辑却是不会因为知识落伍而改变的。孩子真正需要的是使用知识的能力，以及用它们创造新知识的可能。”这位物理老师从另一个角度告诉了我们“软”实力与“硬”实力的关系。

如何找到孩子的“软”实力

“软”实力怎么获得？这就如父母始终关心的一个热题，怎么给孩子补钙才有用？医学已证明，钙剂不是吃多少孩子就能补多少的，补钙最有效方法是积极参加户外体育活动，保证良好的睡眠和平衡的饮食。也就是说，让孩子强壮筋骨的有效方法应该是让由内而生的力量与外界多种因素（如阳光、均衡的营养等）相结合，才能得以实现。

提高孩子“软”实力的方式方法基本与给孩子补钙原理相似，必须通过锲而不舍的自发行动和所处环境里的各方影响和支持。在很多家长眼里，“软”实力可能就是一种特长，就如那位台湾师傅的大饼油条配方。其实不然，真正的“软”实力是隐含在这些难能可贵的特长背后的品格、特质和精神。这些品格、特质和精神需要时时、天天、月月、年年不休止地自我磨炼和被他人敲打才能由内而外地散发出来。所以，对孩子来说，获得“软”实力的路途上非常需要父母同行相伴。

磨炼出“软”实力有许许多多可能的途径，比较显著的有3个方面。

来自孩子对某一事物的自发追求

我有一位朋友，全家都热爱网球，所以小孔同学从小便开始参加网球训练和比赛。当一种爱好升华到一种追求时，小孔同学要付出的努力就不仅仅是时间了，还需要顽强的拼搏和追求自我完美的境界。进入高中后，几乎所有的孩子都被功课压得喘不过气来，但小孔同学在坚持一周3次网球训练的同时，更成为学校网球队的队长，组织队员平日在校训练，还要带领队伍参加全国或地区性的学生联赛。就是在这样强大的训练强度和繁忙的校队工作之下，小孔还是保持着优良的学业成绩。后来，小孔同学如愿考上了哈佛大学，然而，他却决定推迟一年入学，选择去中国偏远农村支教。这样的孩子品格中一定会有一个字，叫“韧”，他不怕吃苦流汗，不怕山高路险，不怕舍去。在他人生的成长路上，这个“韧”字一定会时刻发挥作用，助他攀登自己的理想峰巅。

来自孩子改变现状的强烈愿望

小陈同学是个数理化高手，但他不满足于待在教室和书房里，用解题来度过自己的高中岁月。他的志向远大过成为学霸，他想把自己磨炼成一个公众演讲好手，并能成为一个小小领袖。

小陈同学有位好朋友在国际学校上学，那里有一项热门的课余活动叫“模拟联合国”（Model United Nations），简称模联（MUN），是由在校学生在老师的辅导下组织起来的一项国际公民教育活动。在活动中，学生们模拟联合国大会的议程，扮演不同国家的外交代表，围绕国际上的热点问题展开演讲，通过阐述各自的观点来沟通协作，解决冲突。通过这样的亲身经历，学生们不仅熟悉了联合国等多边议事机构的运作方式、基础国际关系与外交知识，并了解了世界发生的大事对自己国家未来的影响，也促使学生们思考自己在未来世界里可以发挥的一份作用。

小陈同学被这个项目深深吸引了，但苦于没法去国际学校参与活动，于是他突发奇想，决定自己组织一个类似的在校课余项目，把关心世界大事的同学集合起来，按主题进行英文演讲。他遇到的第一个挑战就是如何招募到足够数量的高中同学来参加（同学们都忙于应付作业和考试呢）；其次是按期选定演讲主题、组织学生演讲者和听众；再就是要做好校方的工作，说服学校参与进来，并长期支持。小陈同学的理想是把这个项目变成学校的项目，然后再扩展到其他学校去。这样一个从无到有的过程带给了小陈同学许多收获，其中最突出的就是在书本里无法学来的行动力、组织力和号召力。他不仅成为一个演讲好手，更对周遭事物和世界问题具有灵敏的感知度。他敢于挑战自己的勇气和愿意奉献大众的精神就是一个未来领袖必须拥有的气度。这样的“软”实力是小陈同学在改变自己和改变他人的过程中积累起来的。

来自父母和周围榜样的力量

孩子需要榜样，不是好的榜样就是坏的榜样。如果好的榜样真空了，那么坏的榜样就会钻进来。2016年7月，美国大选如火如荼地进行着，第一夫人米歇尔在民主党大会上的一次演讲感动了世界。她选择了这样一个主题：“父母是孩子的榜样”。她告诉美国民众，无论你选的总统是谁，你的选择将影响塑造孩子未来的4年或8年的日子。米歇尔在形容她的丈夫对两个女儿的为人行事的影响时，用了4个词来概括：品格、信念、正直、慈悲。这些都是在18年时间内通过潜移默化的熏陶慢慢渗透到孩子的价值观中去的。那么，在第一家庭的女儿们的眼里，父亲就是她们的好榜样；在其他孩子的眼里，奥巴马可能就是影响他们思想、行动和梦想的英雄和楷模。

所以，形成“软”实力的重要影响可以来自家庭和父母自身，也可以是父母推荐给孩子的榜样和楷模人物。关于家庭之外的榜样和楷模的影响力，我将在第二章“成就孩子的‘第三种力量’”中来介绍。

如何巩固孩子的“软”实力

接下来，我想为大家介绍两位普通的母亲，看看她们是如何帮助孩子找到并巩固自己的“软”实力的。

左妈妈：支持孩子坚守“与众不同”

我有位朋友住在纽约郊外，我称她为左妈妈，她养育了3个女儿，个个品学兼优。她告诉我，有阵子在她们家的饭桌上最“流行”的话题是：孩子学习到底是兴趣在先，还是能力在先？英文原话是这样的：“You are good at it， then you are interested in it”还是“you are interested in it， then you are good at it”。也就是说，孩子是因为喜欢上做某件事，所以才学得好，还是因为能干某件事，所以才对它饱有兴趣。这好像是个无解的题目，却与孩子的软实力培养息息相关。

6年前，左妈妈的三女儿刚过10岁，就已得过美国奥林匹克少年组游泳赛冠军了。要知道美国孩子的游泳实力是很强的，一个黄种女孩要拼到冠军得需要什么样的体能和技术啊！我很好奇左妈妈是如何发现孩子这个天赋的。

左妈妈的回答轻描淡写：“小女儿5岁时我送她去参加体育夏令营，那时她不会游泳，可到了夏天结束时，老师告诉我说：‘你家孩子为我们游泳小组拿了很多奖，她有游泳的天赋。’从此，孩子开始对游泳产生了强烈的兴趣。”

之后，小姑娘从无懈怠过游泳，更无拖累过学业。这似乎印证了能力在先、兴趣紧随的理论。但无论小姑娘的游泳天赋有多高，训练的长时间和高强度都是无法绕过的。这会不会影响学业呢？左妈妈胸有成竹，因为她已经把两个大女儿送进了孩子们心仪的大学，她非常明白当孩子们在成绩上难分胜负时，孩子“与众不同的特长或亮点”就会成为其软实力，并发挥出大作用。其实，大学看重的不仅是一项特长，更是在这项特长背后孩子奉献出来的时间、毅力和吃苦耐劳的精神。一个可以同时把学业学到优良，再把自己的兴趣转化成特长的孩子，就是一个对自己高标准、严要求并能坚守理想的人。这就是为何有特长的孩子各个学校都会更多关注他们，在硬实力相等甚至稍弱时， 他们仍然可以为自己争取到最好的机会。

有一次，小姑娘想去马里兰州参加一个全国性游泳比赛，可是从她纽约的家开车去比赛地需要6个小时，左妈妈实在觉得自己心有余而力不足，而且也怕占用女儿太多的上学时间。小姑娘看出妈妈的意思，没多说什么，悄悄地走开了。

过了几天，左妈妈的好朋友来找她，说：“很奇怪，你女儿给我写了一封很长的邮件，告诉了我很多关于这次游泳比赛的信息，还强调了对她的重要性，最后她还问我她是否应该去参加这个比赛。”

敏锐的左妈妈立即向朋友讨来了女儿的信，读完之后深深地被女儿的真情所打动，她明白其实这是女儿写给妈妈的求情信，只不过她聪明地让妈妈的朋友当了一次重要的“说客”，来转交请求罢了。这个颇有点儿深思熟虑的举动让左妈妈相信，女儿对自己的爱好既执着，又有担当。对这个有热情和专长追求的孩子，妈妈别无选择，只能“赴汤蹈火”了。

于是，左妈妈下定决心，载着女儿上路了。平时女儿坐车时间长了会晕车，可是这次她一直陪着妈妈说笑，聊天没个完。最后妈妈不忍心了，对女儿说：“妈妈知道你很累了，睡一会儿吧，明天还要比赛呢。”可女儿仍旧不弃不舍地坚持陪妈妈一路颠簸一路说笑。

果然，第二天女儿荣获冠军，妈妈知道除了女儿的确实力超群之外，还得归功于她心中的那份坚守和不妥协。赛后她告诉妈妈，其实坐6个小时车坐得屁股直痛，但想到妈妈的劳顿和辛苦，她暗暗下决心，一定要取得最好的成绩来报答母亲的理解和支持。

这样的孩子不仅理解自己要什么，还能理解妈妈的苦恼与担心，除了采用迂回作战的方法“搞定”妈妈，还有一份感恩的心。我猜，左妈妈一家对“兴趣在先，还是能力在先”的话题讨论可能仍在继续，但其实在人生不同阶段看待这个问题所得到的答案可能都会不同。也就是说，这个问题不一定会有标准答案。但无论答案是什么，左妈妈坚持奉行着一个原则：让女儿们忠于自己的灵性，勇于发现自己的兴趣；妈妈不为她们做主，也不把学业当作唯一的指标，她让女儿们自由自在地发现、发挥和发展自己的所长和所爱，自然地把她们的“软”实力与“硬”实力平衡地结合在一起。

希远小同学：带着妈妈一起升华

我的另一位年轻朋友小王有一个男孩，9岁，他有一个意味深长的名字叫希远。早在5岁上幼儿园时，孩子就被体校的老师挑中去接受体操训练。当时小王来问我："孩子该不该去练体操？"我知道这孩子有哮喘，我说在这个年龄段，如果孩子想增强体质甩掉哮喘，最好的办法就是练体育。她居然采纳了，不顾家里老人的阻挠，让孩子参加了体操训练班。

很快到了上小学的时间，小王又来问我："孩子是否要继续训练下去？现在到了上学的年纪，应该专攻学业了吧？"我问她孩子是否喜欢体操，她描述说，孩子的青蛙跳比别的孩子做得好，平衡力和弹跳力也都很优秀，老师建议改去训练跳水，并加入市一级训练队，开始寄宿。当妈的有些犹豫，担心这样做会影响孩子的学业。

小王的儿子与爷爷奶奶住，到了上小学，吃饭还是靠老人喂。显然孩子被两位老人宠到天上去了。而两位老人都没多少文化，平时不注意教育方法；孩子的爸爸简直就是个酷爱游戏的大男孩，只要一有时间就带着孩子打电玩。小王自己经常加班，常常不在家，无法兼顾孩子。于是我帮她分析，希远在家里没有一位学习和生活中的好榜样，环境不好，时间久了未免会养成坏习惯、坏习气。如果她能找准孩子与生俱来的运动潜能，并支持他进入一个适合他学习和进步的环境，遇到一股更优质的影响力，说不定能帮助孩子把潜能发挥到极点。说这些时我在想，希远这个孩子身上具有现在大部分养尊处优的孩子没有的一种特质，那就是肯吃苦，他也许真能走出一条不同于一般孩子的路，做一个对社会有特殊贡献的人。我还开玩笑地说："希远就是下一个田亮也说不定！"

听完我的分析，小王动心了。我告诉她，让孩子先接受一段时间训练，如果孩子能经得起体能的高强度训练和精神上的高强度压力，不打退堂鼓，那么这一仗就已经赢在开始了。到那个时候，妈妈一定要咬紧牙、狠下心来支持孩子的这份不畏艰难的坚持。

4年过去了，小王的儿子成绩越来越好，从2015年的华东赛区一米板第一名的好成绩，到2016年7月获得全国少年儿童跳水锦标赛的3项全国第二名。现在希远看上去还是那个孩子，但是有了追求的他，眼睛里冒出来的神采却焕然一新。他没有因为训练而放弃学业，白天他去普通小学上课半天，下午接受高强度训练，晚上自己上自习，完成功课，并且独立地住在训练队里。

无论这位希远小同学未来是否会成为职业跳水运动员，在我眼里他已经与其他同龄的孩子拉开了大大的距离，他所拥有的自律性和独立性已经非常值得我们大人钦佩了。当别的孩子还在被爷爷奶奶喂饭时，他已经进入了集体生活，学习自我管理和独立；当别的孩子还跟着爹妈玩游戏、看电视时，他已经能够按照训练队的时间表早起早睡，独立做作业；当别的孩子被娇生惯养时，他已经能够扛下每天不间断训练4～5小时的巨大体能挑战……在过去的4年里，希远为自己打下了一生需要的品格基础——我要努力，我要奋斗，我要征服跳板上的恐惧，更要征服对未来的疑虑。

每次见到希远小同学，我都敬佩他精瘦的身体里所发散出来的一股特别的能量，他是我一直想守望下去的一个忘年交小朋友。孟子曾告诉我们："天将降大任于斯人也，必先苦其心志，劳其筋骨，饿其体肤。"我梦想有一天，能成为他的啦啦队队长，征战各国，为中国争光。

在我眼里，左妈妈和小王虽然所处的文化和生活背景不同，但都拥有一种难能可贵的做妈妈的大智慧，那就是不急不躁，不循规蹈矩，不盲目攀比，用一份好心态、一副好性格来面对让许多妈妈抓狂的难题——怎么帮助孩子塑造他们的信念和追求。左妈妈是一位知识型妈妈，她会更多地聆听孩子的心声，让孩子走在自己的前面，自己做她坚强的后盾。小王是一位未受过高等教育的淳朴妈妈，但她懂得尊重孩子，让孩子找到属于自己的位置，并安然地为之骄傲，为之护航。

无论是生在左妈妈的家，还是生在小王的家，孩子们都是幸运的，因为不管他们将来以何为生，以何立命，他们的童年经历都会在以后的人生中闪光。经历所带给孩子的收获就是属于他们的"独一无二"，有了这些"独一无二"，孩子的世界将变得丰富和与众不同起来。

想要孩子自强，我们必须帮助他们跳出分数的小圈圈，通过各项课余活动，找到自己独特的内在潜力；只有发现了自己的兴趣、向往和追求，孩子才会由内而外地滋生出一股股自我推进的力量。父母不能创造孩子的人生，却可以帮助他们找到适合自己的位置，磨炼出自己的"软"实力。

想要孩子爱上学习，合理建构“硬”实力

分数代表硬实力的一部分，它是硬数字，更是冷数据。由于分数不带任何感情色彩，是直观的对与错的评判，所以它变成了一个相对公平的评判工具。

然而，孩子从3岁到10岁的7年中，心智和身体发育急剧变化，其间他们从幼儿过渡到少儿，几乎生活里的每个细节都属于从全新学习到重复练习的过程，任何一个细节上的锻炼缺失或延后都会引起另一个学习层面的问题。如果过早地采用单一的分数来淘汰“问题孩子”，那么这个择优的善意就可能做了“去优”的坏事。

比如，孩子到了三四岁还没学会与父母分床睡，那么他去了幼儿园很可能会遇到午睡问题，会有与父母分离的情绪问题等，然后导致他融入集体的速度暂时落后，而这个延后可能又会影响交友乃至性格养成。

再比如，一个6岁的孩子还没有习惯大胆和自如地表达自己的愿望，到了小学多半会不适应新环境，课堂参与可能会暂时落后，性格也可能会变得不自信。

如果孩子到了8岁还不能安静地独立阅读10分钟课外书，那么他的阅读能力可能会暂时落后，写作能力也会因此受到一定的影响。

即使如此，这些“落后”也不能被用来当作硬指标，去区分孩子的学习好坏、能力高低，因为造成这些“落后”的因素也可能在成长过程中会很快被修正、弥补，所以在3～10岁的阶段，完全用硬分数来划分孩子的优与劣，来判断聪明与愚钝实在未免太早，也太“冷”了点。最大的问题就是，过早地把孩子分成三六九等，既打击了孩子的积极性，又达不到调动孩子内在动力的效果。因为年幼的孩子不会因为被告知自己落后了就会向往学习，相反，温暖的言语、耐心的等待和积极的鼓励会让孩子慢慢追上自己的“先天”落后。

作为父母，我们虽然不能立即改变现有的硬分数评价之“冷”，却可以调整和改变我们在家庭中对孩子的评价体系，还给孩子一些成长的温暖。我把这个重新审视分数的观念称作“有温度地看待分数”。

采用两个评价系统，关注早期素养和学习态度

在欧美以及国内的国际学校都采用小学四年级前不考试、不打分的教学方式，有的学校甚至六年级前都不考试、不打分。老师除了给低年龄的学生做一些阶段性的测验外，还会布置一些衡量阶段性学习内容的个人或小组式的学习项目。拿小Sean的学校做例子，五年级下学期的数学课有一个难度较高的项目叫“纽约的天空”，老师让每个小组选一个纽约的建筑物做各方面的数据收集，然后按比例把建筑物缩小做成硬纸板模型，这对计算的精确度和测量的准确度要求很高，否则模型会走样。这些小组项目都要求孩子们预先做大量的前期准备和小组协作，每个项目完成后都要在全班师生面前做演示，其他同学会参与项目评估，老师更会写出详细的评语，积极参与的学习态度也在衡量之中。

目前，我国大城市里的一些学校也开始实施这样的幼龄教学体系，以减轻孩子们在幼儿时期的学习和心理负担。因为只有让孩子不会因为害怕拉低分数而恐惧犯错时，他们才会大胆地去尝试、模仿、试错，才能始终保有高度活跃的学习热情和不断求新的好奇心。等到孩子10岁以后，心智较成熟了，对学习内容和学习方法都有了更好的体验和把握，这时再引入考试、分数和竞争就能够产生水到渠成的促进效果了。

为了更深入地了解小学四年级前不打分的“新观念”，我找来了一所国内的国际学校二年级（约7岁孩子）的成绩报告单，我们可以看到其成绩评估摈弃了以分数为唯一指标的做法，取而代之的是素养和学习态度，从两个系统来评估：

学生素养评价系统

所涵盖的项目有：自控力，协作能力，主动性，独立性，认真度，是否会在需要时向老师或同学提出帮助要求，在接受品格教育时是否积极参与等。每项单独给予以下评估：

- 优秀（outstanding）
- 良好（good）
- 满意（satisfactory）

- 需要帮助才能完成（achieves with assistance）
- 需要特别帮助（requires individual assistance）

学习态度评价系统

每个学科的评估都与本学期需要达成的目标相关。比如，二年级学生的数学目标之一：是否可以数数至1000；语文的要求之一：是否可以大声地、有逻辑地表达自己的想法；写作的要求之一：是否可以运用学到的拼写方法来准确拼写和自己纠正拼写错误；科学、地理和历史的要求之一：在观察问题时是否会使用不同的方法来考虑和参与讨论；还有音乐、美术和体育等科目的详细学习目标。每项单独给予以下评估：

- 优秀（excellent）
- 良好（good）
- 满意（satisfactory）
- 需要关注（needs attention）
- 需要立即关注（cause for concern）

不做横向评价，多与孩子的过去比较

可以看到，上文所列的成绩单上完全没有出现我们常规理解的分数，而使用了较宽泛的词语来评估学习的整体状况。最重要的还有一点，报告单上明确注明以下这段文字，来提醒家长切莫盯上一个单独的评估指标去纠结孩子的某些弱点或弱项。

> 每个孩子成长的起点、速度不同，所以进步是在个人原有基础上取得的，是对学生学业表现进行持续观察和评估所得出的结论。评估的途径包括持续的讨论、提问、演讲、家庭作业、测验、功课质量、同伴评价以及学生自我评价等。

这段注解浓缩出幼年学童的成长规律，也给出了两个深入浅出的道理。

一是科学的评估是与孩子的过去做竖向比较。孩子的成长是有其自我发展规律的，在孩子的早期发展阶段，每个孩子的学习进度只要符合学习要求的大范围，任何细节上的比较都应该与孩子自己的过去做竖向比较，而不建议与别的孩子去做横向比较。

二是不用单一的指标来评估。对孩子的评估是由许多因素组成的，其中包括能力、习惯、态度、人际沟通和自我认知等，任何一个单项的评估都不能反映孩子的全面发展和表现。这也就是建议家长不纠结某个单项，不苛求孩子全优。

构建“硬”实力比拿高分更重要

分数是“硬”实力的一个有效的评估方法和体现手段，但不是所有“硬”实力都可以用分数来衡量。比如，一个孩子的语言词汇量与其阅读能力相关联，而阅读量又与其阅读兴趣和习惯相关。一般阅读兴趣不高、阅读涉猎不广的孩子，写作能力就会受影响。因此，在语文、历史和地理等人文学科里，“硬”实力受阅读和写作能力的影响非常大。而且现在是信息大爆炸的年代，一个孩子能否独立完成信息收集、资料整合、主题研究，到最后得出个性化的论述，并有条理、有文采地把自己的观点写出来，这些技能是由非常多的“硬”功夫贯穿起来的。老师可以为一份语文作文打分，却没法给阅读兴趣和习惯来打分。

小Sean上小学五年级时，学校里上了一堂叫“社会研究和探索课”，这门课相当于把我们传统的语文课和历史课结合起来学，不仅要求孩子能读历史，写论述文，还让孩子通过演讲来阐述自己的研究结果——一篇3页纸的作文。项目给每个孩子两星期的时间来了解和介绍一个历史人物或一个历史群体。小Sean结合自己对音乐的兴趣，选择研究西方印象派作曲家的小历史。当时他正在弹法国作曲家德彪西的曲子《月光》，我看到他上网查出作曲家的生平资料，和有关这部钢琴曲谱写时的年代历史。在晚餐时，他饶有兴趣地告诉我：“德彪西很伟大，他居然在第一次世界大战那最黑暗的年代里写出了如此优美的音乐，可以看出他的想象力好棒，而且他很大胆地反抗当时的战争。”轮到小Sean做演讲的那天，他把自己弹奏的《月光》录制成了一段小视频带到班上，边放音乐边讲解他的历史故事，最后同学们给出的评价是：搞懂了为何《月光》有这么伟大的含义。

从这个小事例可以看出，“硬”功夫与“软”实力一样难把握，也是需要时间和系统的练习来打磨的，其中涵盖了理解能力、分析能力、总结能力、写作能力、演讲和口头表述能力、动手能力、时间安排能力等。而如果我们一味用分数高低来界定孩子的成绩，便会因此而忽略那些“硬”功夫，那么等孩子到了高中和大学阶段，原来的学习优势可能会转变成劣势，孩子也可能会变成只会考高分而低能力的应试“书呆子”。

不用分数做评估，好处实在多

很多父母在孩子上学后就对分数无比重视，一旦知道分数不好就焦虑，一焦虑就会发脾气，或说一些孩子在这个年龄段还没法接受的“道理”。对少数学霸型的孩子来说，分数总是会为他们锦上添花；而对大多数普通的学生来说，分数就像一把高高垂下的刀子，无时无刻不让他们担惊受怕。

其实，孩子上小学后，父母最应该做的就是保护孩子对学习的好奇心，因为孩子还在感性学习的初级摸索阶段，只有带着一份好心情、好态度，并时时受到鼓励，才能有动力去不断学习。那么让我们来看看，10岁前不用“冷”分数做学习能力评估的众多好处。

更宽泛，把关注聚焦在孩子的习惯和态度上

四年级以下的孩子，尤其男孩和女孩的发育差别很大。男孩小时候坐不住，而女孩的集中注意能力生来就比男孩强；女孩的抽象思维能力可能没有男孩好，但沟通能力更胜一筹……所以此阶段不应把分数打得太精准，评估的重点应该放在孩子的态度和习惯养成上，目的是了解孩子是前进了，还是倒退了。如果发现学习退步了，那就应该试着找到原因，看看是因为学习态度还是理解能力，抑或有其他原因，到底是哪方面需要家庭和学校一起来关注，哪些方面需要紧急的个别辅导等。

像小Sean那种成绩报告单比起单纯的成绩打分更需要家长拿出时间来仔细阅读。每次我读孩子的成绩报告单时，都会先花上30～45分钟来独自研究各项评估，然后再叫上孩子花同样长的时间讨论每个评语所涉及的科目内容、强项和弱点。待我们母子间的对话完成了，双方基本对本学期的优势、问题、需要改进的方方面面也就比较清楚了。

重鼓励，让孩子不感到恐惧

没有分数的成绩报告单还有一大好处就是不太具有惩罚性，而相反更注重鼓励的正面效应。我们可以看到，前文所列的评价标准中位列前三的评估词语是优秀、良好和满意，这些都是很不错的字眼，能让孩子了解自己所处的位置在哪

里，但又不会被自己暂时的落后吓到，更不会被可怕的冷数字打懵。

我们可以试着把语言评估改成相对应的分数，比如优秀对应90～100分，良好对应80～90分，满意对应70～80分。我们看到“满意”的感受与看到“70～80分”的感受是有非常大的不同的。前者会让父母和孩子较正面地看待评估，而后者一定会引起父母的焦虑，于是很自然地会对孩子说出一些抱怨的话语，让孩子在小小年纪就开始对学习抱有一种无助感，久而久之可能会演变成沉默的厌学，或强烈的抵触。

由于没有太大的分数压力，一起读成绩报告单在我们家里是一件无须逃避或令人害怕的事。一般我会提早把上学期的成绩报告单拿出来，和孩子一起来对比着看，然后该夸奖的科目就夸奖，该提醒注意的地方就讨论注意事项。当孩子发现谈论成绩报告单不会导致惩罚或负面压力时，他们就会诚实坦然地与父母沟通，有时还会一针见血地说出自己的问题。比如，大儿子Ian最会做自我检讨，总是积极地告诉我这个项目没做好、那个作业没完成，老师的评语常常是“我必须扣掉一点，因为你没有按时递交团队的分工作业”。小儿子Sean则相反，一直要证明自己是最好、最强的，一旦有不满意的项目评估，他就会为自己找出各种原因来辩说，比如不喜欢这个老师、不喜欢这个科目等。这样的对话才是最有意思的，因为把一堆冷分数变成了一个个有趣的、真实的话题，让妈妈感受到了孩子的内心活动，从而明白该怎么来帮助孩子适应新学期的挑战。

护尊严，给孩子留足余地去发展

“满意”与“70+”所传递的内涵和感受是截然不一样的。“满意”虽然在这里被安排成一条底线，但却充满了对孩子努力的认同和对未来的鼓励，同时也把可能“落后”的现况描述出来。而“70+”却是用一个冷数字画出一条分割线，让孩子感到自己被三六九等分了。可怜的他们才刚刚进入最低年龄的课堂，还在无厘头地摸索，在懵懂中学习，就被判了高低、好坏和优劣，他们敏感的心和自尊怎么安放呢？

孩子在小学中低年级会一直处于变化中，这些变化与身心发育，周围环境，所能得到的帮助、机会和启迪有关。如果他所处的环境里已经开始有声音告诉他“你是个不用功的人，因为你的成绩不好”“你是个不成材的孩子，因为你比别人差”……那么他真的会认定自己是个不用功的人，自己是个比别人差的孩子，于是放弃自我努力。因此，我们经常会看到在小学低龄阶段出现的所谓问题孩子，到了初中会成为“坏孩子”，再打翻身仗就困难了。因为“坏孩子”的标签已经早早地贴在了孩子的心上，像一团乌云笼罩，连他们自己都认同了自己是别人眼里的“坏孩子”，为何还要努力呢?

少竞争，让孩子间多些关爱

10岁前不给孩子打分，还有个重要的考量是为了等待他们的身体和心智成熟起来，让所有的孩子都可以互相等待一下，互相多关爱一会儿；为了让孩子感受到学习所带来的前所未有的喜悦，热爱伙伴、热爱学习是10岁之后全力出发的重要基础。如果家长和学校早早把孩子钉在分数低的耻辱柱上，对那些暂时落后的孩子来说，10岁之后的学习道路将很难重新开始。我一直想问在小学中低年级就过分看重分数的父母，难道未来就只属于那些在10岁前考100分的孩子吗?

记得Ian上小学那会儿，他拿回来的作业上总是有个红色评语“good”，即“好”。有一天他拿到了第一个“excellent”，也就是“极好”，我很高兴，就问他：“你们同学中有多少人拿到了极好？”没想到小家伙对我板起脸来，严肃地说：“对不起，妈妈，我们老师说不讨论别人的成绩，那是同学自己的事，他们可以和自己的爸爸妈妈去讲。”

这位老师一句简单的话，却庇护了孩子一颗单纯的心，她不提倡孩子互相比较，过早竞争，太早让孩子知道自己与别人的差距，无论是超前的还是落后的，都会对幼童在学习上造成不必要的心理压力和行动阻力。

当孩子考砸了，父母如何应对

当前，很多父母还是要不可避免地面对“冷”分数评价，那么现实问题出现了，一旦孩子考砸了，分数全线下滑，怎么办?

为孩子撑起一把心灵“保护伞”

通过对以上许多事例的剖析，我们多少明白了在孩子尚小的幼年岁月里，分数不应该是一个绝对的衡量标准，而且根本不是一个正确的标准，所以在面对目前部分尚不能改变的教育大环境时，我们只能选择在家里为孩子们撑起一把心灵保护伞，保护他们对学习的一份热爱和探索。

父母可以尝试变换一下思路，在孩子幼年的学习阶段，更多地关注学习兴趣、学习习惯和学习能力。关注分数只是关注了一个无法改变的结果，而关注兴趣就是关注了源头，关注习惯就是关注了过程，关注能力就是关注了反复磨炼。只要把习惯养好，能力就会增强；能力增强了，分数必然就会上去了。父母懂得这个因果关系，在孩子四年级以前，即使考砸了也不必感到焦虑。比如，对一个语文写作拿低分的孩子，父母不应骂他无能，骂他不努力，相反应该暂时忘掉分数的负面指向，立即着手与孩子一起建构一个阅读计划，并投入自己的时间与孩子一起做每日阅读，一起讨论阅读感想，一起做词汇游戏，尝试一起记日记，一起讨论写作提纲。只有父母真正关注了带来改变的过程，孩子才能积极地为下一次的“拼杀”做好准备。

控制情绪，换个视角看分数

父母可以尝试在拿到成绩单后，把冷分数转换成有温度的语言评估内容，如优秀、良好、满意，只要孩子能达到“满意”的成绩，就不要太纠结高分有多高，低分有多低。如果孩子的成绩掉到了“满意”的界限之下，那么父母应该立即关注孩子的学习习惯、学习能力和学习兴趣等相关问题。父母控制好自我的情绪才能有效地帮助孩子。如果父母还不能正确对待分数，那就请推迟与孩子讨论分数和学习问题，直到能心平气和地与孩子做语言的沟通，而不是情绪的沟通。

采用纵向比较法，换个心态看名次

观察孩子的身心发育和能力发展是否已达到该年龄段应有的正常范围。如达到了，就不需要太关注孩子在班上的排名，可以效仿欧美学校的纵向比较法，把孩子的本学期表现与上学期表现做比较，而不是与班上的前三名做比较。只要孩子乐观不厌学，暂时的“落后”没什么大不了的，多以鼓励的语气和孩子讨论，让他对每个科目的情况做个自我小结。由于孩子年纪尚小，小结可以是口头的一段自我表述。如果我们能坚持用这样的方法来看待成绩报告单，那么我们已经在培养孩子的自我评估习惯了。

接受现实，做孩子一生的好伙伴比造就学霸更重要

谁能保证每家每户的孩子都成为学霸？如果你的孩子在某科目的成绩掉到了“满意”线以下，首先学会平和地接受现实，可能你的孩子这时也很沮丧、很自责，他很需要父母的理解和安慰。接受孩子暂时“落后”的事实并不等于不作为，但因为接受了事实，我们才能让自己躁动的心安静下来，才能更有效地与孩子沟通，才能作为孩子的人生伙伴，与他一起分担暂时“落后”带来的烦恼和不开心。

我的一位年长的朋友告诉我一个他与父亲的故事。他来自一个20世纪初从上海迁移到香港的传统大家庭，排行老二，全家兄弟姐妹一个个都是当年的学霸，唯有他高中毕业后坚决不想读大学了。他来到爸爸面前说："爸爸，我有件事想求你理解，我是你唯一一个不喜欢读书的孩子，但我非常愿意向你学习，我不想上大学了，就让我待在你身边当学徒工吧。"没想到父亲竟然当即同意了孩子的要求，并让他从第二天开始进入成衣车间，从最底层的学徒工做起。今天，这位好心态的父亲已经是一位半中风的90多岁老翁了，从学徒做起的二儿子则成为手握世界各大奢侈品牌的成功投资人。前两年圣诞节，我与这位年长朋友一家见面，看见他一晚上都陪在老父亲身边，不时地为父亲擦去从嘴角边不自觉流淌下来的口水。朋友还动情地对我说："没有我父亲当年对我的理解，就没有我的今天。我的父亲是有大智慧的人。"

向这位世纪老人学习吧！我们不要做孩子的审判者，我们要做他们的亲密伙伴，其前提就是坦然地接受他们的优劣强弱。其实，教养出一个对自己有信心、有担当的孩子比培养出一个每次拿100分的孩子更重要，因为只有对自己有信心，孩子才会努力做到最好；只有有担当，才会在遇到困难时坚持得更久一点儿。而这两点恰恰是未来社会竞争最需要的，也是我朋友的父亲交给他的做人智慧——做最好的自己，不要担心比别人差。

"落后"的孩子更需要温暖

大部分孩子都希望"讨好"父母，所以当他们没有按父母的要求做到最好时，他们会害怕，也想躲避，甚至用反抗和叛逆来为自己壮胆。如果孩子没考好，父母可以避重就轻，不谈分数和排名，与孩子一起做点儿他喜欢的事，等孩子情绪平稳了，他自然会敞开心怀，说不定还会说："妈妈，对不起，我这次没考好，下次会做得更好。"父母最应该做的就是让孩子知道：学业分数固然重要，但爸爸妈妈的爱是无条件的。孩子，你今天考好了，爸妈为你喝彩；明天你考砸了，爸妈会等待下一次的机会为你喝彩。

总而言之，一个冰冷的分数是衡量不了孩子的"软"实力和"硬"实力的，更不适合拿来评估10岁前孩子于未来的无限潜力。为了孩子的未来，我们可以选择有温度的、多元化的学习评估系统来替代冰冷的、单一的分数评估系统。父母这样做，就是为了告诉孩子：你已经做得很好，但学习真的不容易，让我们一起努力做得更好吧！

想要孩子去名校，先助他成为“优质人”

大部分想送孩子出国留学的家长可能都以为，只要提着一麻袋好成绩、奥数奖牌就可以考上名校，更有“富二代”认为靠爹妈捐款也能轻易“混”进去。没错，好成绩会让你入名校的机会大增，捐款也会让校方关注你多一点点，但“悲哀”的是，大部分名校的钱已多到不缺你家那点儿了。有格局的名校最在乎的不是钱，而是如何让学校自身的价值在未来永远不贬值。

优选人才和思想才是名校追求的硬道理

说起世界各地的名校，我们暂且拿美国常青藤大学做个范例吧，其教学盛名和治学质量能绵延百年至今不衰，其中很重要的一个原因就是，它们培养出了许多旷世奇才和无数兢兢业业的杰出人才。这些精英拥有较为相似的价值观，即从年轻时就树立起一个改变世界的理想。几十年后，这些莘莘学子或事业有成，或学有专长，或成为所在领域的栋梁级和领袖级人物，更有成为国家级领导人的。而这些人才一旦成为有影响力的人，大多会不忘年轻时的初心，热心于社会事务，并善于利用自己的影响力来推动社会进步，改变他人，回馈社会。一个能够用一己之力为社会带来改变的人，也一定不会忘了为母校做贡献。这份贡献可能是个人的社会影响力，可能是为学校的发展提供的决策力，更可能是源源不断的捐款力……总之，所有这些力量都将转化成弘扬母校、发展母校的重要力量。所以，美国常青藤盟校会更看重一个能为母校的未来带来各种贡献的“绩优股”人才，而较不容易随便开个后门，把一个虚位让给一位不合格的学生。因此那些表现优异的穷人家孩子，只要能被常青藤大学录取，一般都会得到财务资助，因为比起你的资助，学校更看重的是你这个人！这就是为何越优异的学生大家越抢得厉害，往往会出现几个名校抢一个学生的状况。

名校的“优质人”不仅仅是学霸

无论你是富人家的子弟还是穷人家的孩子，或是出身普通人家，一旦进入常青藤大学，就意味着可以同等享受学校提供的各项优质资源，其中包括全球选拔出来的优秀教师、一流的人文环境、顶尖的前沿科技和千里挑一选出的优质同学。此外，学校还会提供从学术界到商界、政界和各领域的优质的人脉关系，提供优先实习和工作的机会。这样的人生机遇到底应该给予谁？常青藤盟校内部早已设定了一套严明的“规章制度”，主要从以下3方面来甄别“优质人”。

- 学习成绩
- 综合素质和能力（其中包括特长）
- 价值观（其中包括父母是否是校友）

可以看出，非“分数”的评估标准占了两项，如果我们把这3个方面倒过来置放成一座金字塔，那么，学习成绩就是“硬”实力，处在垫底的最下边那一层，是用来刷学生的“冷”分数；第二层是综合素质，也是比拼最“激烈”的“软”实力，综合素质和能力是需要学生通过一系列的校内外活动参与、对某个目标的长期付出和追求，以及对他人、社区的贡献和所带来的改变等才能描绘清晰的；而占据高高塔尖的价值观，则会通过第二层的素质和能力来显现无疑。这3个层次相互关联却又各主轻重。如果我们把这个金字塔想象成孩子的竞争力表现，一个非常重要的问题便随之产生：我们要把孩子培养成一个什么样的有用之人？

简单来看，如果我们倾全家乃至全国之力把孩子们培养成学霸型的人才，那么在未来全球人才竞争的大环境里，我们的孩子可能会成为大批“垫底”的一般型人才，其竞争力会大大弱于同时拥有3个层次的优质人才。

前些年，当中国大江南北风行以顶尖奥数成绩考上名校的“神话”时，曾流传出这样一个故事。常青藤学府之一的宾夕法尼亚大学来到中国各地，为其国际特训班招收学生，考生中来了一位奥数尖子生，然而因为面试时的一段平常对话，让宾大面试官十分干脆地拒绝了这位尖子生。以下是新闻报道中的一段面试对话：

（A：宾大面试官；B：奥数尖子生）

A：“你读书读得那么好，是为了什么？”

B：“为了挣钱。”

A：“那挣钱又是为了什么？”

B：“为了周游世界。”

A：“除了周游世界还想干什么？”

B：“还可以买房子。”

A：“买了房子还想干吗？”

B：“和父母一起住……”

读到这里，大家基本可以想到，这位奥数尖子生一定会被淘汰出局。难道他是因为独攻奥数才输掉心仪的大学吗？当然不是！真正的错在于，孩子的人生价值观没有被学校和家长重视，学习的目的被模糊了，人生的目标被偷换了，造成孩子以为考上名校的目标就是能达成父母对自己的愿望，而父母则惦念着孩子考上名校就是保证孩子能拥有一种致富的本领。至于赚到钱之后，还能再为自己、为别人做点儿什么有意义的事情，孩子的心中已然一片模糊，甚至空白。

宾大面试官决定放弃这位奥数尖子生的理由非常简单，因为他一眼便看出，这位奥数尖子生的眼里只有一个小家的利益和自我地位的满足，这不符合常青藤推崇的精英抱负和普世的价值观。面试官的职责就是尽其一切可能把万里挑一的工作做好，把机遇送到每一位不仅学习优异，且具有良好社会责任感的年轻人手上，这些人应在懂得报恩父母的同时，拥有回报社会的大义情怀。

正如哈佛大学生物系博士毕业生何江在2016年毕业时所做的演讲，他是哈佛大学第一位享有此殊荣的中国学生。何江从小时候在湖南落后的宁乡县农村开始讲起，有一天他被毒蜘蛛咬伤，妈妈用最原始的火烧疗法帮他解毒救回了一命，就是这个经历让他立志学习先进的科学知识。何江在演说中这样说：“……我的内心第一次有了一种作为未来科学家的使命感。但这种使命感不只是停留在知识层面，它也是我个人道德发展的重要转折点，我自我理解的作为国际社会一员的责任感。”“改变世界并不意味着每个人都要做出重大突破。改变世界可以非常简单，可以作为世界不同地区的沟通者，找出更多创造性的方法将知识传递给像我母亲这样的农民群体。”

由此可见，优质教育不仅应该关注如何把“优质人”在专业上打造得更优秀，还应该有治学抱负，那就是让教育造就出对人类社会进步和发展具有未来推动作用的思想力、创造力和责任感。

想要把孩子送进名校继续深造的家长们，除了鼓励孩子成为学霸之外，其实还有许多更艰难的人生功课需要我们和孩子们一起去准备，这个过程将很漫长，而且改变必须先从父母的价值观开始。

年轻“优质人”应该是怎样的

从美国常青藤盟校的择人“规矩”可以看出，西方教育体系里评判“优质人”的标准是多维度的，除了高分和优良的学科表现外，还必须具备一连串的“力”，如行动力、领导力、创造力、沟通力、协作力、理解力等组成的综合素质。同时还要拥有博大的价值观：一份与生俱来的博爱，即中国先贤范仲淹所说的“先天下之忧而忧，后天下之乐而乐”的领袖精神；一种崇尚平等和正义的人文精神，懂得给予他人就是帮助自己，知晓回报社会才能实现大我的精神信念。

下面，我想说一说我们身边的“优质人”可能的模样。

大儿子Ian在念初中时，一心想成为校报的记者。一天，他接到了校报老师的通知，说可以去报道一场由学生自己组织的募捐音乐会。Ian立即来找我，说需要我的帮助，希望我可以发动一些家长来购买音乐会门票，为募捐做一份贡献。当然，我从来都是支持学生自发的活动，并踊跃参与到其中去的。因为我深信，我做的就是孩子们看到的；他们看到的，正是未来他们会去尝试做的。

音乐会现场设在一个商务大楼的会议厅，人群熙攘。我到了才发现，原来这场音乐会的主办者是学校的几位热爱音乐的高中生，他们希望为上海郊区的农民工子弟学校建立一个学生乐队。现场有一位叫山姆（Sam，吴承昊）的学生极为引人注目，个子不高，戴着一副深色的宽边眼镜。他不仅为音乐会作曲，还亲自指挥这个室内乐队，同时主持会场。他带领一个小小的学生团队从张贴海报到张罗卖票，从预订演出场所到会场布置等，一切都在他的领导下有条不紊地进行着。当音乐会的最后一曲落下，山姆郑重宣布：“今晚我们募集到了10万元！我们可以用这些钱

ACTIVITIES

Youth, Music, Love festival raises money

27

这是Ian为校报做的采访稿，主角是山姆。当时山姆意气风发，正带领小伙伴们用音乐为农民工子弟学校募捐建乐队。从此山姆成为Ian的朋友和榜样。

为农民工子弟学校买乐器，把音乐送进学校，送到学生每一天的生活里去。”这时，我看到农民工子弟学校的女校长眼含热泪，她感谢山姆和在他带领下的学生团队，感谢我们这些热情助阵的家长。这一年，山姆高二，16岁，他已经开始发动身边的一切力量，尝试去做一件不一样的事，帮助那些需要帮助的同龄人。

从那天起，我也开始帮助起山姆来。首先，我想为他找到一位作曲的专业辅导员，也可以称作导师。我把他的作曲作品带回家，请我的作曲家先生看看，不料谭先生说：“这个孩子真的有天赋！”我心里暗暗为山姆高兴，他不仅有心帮助他人，还那么幸运地受到上天的眷顾，拥有一份音乐创作的天赋。我必须寻找机会让山姆与导师一起工作、实习。

没想到机会很快来了。一天，学校的音乐老师来电要求谭先生能为学校的百年校庆改编一支百年校歌。在我的建议下，山姆还有另外两个热衷作曲的学生来到了谭盾工作室，在导师的带领下边学习边尝试，一起完成了庆典音乐会的音乐。山姆还在百年庆典音乐会上指挥了学生乐队。

很快到了毕业的时刻，我收到了山姆发来的请帖，邀请我去参加他的高中毕业典礼。这是我生平第一次参加孩子的高中毕业仪式，于是与其他家长约定仪式时与他们坐在一起。可当我打开邀请信时，却发现我的卡上明确标明了观礼的座位号。我不明白，为何其他家长和同学可以随意择席，而我却要前往指定座位。

仪式开始不久，校长便宣布今年的毕业生代表、全年级最优秀的学生山姆将代表全体毕业生做毕业演讲。我记得，校长在介绍山姆的在校表现时，不断提到他对学校集体的贡献和他梦想成为一位音乐人的追求，最后校长很风趣地说："未来如果我们在座的同学或家长，在世界任何一个角落看到有个音乐厅的海报上写着山姆的名字时，请千万别怀疑，那个山姆就是我们今天的毕业生，就是站在我身边的这位山姆！"

原来我是被山姆作为贵宾邀请，与他爸爸一起坐在他用4年的辛苦和努力换来的荣誉席位上，而他妈妈却陪着家中长辈们坐在了稍稍靠后的位子。我被他的安排深深地感动了，这个孩子不但学业优秀，待人亦是用心，全无一点儿少年得志的狂妄之气。他告诉我，他申请的常青藤大学几乎全部向他伸来了橄榄枝，但最后他选择了哈佛，理由很简单，他希望在研习音乐的同时打好人文素养的基础。

在山姆身上我看到了属于未来"优质人"的很多闪光点：

梦想体现在行动力中。高中是孩子们在成人前学业压力最重的阶段，可是山姆几年如一日地聚焦在音乐学习和学校音乐社区的建设上。为了达成自己的梦想，他不但以全优成绩完成学业，更始终利用课余时间系统地学习音乐演奏，自学指挥和作曲。一个有梦想的人，还必须具有强大的行动力和始终如一的坚持才可以。"竭尽全力"的力就是行动，一个能够不畏艰难、坚持到底的18岁年轻人，其为理想而奋斗的内在动力一定是巨大的。

责任心体现在领导力中。大家常说，青少年是最危险的一个特殊"族群"，因为他们身上的激素开始觉醒、萌动，每时每刻都会以高昂的情绪看待身边的一切，只要他们聚集成群，好事也可能在瞬间失控，成为一场错误的开始。在这样的年轻人群里，一位有说服力的领袖是绝对重要的，他必须拥有良好的沟通能力和自我献身的精神，才能赢得那些挑剔的同龄人的支持、拥护和钦佩。山姆曾告诉我说，小时候因为个子和长相，小伙伴们都远离他，孤立他。于是，他发誓要找到一个爆发点，来改变同学们的异样眼光。他成功了！他先找到了音乐作为自己的特长，再用音乐的力量把大家集合在自己的周围，最后用一个音乐梦想来引领小伙伴们携手向前，既改变了自己，也改变了周围的世界。所以，山姆的领导力是由他自己通过独特的音乐专长、良好的沟通能力和为他人服务的责任心"赢来”的。

创造力体现在凝聚力之中。没有创造力的人鲜有冲动去发起一场改变，没有创造力的人会更倾向于墨守成规，待在自己的舒适区里。山姆了不起的地方就是，可以通过一个创意把同学们、父母们和父母的朋友们聚拢起来，既帮助了一个需要帮助的弱势群体，又推广了自己的音乐爱好和亲手创办的学生乐团。从自我出发的创意不在大小，而在于拥有创意的人能够恰如其分地把创意转换成一种集体的创造力，并在赢得各方支持之后成功地把这份创造力转换成一种利他、利社会的事件。

懂得回馈他人就是最好的自我价值实现。山姆的音乐创意和创造力并没有停留在个人的愉悦或专业追求上，他的抱负已经跨出了自我探索的阶段。趁寒假他回到故乡福州，深入村庄采集了中国最古老的音乐——南音。他的下一个计划就是要把正在失传的南音作为一种文化记录下来，然后再创作，把南音传播开去，把这份文化和艺术保护下来。

我曾问山姆最看重的品格特质是什么？他为我列举了6个，分别是：对未知事物始终保持好奇心，对未来始终抱有理想，善待他人，具有幽默感，以开放的态度对待新事物，勇敢面对各种挑战。

进入名校就离成功不远了吗

父母大概都会认为，进了常青藤，孩子的一生就有保证了。我带着这个问题与已经在哈佛上大学三年级的山姆做了一次长长的沟通。

名校不是成功的保障

山姆告诉我，他在高中时一直把进入一所理想的大学当作自己的“理想”，而没有太多思考更远的未来。没想到进入大学不久后便发现，原来在大学的时光过得很快，大学只是自己漫长人生道路上的一块踏脚石、一步台阶。而且这个台阶是别人为自己准备好的。有了哈佛这个高起点的踏脚石固然好，但它还只是一个帮助自己成长的台阶，不会自动把自己变得更好，也不会自动让自己成功。换句话说，大学会滋养你，引导你，但工作和付出还是必须由自己来实践。他认为进入大学后的挑战是如何继续发现和找到自己的梦想，并为这份目标不停地努力。

名校也会让人尝到成为“弱者”的极度失望

很多学生来到常青藤盟校前都是所在高中拔尖的学生，可能很少尝到失败的滋味，但入校后的现实是，所有的同学都很强，大家除了比学习能力外，还要比抗压能力和自我调整能力，所以在常青藤高度竞争的学习环境里，学生对自己的强弱优劣的清楚认知非常重要。一个能胜出的学生往往能够以平衡的心态来管理工作与休息、梦想与现实，并能做好取长补短的自我安排。所以，常青藤不一定能让每个孩子笑到最后，但能坚持到终点的学生一定是知己知彼的长跑好手。

名校会对学生的主动性提出极高的要求

每个学生来到学校时都有一些梦想，但能否把梦想变成现实，这需要不断追索，不断发现，不断自我调整和再创造。而且常青藤大学的教学模式不是老师手把手式的传统教法，而是特别需要学生的主动追求欲望和主动探索能力。如果一个人在18岁以前的岁月里没有机会磨炼这种特质和能力，那么他可能很快会在学业上遇到瓶颈，在师生关系和同学交往上遇到障碍。

世界各地的名校，尤其是美国常青藤盟校对中国的亿万家庭来说都具有巨大的吸引力，就如始终会激励女孩们不放弃美好梦想的《灰姑娘》一样。无论你的孩子未来是否有机会进入名校，理解常青藤的价值观是我们做父母应该补上的一堂教子课。在应试教育仍然盛行的今天，我们需要为自己提出一个严峻问题：我们是在为谁养儿育女？

答案1：我为了自己育儿，那么结果是，孩子拥有的只有你。

答案2：我为孩子的未来育儿，那么结果是，孩子在自己的未来中看到的更多的是他自己。

答案3：我是为世界育儿，那么结果是，孩子是属于世界的。而当世界拥有了你的孩子，他的人生就与世界联系在了一起，这样他们才可能站到世界的舞台、人生的高地上，从世界看自己，从自己看世界。

以上3个答案握在你的手里，它们决定了你的孩子将会拥有什么样的世界观，这个世界观将左右孩子很久，很久。所以我们在此讨论的不仅是名校的取舍问题，也不是常青藤的入学之道，更重要的是，作为父母，我们应当如何教养孩子。

全章总结

为人父母是一份全职的终身工作，也是一项终身的荣誉，因为孩子的优秀不仅属于我们，更属于这个世界。如果每位父母都能抱着改变世界、贡献世界的观念和格局来养育孩子，那么不仅世界会变得更美好，我们的孩子也会变得更优秀、更强大，他们的人生将更有格局。

我始终相信，在孩子的成长过程中，我们对他们负有极大的责任，然而父母的责任再大也大不过孩子对他们自己应担起的责任。如果我们的前半生走在孩子的前面为他们引路，那么我们的终极目标就是在我们的后半生可以走在孩子的身后，让他们为我们引路，为我们护航。

我还看到，在过去的18年里，许多次Ian为我鼓掌叫好，他把母亲当作他的依靠和骄傲。我也希望，从他生命的第18个年头起，我能为他多多鼓掌，为他充满挑战的未来梦想而加油。

这是小Sean画的第一幅画。他选择了太阳，并让自己心爱的小熊也露了个脸。

在这张珍贵的照片上，每一位都是我们家孩子成长岁月里的『第三种力量』。前排左起：坐在我腿上的小Sean和我、Ian、卡箩尔和文浩；中排左起：外婆、奥斯汀、麦凯伦；后排左起：友人和文悠。

第二章

CHAPTER2

成就孩子的“第三种力量”

“第三种力量”是我在18年育儿过程中用点滴感悟和实操经验凝练而来的。我把“第一种力量”称为亲情的力量，来自原生的父母和家庭；把“第二种力量”称为知识的力量，来自老师和学校；“第三种力量”则是能帮助把亲情和知识有效转化成孩子内动力的一种推动作用，它就像一个电伏转换器，可以把110伏电压有效地转压成220伏。这是一种多元作用的微小不起眼的力量，生活里处处都有，但常常被忽视。我记录下发生在我和孩子生活中的12个生活片断。它们代表着12种看不见的力量，来自亲朋好友、榜样精神、人生辅导员或一个小小集体，可以是一本书、一个故事、一张机票、一次旅行和一连串的错误，也可以是孩子们所面对的一次困难、一系列挑战。这些宝贵的“第三种力量”有的可遇不可求，有的需要父母去仔细探索和发现，有的要求父母耐心和持久的实践才能发挥出应有的作用。

父母和学校的力量是促进孩子变化和成长的两种最主要的外来力量，但我相信只有当变化发自孩子的内心深处时，父母和学校的力量才会显现其良好作用。所以，有效地借力于“第三种力量”来推进孩子的变化和成长是为人父母可以学习的大智慧。

涂鸦生日会上偶遇“第三种力量”

在Ian出生后的第一年里，我一心扑在由我创办的一本生活时尚杂志《iLook》的工作上。生产后第6个月开始，我便恢复了每月两周出差的工作节奏，在纽约—香港—上海—北京之间穿行，孩子就理所当然地交给了我的妈妈和一位缅甸藏区来的小阿姨泽霖轮流打理。谁想泽霖正在谈恋爱，每天把Ian放在推车里，推到华盛顿广场晒太阳，自己则躲在阴凉处与男友聊天。我们当时住在纽约的苏荷艺术区，那条街上不是意大利裔的老街坊邻居，就是年轻的时尚单身一族，根本找不到与Ian年龄相仿的孩子。我明显地感到有必要为Ian找一个能一起玩的小伙伴，否则，我担心Ian很快变成一个“在家是王、出门是虫”的小“两面派”。

就在这个节骨眼儿上，一位叫奥斯汀（Austen）的小朋友进入了Ian的生活。

我的好闺蜜卡箩尔（Carol）从香港搬回纽约了。由于她先生的工作原因，他们一家在日本待了5年，又在香港住了7年，是一个十足的国际家庭。卡箩尔有一位日本妈妈和一位美国爸爸，先生是一位高大英俊的美国人，祖辈来自北欧，所以他们家的一双儿女都是金发碧眼。在香港工作期间，他们又领养了一名菲律宾男孩，取名奥斯汀。而在这个家庭里，长得最像妈妈卡箩尔的却是奥斯汀，这让我着实惊叹卡箩尔与奥斯汀之间的母子情缘。自卡箩尔一家搬回纽约后，我们便有了常常见面的机会。

不久，奥斯汀的生日到了，我受邀第一次去卡箩尔刚买下的新家。原以为3岁孩子的生日派对一定是热热闹闹、乱哄哄的。没想到一进门，我却看见了十多个大小不一的孩子都安静地在墙上画画，有用水彩颜料的，有用铅笔或蜡笔的；大孩子站着在墙的高处画，小孩子跪着或趴着在墙的低处画。紧挨在一起的一群奥斯汀生日会。左起是凯尔、奥斯汀、Ian和麦凯伦。

左图：Ian和奥斯汀在做手工。右图：少年时代的小伙伴奥斯汀来上海探访Ian。

孩子神情专注，让我有些吃惊。只见奥斯汀大大的黑眼珠骨碌碌地打量着我，3岁的他只能坐在一张小板凳上画画。

我完全摸不着头脑，为何卡箩尔会允许一群孩子在家里的墙壁上涂鸦？这是在过生日吗？孩子们喜欢的糖果、饼干和好玩的玩具都去了哪里？这些顽皮起来像小魔头的孩子的父母都去了哪里？怎么可以单独留他们在别人家里，万一孩子们胡闹了、闯祸了怎么办？

正当我疑惑不解的时候，卡箩尔开始安排孩子们分批去洗手间洗手。当时奥斯汀的大哥哥凯尔（Kyle）约12岁，小姐姐麦凯伦（McKellen） 约10岁，看得出，这样的场面两个孩子早已经历过很多次了，他们俨然成了妈妈的熟练帮手。不一会儿，孩子们翘首等待的比萨送来了，一群小人儿激动得像从没吃过比萨般地开吃起来。再一会儿，在凯尔和麦凯伦的带领下，大家开始为奥斯汀唱生日歌，呼喊着吹灭了生日蜡烛，并进入孩子们最爱的切蛋糕环节。我在人群里悄悄观察着，这个派对过程中没有任何“闯祸”的迹象。快接近尾声时，孩子们的父母亲一个个不声不响地出现了，他们好像都是踩着点儿来接孩子回家的。家长们站在门口，不参与到活动中来，麦凯伦把一个个小朋友亲切地交到了他们的父母手中，还为每个小朋友送上一小袋自己做的手工饼干当作生日会的回赠礼物。我站在一边看着，实在有点儿观“戏”入迷的感觉，心中不由得万分敬佩起卡箩尔：她是怎么把儿女们教导得如此之好？他们只是10～12岁的孩子啊，怎么可以如此胸有成竹地与弟弟妹妹巧妙周旋，与大人礼貌应对呢？

等大家走后，我从卡箩尔那里了解到，这房子刚办完购买手续，还没来得及装修，奥斯汀的生日就到了。看着空旷的房间卡箩尔突发奇想，决定赶在装修前邀请孩子们来搞一番 “破坏”。她还和凯尔、麦凯伦一起为这个派对定了一个有趣的主题，叫 “到奥斯汀家的墙上去涂鸦”。我能想象当奥斯汀的小伙伴们接到这个生日邀请卡时，一定会被这个从没听说过的墙上涂鸦活动迷倒。

这么一个小小派对让我对卡箩尔佩服得五体投地，因为她跳出常规，想出了许多别人想不到的创意点子。一般家长给孩子过生日，无外乎买一堆玩具，或花钱租个场地，或穿上漂亮衣服去餐厅吃顿大餐；卡箩尔却让孩子们在一个完全意想不到的空间里“折腾”，还玩出了一桩他们喜欢并且充满创意的事情来。

我看得出，卡箩尔一点儿都没有许多家长对孩子的那种敷衍了事的态度，她不但从奥斯汀的需要出发，更可贵的是，她把别人家孩子的兴趣也一并考虑周全。我开始自省。自从当了母亲之后，我基本停留在“巧妇难为无米之炊”的状态下，做好“巧妇”是我最大的追求，一手调理好Ian的吃喝拉撒，一手打理着杂志的繁杂工作。可是，在卡箩尔家里，我这个“巧妇”的脑子却被严重地撞击了一次又一次：卡箩尔就像一位魔术师，她可以随时随地空手变出各种五彩小球，把奥斯汀的生活“填满”；还能让这些小球发出五颜六色的光芒，不断为孩子们带来意外的收获。我能感觉到，在有颜色、有温度、有歌声的空间里长大的孩子，以后他的身体和心里也会生长出丰富的颜色、散发出暖人的温度、唱出动听的歌声。我希望Ian将来也能成为一个有颜色、有温度、有歌声的人。奥斯汀的生日派对为我开启了一扇大门，让我认识到自己必须尽快从“巧妇”往 “魔术师”的角色过渡，“务实”固然重要，但“务虚”才是真正的考验。在那一刻，我离那门后涌动的 “第三种力量”已经不远了。

从奥斯汀生日派对回来，我开始关注起西方的一些育儿方式，它们与我们中式的传统育儿的确有区别。下面继续奥斯汀生日的话题，看看我如何找到门后的“第三种力量”。

在美国，如果孩子年龄够大，而且与生日派对的主角小寿星关系够熟悉，那么小寿星的家长会提前告诉孩子的父母，他们可以把孩子留在小寿星家，然后等到指定的时间再来接孩子。一般情况下，大多数父母都非常喜欢这种方式，因为大人们可以借此机会偷得半日闲，乐得去做点儿闲事或急事。不知这个广受父母们欢迎的规矩是谁先“发明”出来的，我仔细研究之后发现，其实它包含了一个非常科学的亲子道理：让孩子自愿地离开父母一会儿，也让父母尝试着对孩子放手一会儿，让他们在与同龄人的相处中慢慢习惯于进入一个小小社交圈。我观察到，虽然这种亲子分离只有2～3小时，但有的孩子乐不思蜀，有的孩子却心神不宁。从这两种不同的反应里我可以判断出，每个孩子背后的父母所抱有的育儿观不同。

我很自然地产生了一个想法，让Ian与奥斯汀成为好伙伴，没想到卡箩尔也有相同的想法，因为奥斯汀与他的哥哥、姐姐在年龄上差得较远。所以，此后我们两个母亲经常带着两个男孩一起行动。慢慢地，我发现了两个有趣的现象：

第一，Ian很喜欢去奥斯汀家。因为在他们家里，他虽然最小，没什么话语权，但那里有让他羡慕的大哥哥和大姐姐。在自己家里，他既不是哥哥也不是弟弟，只是一个孤独的和大人玩的2岁小不点儿。

第二，到了奥斯汀家，Ian觉得所有的事情都很新奇。12岁的大哥哥凯尔朋友很多，人来人往的，讲的事、玩的东西都是Ian看不懂的；10岁的小姐姐麦凯伦养了一头小荷兰猪，取名叫“豆腐”，因为她喜欢吃中国菜“麻婆豆腐”。每次到他们家，Ian都去和“豆腐”讲话。奥斯汀比Ian大了2岁，俨然成了Ian与大哥哥、小姐姐之间的桥梁，有什么看不懂的事、听不懂的话Ian都会去找奥斯汀来“翻译”。在Ian的眼中，奥斯汀的家始终像节假日的主题公园，大家可以混在一起有打有闹，经常围着抢吃几块比萨，在黑夜里升起篝火烤棉花糖，大孩子把小孩子倒拎起来做“body slam”摔人游戏。

在懵懂中我发现了一个重要的奥秘，那就是在一个原生家庭之外还可以为Ian找到另一个亲密的家庭，两家父母可以成为好朋友，孩子们可以相伴长大。如此的好处实在太多了，Ian一下子多了3个哥哥姐姐，孩子们相处的天地一下子开阔起来。在还没有机会进入学校之前，Ian已经可以在一个相对熟悉但又保持一定距离的家庭里学习与父母之外的成人打交道。这样的亲密家庭，在西方竟然还有个非常形象的名字，叫作“延伸家庭”（the extended family），就好像在描述一个从自己家庭里延伸出去的另一个家。多好啊，Ian找到了一个延伸家庭；我们家呢，多了一个小男孩奥斯汀和小姐姐麦凯伦（大哥哥凯尔已进入少年独立期，一般不太与我们泡在一起了）。

父母给了孩子一个原生的家庭，学校给了孩子一个机会进入小集体学习知识和社会交往，而我发现卡箩尔一家却代表着一个全新的环境，让孩子能够在亲人和学校之外接触更广泛的人、事、物。这些人、事、物就是影响孩子们的“第三种力量”。

或许，你也可以这样想想

◆当了父母之后，我们的生活突然改变了节奏，因为太爱孩子，我们常常把自己的未来给忘了。但是，如果我们明白一个道理，就不会把自己局限在孩子的吃喝拉撒里太久：我们是孩子与外部世界的桥梁，我们的任务就是手牵手地把他们送过桥，让他们平安抵达成人世界的“彼岸”。既然身为桥梁，我们怎么可以变得裹足不前，安于现状？只要妈妈停下步子，孩子就不会有大进步。

◆妈妈是孩子最早的引路人，妈妈的格局大小、视野宽窄会先于学校而影响孩子的生长环境、身心发育，乃至孩子的性格养成。所以智慧妈妈要往外走，带着孩子一起去见识成长带给我们的各种人、事、物。

◆孩子一定会长大，只要不太笨的孩子一定会通过学习知识让自己学有所长。然而，做父母的更大的育儿命题不是教孩子成才，而是带孩子成人。想一想，当孩子长到18岁那一年，他将会如何看待世界，如何对待父母？他会拥有自己的朋友、师长和自己的爱好梦想吗？他会关注自己的心灵和他人的甘苦吗？

◆没有胸怀的孩子容易迷失方向，所以我们从养育的源头起就要关注孩子的胸怀。

延伸家庭带我认识“第三种力量”

每个周末，卡箩尔和我都会带着3个孩子浩浩荡荡地去纽约最大的儿童运动场——切尔西码头体育馆（Chelsea Piers）做运动。奥斯汀和Ian参加儿童地上运动——体操班，麦凯伦先学花样体操，后改学花样溜冰，还先后拿到了纽约地区比赛的好名次。除了体操，Ian从3岁开始爱上了足球。所以，我们两个妈妈很忙，3个孩子轮番在不同的体育馆里出场，我们就分头在不同的场馆驻守，为他们加油打气。中午时分我们再集合在一起，赶去附近的一家赫赫有名的中国餐馆“大四川”共进午餐。而麻婆豆腐永远是我们不能不点的一道好菜，孩子们就在狼吞虎咽麻婆豆腐、干煸四季豆、陈皮牛和左中棠鸡的日子里慢慢地长高、变结实。

很多年后，当Ian有了小弟弟Sean时，我对卡箩尔一家的延伸家庭作用有了更深、更实在的认识。

记得在Ian10岁那一年，有一天全家一起吃晚餐时，Sean突然扔下了碗筷，站起来绕着桌子不停地跑来跑去。Ian很不满意地对我说：“妈妈，把Sean送到卡箩尔家里去吧。只要在那里住上一个夏天，回来时他就不会再这样吃饭了。”

那时，孩子们已经搬到上海上学了，Ian这句话把我一下子带回住在纽约时的无数个长周末和节假日。当时我和卡箩尔会轮流“值班”，她的孩子来我家住，我的Ian去他家过周末，有时我们还特意让各家的孩子跟着另一家外出旅行，为的就是两个家庭互相融入，互相借力。

听到Ian这么讲我突然明白，Ian在卡箩尔家里学到了很多在自己家里学不到或不愿意学的东西。比如，卡箩尔教导孩子的话虽然我也一直在家里反复说，但自家的孩子会不太在意妈妈说了什么。然而换了一个环境，当Ian看到那些哥哥姐姐在餐桌前坐得有模有样，吃得安安静静，拿菜需要说“Please”（请）时，他也开始注意起举止礼仪和吃饭习惯。就这样跟着学、跟着做，他俨然也有自己的礼仪风范了。

记得有一次，卡箩尔来我们家做客。饭桌上，Ian需要卡箩尔帮他递杯水过来，但他没有先说“请”字，卡箩尔马上问道：“Ian，where is the magic word? ”卡箩尔一直把“请”字形容为“具有魔力的字”。她让家中每个孩子都明白，只要你对别人用了这个具有魔力的“请”字，别人就会帮助你；反之，即使你需要帮忙，别人也不一定能听到你的召唤。令人惊奇的是，时至今日，Ian仍会延用卡箩尔的方法，把“请”字唤作“具有魔力的字”，以此来教导Sean时时记得使用“请”字。我猜很多年后，Ian可能还会用这个具有魔力的字来教会他自己的孩子们使用礼貌用语“请”字。

从这个具有魔力的“请”字中，我明白了每个家庭所属的DNA是有所不同的，这份基因会在孩子每天吃喝拉撒的各种常态中表现出来。尤其当一个孩子进入一个延伸家庭中去时，他会自然而然地带着自己家的DNA过去，慢慢地与延伸家庭的DNA混合起来，由此产生一个新的自己。

由于有了卡箩尔一家，Ian很小就开始学习跟两拨人打交道：一拨是比他年龄大的孩子，另一拨是别人家的成人家长。在别人家中虽然有好玩的、好吃的、新鲜事，但那份不容孩子随便发脾气的距离感“逼迫”Ian要仔细聆听大人的指令，而且不得随便讨价还价，因为他明白他们不是自己的爸爸妈妈，不可以随便耍赖，而且也希望用好的表现来博得别人的赞赏，这样才可以继续被邀请去玩，就这样，自律的雏形在Ian的心中开始成型。慢慢地，通过与卡箩尔和她先生的相处，Ian不再惧怕与父母之外的成人互动，看到大孩子也知道如何交往应对。

在卡箩尔家，我与“第三种力量”不期而遇，这是一份用岁月打磨出来的信任和亲密，让孩子学会了有距离感的尊重、有分寸感的依赖和有自律的交往。Ian在这个延伸家庭中不仅学到了许多具有魔力的字，更找到了他人生最初的少年榜样和成人朋友。

或许，你也可以这样试试

◆ 为孩子找到一个亲密家庭，可以是父母信任的朋友或孩子同学的家庭。周末，让两家的孩子们互相串个门，轮流由一方家长“带教”双方的孩子半天或几小时，让孩子学习与小朋友的家长或成人相处，这会为孩子带来许多你不曾想到过的好处。

◆ 在延伸家庭中更容易建立起孩子的自律心和自控力，孩子总是自尊和自爱的，在外会比在家更多地关注自己的行为举止。

◆ 让孩子学会观察别家孩子的行为举止，好的方面，他可能会模仿或学习；欠缺的方面，他可能会意识到原来那是错误的，以后自己需要避免。

◆ 增强沟通能力和社交能力，有助于建立起孩子的自信心。

◆ 减少孩子对父母的依赖，在与他人的交往中学习照顾自己，体谅他人。

瑞吉娜奶奶把世界带到了Ian的面前

20世纪70年代末80年代初，我先生就读于中央音乐学院作曲系，平日经常会与同学一道举办一些带有强烈实验色彩的学生音乐会。有一次，这批热血沸腾的学生又组织了一场现代音乐会，没想到舞台下仅有两位观众，其中一位还是外国人。音乐会结束后这位外国友人找到了我先生，告诉他自己叫瑞吉娜（Regina），来自纽约，在北京第二外国语大学教英语。瑞吉娜热爱音乐，父亲是“二战”时期从波兰逃至纽约的犹太音乐老师。因为音乐，瑞吉娜成了我先生学生时代最早的一位外国“粉丝”。

10余年后，等我遇到先生时，他带我去见的在纽约的第一位“亲人”就是瑞吉娜。先生把我的手交到了瑞吉娜的手中说：“Jane，这位是我的美国妈妈，American Godmother。”瑞吉娜很亲切地用两只手捧着我的脸庞说：“你真好看，我好喜欢你。”就这样，我变成了瑞吉娜的God daughter-in-law，翻译过来就是“干儿媳”，从此瑞吉娜就成了我的干妈。

我们中国人有干爹、干妈，但好像与Godmother和Godfather有文化上的差别。我很好奇地查了一下英语对Godmother的解释，其含义是：一位上帝指派给你的妈妈，而不是那位生你下来、你不能选择的妈妈。百度上的词条翻译更有意思，翻译为“教母”，是一位意想不到的恩人，在危难时提供帮助的救星。

当我的脸庞被瑞吉娜用双手捧着的时候，我并不知晓若干年后她对我们一家有那么大的恩德，我只是觉得我与她很投缘，有一种心有灵犀的味道。

时间来到1998年，在生Ian的前一天，我还在继续编辑《iLook》杂志的10月刊，竟然忘了通知任何人我即将生产的消息。当我在产房里度过了一个不眠之夜生下Ian后，瑞吉娜和她的先生——爱德华（Edwards）由于不知道我身在何处，再加上我是用中国姓名登记入院的，两人花了整整一个上午的时间查遍纽约大学医院的全部产妇名单，也没找到我。当两位老人终于辗转找到我的病房时，我已经在给Ian喂奶了。他们望着Ian的样子就如同看到了下凡的小天使。从此，这两位没有生育过的老人恨不得每天来我们家串门，只要看到Ian就会变得像孩子一样开心。

后来，Ian上托儿所了，为了创造祖孙三人单独相处的时间，我就和托儿所约定每周三请假半天，让瑞吉娜奶奶和爱德华爷爷可以提早接Ian放学。他们祖孙三人共进午餐的习惯雷打不动地保持着。虽然我们在纽约没有长辈和亲人，但在Ian眼里，瑞吉娜和爱德华就是他的爷爷和奶奶。爱德华年轻时曾是一位职业芭蕾舞者，很帅的高高个儿，风度翩翩。爱德华爷爷很喜欢动手DIY各种木制的小玩意儿，能养一手好花，家里的窗台上永远都有赏心悦目的盆景，屋子里随着季节的变化会散发出不同的花草香味。他会带着Ian一起慢慢地度过一个又一个下午，不停地捣鼓各种好玩的事。当年我没想太多育儿的事，只觉得两位老人如此爱Ian，就像我的亲人一样帮我带一把孩子，让我可以忙中偷闲地休息个大半天。

『美国奶奶』瑞吉娜和中国外婆一起成为小Ian心灵世界的领航人。

这样的日子风平浪静地过了两年，有一天深夜，爱德华老先生突发脑出血倒在了家中，再也没有起来。我没敢立即把这个噩耗告诉Ian，但他发现了每周三与爷爷奶奶的午餐约会中断了。我看出Ian的疑惑，便向他解释爷爷离开我们去了天堂。没想到Ian很平静地告诉我，他看过《猫和老鼠》的故事，里面讲过汤姆（Tom）猫没赶上去天堂的火车，于是爬上云梯想去天堂看看。Ian告诉我，有一天他也会爬云梯到天堂里去看望爱德华爷爷的。时间慢慢地走，瑞吉娜奶奶好久没来了，大家都心照不宣地不去打扰她。不过，两个月后，瑞吉娜奶奶与Ian又开始“约会”了，只是他们不再出去吃午饭聊天，而是改成在家里念书，瑞吉娜奶奶朗读，Ian专心地听。

瑞吉娜以前是纽约布鲁克林区一所公立小学的语文老师，后来又做过学校校长，是一个很喜欢读书、很有主见的人。我经常望见他们老少二人并排“沦陷”在大大的白色帆布沙发里，瑞吉娜边读边讲解，Ian会提很多很多问题。他们读的书都是由瑞吉娜去图书馆挑选并借来的。渐渐地，我发现瑞吉娜还会给Ian带来一些扉页上签着其他小朋友名字的书，有的还会有送书人的留言，例如像这样的爱语：

送给我亲爱的Alice，希望这本书能带着你飞到很远很远的地方……

爷爷

原来瑞吉娜住的大楼里有许多孩子的父母会把看过的书送到大楼的公共儿童活动室里，各家孩子会聚集在这里读书，也可以互换书籍。瑞吉娜心思细腻，经常去活动室收集、互换童书，更主要的目的是了解孩子们正在读些什么书，哪些书是别的孩子喜欢读又正好合适Ian读的。原来她也在学习，以此帮助Ian扩充阅读量。

很有趣的是，瑞吉娜从学校退休后，爱旅行的她还去航空公司做了一份特别的工作，就是混在乘客里飞来飞去为航空公司做服务评估，所以她去过的地方特别多。每到一个地方她都会拍照留念，还搜罗很多纪念品，从威尼斯的面具到中国西藏的颂钵，从日本的丝锦画到墨西哥木雕……她把家里的一面面墙都填满了各方风土人情。让瑞吉娜富有极大热情的就是她读完书后，拉着Ian站到墙壁前，不厌其烦地把一个个收藏品解释给Ian听，Ian也总是饶有兴趣地听着，就像一个大大的世界来到了小小的Ian面前。

瑞吉娜的客厅门口有一本巨大的古董书，放在了一个特别的古董铁架子上。当年Ian还很小，用尽全部气力踮着脚尖也够不着书的边缘。瑞吉娜常说：“Ian，你再等等，明年你长高了就能自己读到它了。”于是Ian时不时地会走到书架前，比画着看看自己长高了多少，何时能读到这本充满了未知的书。我想，Ian后来对纸书的偏爱多过于电子读物，可能与这本始终够不到的大书有关。现在，我总能看见Ian在买书之前把书捧到鼻子前面，先用嗅觉来享受一番。

瑞吉娜奶奶家对Ian来说是再熟悉不过的了，但是他对去奶奶家过上一整天总是饶有兴趣。如果遇上节假日，他还会要求“赖”在瑞吉娜家里多住一晚。

2011年的圣诞节，Ian要考寄宿高中了。在报考学校要求的“自我陈述”部分有一个常规的问题：请你谈谈一位令你崇拜并对你成长有着深远影响的人。我很好奇地等待着、揣摩着Ian会选择写谁。最后，在他递交的“自我陈述”里，我读到了一个男孩成长的心路历程。

当我在一堆旧照片里发现这张照片时，心中涌起了阵阵感怀之情。这间琳琅满目的屋子和高高在上的『天书』，就是瑞吉娜奶奶在Ian小小生命中的象征。

……去瑞吉娜奶奶家的一天经常是从早上10点钟开始的。瑞吉娜会先来我家接我，然后我们一起乘公交车去她住的地方。上午，我们一般都会去自然历史博物馆走走，因为瑞吉娜在那里做志愿者。这里一直是我们在纽约最喜欢去的几个地方中的一个。里面有古罗马的雕塑，很久以前的恐龙化石，坐在战马上的成套骑士盔甲，这些都让我非常着迷，总是让我不舍得离开。在自然历史博物馆里，我学到了很多古老的历史，不像那种学校里教的、平淡无味的历史知识，而是发生在古代世界里最能令人振奋的事。每一个精彩的展览都会让我更加珍惜过往的岁月：无论是埃及残缺的金字塔，还是“二战”时期的历史展，总藏着许多值得学习的东西。这就是瑞吉娜为我授课的秘方，让我走进了不起的历史。

瑞吉娜一直都非常珍爱过往的历史，但她也一样关心当今世界，特别热爱旅行。她家里存放着从世界各地带回来的无数照片和工艺品，她总是挑其中我不熟悉的东西来吸引我的注意，比如西藏颂钵；她会耐心地为我讲述各国不同文化里的有趣的细枝末节；她也会从不同国家带回礼物送给我，来培养我对周遭世界的兴趣……就是靠着这些来自世界各地的书籍、纪念品和精彩故事，瑞吉娜在我的脑中描绘出了一个很大的世界，让我从此爱上了旅行和探索。瑞吉娜通过博物馆、她的旅行故事、她烹饪的美食和她所爱的朋友们，教会了我用一种感恩的态度来看待世界。她曾告诉过我，不可以把任何事情当作一次理所当然发生的事而忘了珍惜它们。

因此，2011年7月，当我参加因特劳肯夏令营（Interlochen Arts Camp）时，我把这些珍贵的回忆写进了一首小诗：

献给瑞吉娜奶奶

你充满生命的活力，
就像温暖阳光下发着芽的新叶。
你像一团暖气，
传递着爱和温暖。

你有一个小花园，
里面住着企鹅、青蛙、海豚，
还有小矮人。
在这个小小世界里，你像一朵光环，
而我们都被你笼罩其中。

“宠爱你，就是我的工作！”你常说。
但就像书本与铅笔一样，
快乐与学习也应该成双成对。
你像风一样，总会知道，
该做什么，要到哪里去。
你就像我的启明星，光芒耀眼，
我绝不能忍心看你离去。

读到小诗的最后两句，我落泪了，因为Ian已经在叹息，他不希望看着如夜空里明亮的星星般的瑞吉娜远去。Ian已经明白死亡的意义，他很清楚自己无法像汤姆猫那样爬上云梯，到天堂去看望瑞吉娜和爱德华，但他的心里有一份不离不弃的愿望，他把它们写进了诗里。

不想从2015年春开始，瑞吉娜的身体出现了一些状况，接二连三地在独自外出时摔跤，而且每次摔跤都在不省人事之后被路人送进医院急诊室。从此，瑞吉娜的大脑受损，短期记忆开始急剧衰退，比如她对很久以前的事记得非常清楚，但对5分钟前发生的事却了无记忆，这对我们家的每个人来说都是很大的感情打击。2016年暑假，Ian每隔两天就会跑去瑞吉娜奶奶家，陪她出门散步，或为她叫外卖一起共进晚餐。因为瑞吉娜奶奶记不清事情了，所以一生伶俐好强的她变得脾气急躁，每过5分钟就会追问身边的护理：“发生什么事了？”但她只要看到Ian来了，就会安静下来，乖乖地听Ian为她解释一天的日程安排。Ian更是自告奋勇地允诺，等9月大学开学后，他仍会每周六从大学出来，为瑞吉娜奶奶去药房取药，并按医生的指示把药分配到一个储药盒里，以方便奶奶每天自己按量服药。现在，只要Ian陪着外出，瑞吉娜奶奶逢人便会不断地重复说：“你认识我的孙儿吗？他就是Ian！”话语间透着一股浓浓的骄傲和信任。面对老人的依靠，Ian总是伸出有力的臂膀和温暖的双手。

我被这老少之情震撼了。Ian18岁，瑞吉娜88岁，生命相差整整70年的光阴，却没有阻断他们的忘年交。在过去的18年里，瑞吉娜奶奶为Ian带来的是童话般的精神世界和丰富的想象空间，就如Ian在他的小诗里所描述的：“你有一个小花园，里面住着企鹅、青蛙、海豚，还有小矮人。”而Ian回馈给奶奶的是真挚的爱和永恒的纪念——“你就像我的启明星，光芒耀眼，我绝不能忍心看你离去”。

作为母亲，我只有深深地感谢上天为我们派来这样一位恩人奶奶，她让Ian从小就能品尝到有别于父母之爱的另一般关爱。对于孩子而言，他们对父母的爱始终抱有一种与生俱来的沉重感和被压迫感，他们一边需要父母全身心的爱，一边渴求无拘束的自由。但因为隔不断的血缘和无间的亲密，父母的爱时常会变得轻重无常、爱怨难分、口无遮拦，甚至毫无分寸。然而，在Ian与瑞吉娜奶奶之间，亲子间天然的相互索取和苛求非但没有，还相待如宾、老小无猜、情趣相投。他们常常忘了现实世界里的时间、功课、规矩，因为他们沉浸在精神世界而忘掉了年纪和约束。即使真有一天瑞吉娜必须离我们远去，相信她的气息和思想还会一直留在Ian的气息和思想里。

爱经常会以不同的面貌来到孩子面前，让孩子感受之后发生内心的、深层的变化。父母不是给予孩子爱的唯一人选，像瑞吉娜奶奶就是震撼过Ian幼小心灵的一股“第三种力量”，她带来的改变正在Ian今天的生活里继续着。

或许，你也可以这样想想

- 不要放弃任何一位爱你的孩子的人，他们能为孩子做到的，可能恰恰是你没有时间或没有能力做到的。
- 不要忽略身边能为你的孩子带来细微关怀的事，它们虽然没在第一时间引起你的足够注意，却可能在你孩子的心中价值千金。这些都会成为孩子成长的能量。
- 孩子需要吸收父母之外的爱和教养，就如有了阳光照耀还需要雨露滋润。别忘了，在教养孩子的进程中，无论在时间上还是经验上，父母都属于有局限的“新鲜人”。

◆忘掉我们想的是什么！经常想想孩子在想什么，童话般的精神世界才是孩童时代最需要的食粮。

附：Ian自我陈述的原文

A typical visit to Regina's house begins in the morning around ten o'clock, when she would pick me up and we would take the bus to her apartment. In the morning we would visit the Natural History Museum, where she worked as a volunteer. The museum was always one of our favorite places to go. There, I would remain captivated by the Ancient Roman statues, archaic fossils of long-dead dinosaurs and the suits of armor riding upon chivalrous horses until it was time to leave. I was introduced to history; not the bland, normal history classes in typical school classrooms, but the more intriguing side of the old world. Each exhibit brought me to cherish the past a little bit more: no matter if it was the remnants of an excavated pyramid or a historical display on the World War Ⅱ. There was always something special to learn; Regina's secret to a remarkable history lesson.

Regina has always been someone to respect history, but she is also an avid traveler, interested in the present world, too. Inside her home there are countless different artifacts and photographs, souvenirs from foreign countries. Regina always used unfamiliar items to hook my attention, such as her Tibetan Singing Bowl, introducing me to the many interesting details of cultures around the world. She would always bring me back presents from various countries, continuing to cultivate my interest in the world around me. The books, souvenirs and stories she brought back with her painted a world within my mind; it shaped my love for travel and exploration. Through museums, her stories, food and the people she cares, Regina taught me to appreciate the world around me and not take anything for granted.

Based off of my fond memories, I wrote a poem about Regina at Interlochen Summer Camp for the Arts in July 2011:

To Grandma Regina

You are full of life, like a new leaf blooming
under the sun's warm rays.
Like a radiator, spreading warmth and love.
You have a small garden, with penguins
and frogs and dolphins and gnomes.
A small little world, a bubble shining around you,
encasing others under your influence.

"To spoil you is my job," you say,
but like a book and pencil,
joy and learning come like a pair,
like the wind you always know
what to do and where to go.
You're a personal star, shining bright,
I couldn't stand to watch you go out.

情人节也可以教孩子爱与感恩

在Ian进入幼儿园后的第一个情人节前夕，一天他放学回家对我说：“妈妈，老师说我们应该为班上的每位小朋友准备贺卡或纪念物。”我听后有点儿心不在焉，以为孩子没搞懂状况，怎么连年轻人的情人节小孩子也要过呢？一定搞错方向了。

情人节当天，Ian按老样子上学去了。一整天我都冲着遇到的人，认识的或不认识的，上了年纪的或是风华正茂的，喊上一句“Happy Valentine's Day”。这是纽约的老规矩，互相道贺“情人节快乐”，让每个人都觉得自己是今天最快乐的人。

下午到了放学时分，Ian回来了，他进门后第一件事就是满屋子找我，然后急急忙忙地递给我一个黄色的牛皮纸包，我问他这是什么，他不答，只是很失望地对我说，他今天只写了一张给全班同学的贺卡。我反问他：“这有错吗？”

Ian把牛皮纸包打开，一股脑儿地倒出了许多东西，其中有小朋友亲手写给他的卡片，每张卡片不是手工剪出来的就是画出来的，卡片上还贴满了好看的各式贴纸，写着一些童言稚语。有一个红色硬纸卡上四四方方地贴了一张Ian的笑脸，纸卡被当作相框挂在了一根红色丝带上。最让我记忆深刻的是一块心形手工饼干做成的挂件，串在了一条红色细绳上，饼干上写着Ian的名字。还有Ian与一位小美女的合影被镶贴在一片心形的纸上……我当然知道一个几岁的孩子肯定不能自如地去完成这么精细复杂的手工。我的眼睛一下模糊了，我看到了在这些礼物的背后每位家长在过去几天里陪着孩子一起动手动脑的努力。他们不仅帮助小朋友慢慢完成自己的心愿作品，同时也让那一颗颗稚嫩的心去学习感恩友谊，感谢互相成为朋友。

我惭愧极了，为自己的疏忽和无知；我更心疼，因为我能想象，因为妈妈的这张照片上的『情人节』礼物我整整保存了14年，那款心形吊坠是一块饼干制成的。望着它，我深深怀念起那一位位Ian的小伙伴。他们现在都在哪儿？长成什么样子了？

一个失误让Ian在接受小伙伴们的礼物时有多失落，多惶恐不安。可能他在怨妈妈：“我明明告诉过你，可你就是不听我说的话！”

是的，我听到了Ian的话，却没有明白他在说什么；我没有明白他在说什么，也没仔细问一下。孩子的表达会有各种形式，可以是一句问话，一句抱怨，一句老师说的话，一个拥抱，一幅涂鸦，一个眼神，一次拉住妈妈手想要妈妈帮忙，想要妈妈听自己说一句话的感觉……可我没有听，没有看，在这个情人节我没有做好妈妈的“功课”。我终于明白了，谁说情人节礼物只送情人？谁说情人节只有情人才能庆贺？

从那以后的每个情人节，我都会和Ian一起创作他的情人节礼物送给每位同学，让同学们感受到：Ian和他的爸爸妈妈都非常珍惜和感恩小伙伴们在学校里一起度过的每一天。

惊喜的是，从一起开始做情人节礼物后，先生和我也会经常收到Ian的礼物了。

比如秋天到了，Ian会随手在白纸上画下秋的落叶，并附上一首小诗。他在赞美他最亲近的自然，但他却把这些赞美的话语送给了爱他的父母。这份对自然的感念让做妈妈的我读出了儿子的细腻情怀。

献给爸爸和妈妈

秋天来了，
落叶飘零，
秋雨绵绵中，
夹着不同颜色的落叶。

Ian

Ian的爸爸经常要出远门去演出和工作，经常回家时Ian已经入睡了。所以，我经常鼓励Ian给爸爸留纸条来表达想对爸爸说的话。一天，开始学中文不久的Ian选择了用中文配图。他画了妈妈牵着Ian的手，一起站在纽约的家门口，翘首等待着爸爸坐飞机回来的景象。他清晰地喊出了对爸爸的呼唤，同时也想告诉爸爸，家里还有一位爱他的妈妈也在等待爸爸归来。他把这幅画放在了家门口的长条桌上，好让爸爸长途旅行回来第一时间读到他的思念。

在Ian7岁的那一年，弟弟Sean来到这个世界，因为Sean的胎位不正，我只能选择剖宫产。记得生产后第二天，爸爸带着Ian来看我。我正好下床准备在房里走

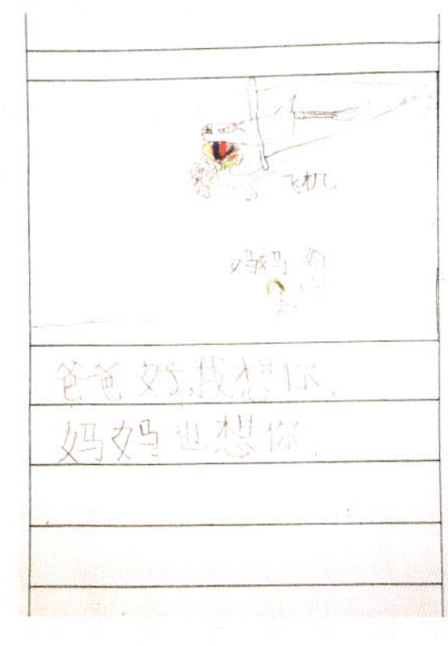

左图：赞美自然是孩子关注和珍惜自身的开始。右图：孩子与父母之间互相留纸条、留言和留话是我们家的一项家庭传统。

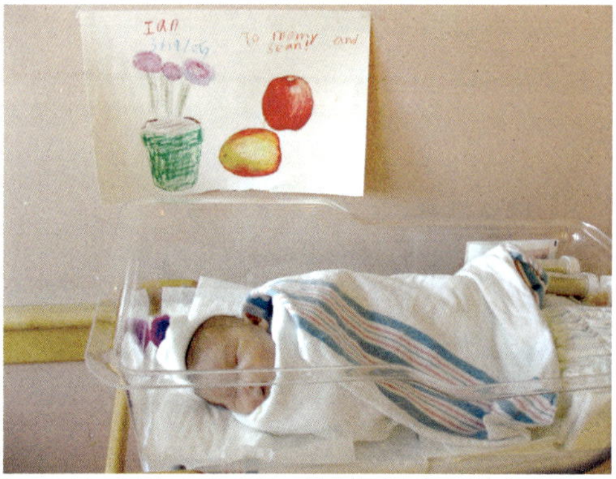

Ian用一张手绘画带给了新生弟弟一缕阳光和一丝甜蜜。

动一下，一歪头望见病房门口有一只小小的脸无声地探了出来。他的脸红扑扑的，看得出有点儿害怕，有点儿紧张。当看到我弯着腰直不起身子，身上还插着许多可怕的输液管时，Ian的眼泪流出来了。他怯生生地走过来给了我一个轻轻的拥抱，然后问我：“妈妈，你痛吗？” 我很少看到Ian有这般安静，他递给我一张用蜡笔画的画，可能他觉得没钱可以买花送给妈妈，于是画了一盆鲜花。我还注意到，Ian也把这幅画送给了还未谋面的小弟弟Sean，我猜想可能画上的两只水果就是大哥哥给Sean的见面礼吧。 出院后，我一直把这张画贴在卧室的墙上。每次进出望到它就觉得，岁月来了岁月去了，留下的是心与心相连的一份感情。如果我们能教会孩子用各种方式表达感恩，那么这将是父母送给孩子的一份何等重要的人生礼物。

小弟弟Sean出生不久，Ian的8岁生日就到了。这又是一次学习感恩的机会。学校老师有个规定，谁到了生日就要为班上的同学做一次“人生演示”。Ian花了整整一周来构思和制作一张演示板：他从一张自己在产房里的新生儿照片开始，直到他与弟弟快乐地在一起生活，其中他讲述了自己怕黑暗、鬼怪……他把妈妈放在了演示板的正中间。

想让孩子感恩于所拥有过的，就必须从学习感受开始做起。当孩子感受到人、事、物的丰富和美好，自然就会生出一份感动。而如果孩子不把这份感动说出来，不练习表达内心的感动，那么等他们长大了就不再容易开口赞美他人，赞美他所处的世界，他所丧失的不仅仅是说话的能力，更可怕的是丧失了被感动和感动他人的能力。

生活里处处是课堂，情人节可以不关乎情人，不关乎节日，不关乎玫瑰，却关乎一个更深的为人处世的命题——感恩。节日可以成为教导孩子感恩的“第三种力量”，让孩子感受赞美别人所带来的愉悦，感恩别人给自己带来的美好，他就会开始用感恩的方式来表达对父母的思念，对自然的亲近，对时间的敬畏……想要孩子爱我们，首先要培养他们感受爱的能力。

或许，你也可以这样试试

◆赋予孩子心灵力量的一定不是玩具、甜点和电动游戏；赞美就如孩子手上的一根哈利·波特的魔法棒，让孩子喊出越多感恩的话语，他们手上的魔法棒就越有力量。

◆不惜一切机会鼓励孩子对一切美好事物、美好情感进行赞美，再小的事也值得一次感恩，一次发自内心的赞颂。例如，妈妈做的一道拿手好菜，爸爸哼了一首好听的歌，阳光照在身上的温暖感觉，假日里全家一起的旅行，秋天散步时踏到的每一片落叶，傍晚望到的一次完美的日落，在夜晚巧遇的一轮明亮满月……只有父母不停地赞美，孩子才会心心相印地开始赞美。

◆既然我们与孩子之间的缘分是最值得去感恩的，那就让我们从生活小事开始做起。晚上睡觉前，给孩子的早餐桌上留张小纸条，如果宝宝还不识字的，就画张涂鸦：

“早上好！妈妈上班去了，但妈妈想你哦，也希望宝宝想妈妈。”

“宝宝，今天妈妈晚上下班晚，不能和你一起吃晚饭，但妈妈会给你打电话说晚安的。爱你的妈妈。”

可能不用多久，你也会收到孩子给你的贴心纸条了。

◆孩子与自然和动物最亲近，那就让我们从这些最自然的事物开始学习赞美吧！忘了手机，把它扔进挎包里，和孩子一起把心扉打开。

对着小溪喊一声：

“哇，这水真清，可以看到蓝天的倒影。”

对着爬树的松鼠喊一声：

“小松鼠，你翘翘的尾巴怎么可以这么好看？”

妈妈的心开始柔软，孩子的心才会柔软；妈妈的眼睛开始美丽，孩子的眼睛才会美丽；妈妈说话悦耳，孩子说话才会悦耳。妈妈会感恩，孩子才会感恩。

用故事照亮幼小的心灵

在两个孩子还小的时候，为了让他们学习中文，每年暑期我都会带他们回到上海，参加各类少年宫或夏令营的活动。2006年的一个炎热夏天，外婆带着Ian出门去买东西，回来后一老一小都阴着脸不太说话。我问外婆发生了什么事，不料老人家大动肝火地反问我："你是怎么教育孩子的？他刚才对别人说'我不是中国人'！"我脑门一紧，这的确是我的"心头大患"。Ian已经8岁了，出生在纽约，中文才学了一点儿皮毛，在他学校的班级里没有中国小朋友，只有一位长相较接近亚洲人的孩子，还是一个美日混血儿，弄得Ian有阵子认为自己可能是日本人。这个年纪的孩子非常敏感于自己是谁，而且非常想要与别的同学相同，最怕的就是别人不认同他。

所以，外婆的火气我是明白的，但Ian的委屈我也是理解的，因为在他出生后，他的生活和教育都是美式的。而解决这个问题的办法应该由我这个做母亲的来拿。于是，暑期一结束，我去了Ian在纽约的小学，当机立断地办理了休学一年的手续。到2007年的6月我毅然带着两个孩子回到了上海，准备在这里生活和学习一段时间，用最真实的方式让孩子们去探索每一个孩子和成人都需要面对的生命话题：我们是谁，从哪里来，为何与别的小孩或成人不同，而这个不同对我们自己又意味着什么。

看着我们归来，外婆实在高兴坏了！她搬进了我们家，负责起两个孩子的中文启蒙学习。当Ian过完6月、7月，在8月下旬入学上海的一所双语学校时，他的中文水平竟然已达到学校教程的三级（最高级别是八级），也就是说，Ian的中文初级"扫盲运动"在外婆的指导下圆满完成了。

接下来的日子越来越有趣。

每天晚上，祖孙三人挤在一间卧室里，外婆和Ian分睡两张单人床，2岁半的小Sean睡在自己的婴儿床里，夹在了两张大床中间。这个阵势让两个孩子高兴极了，但难题也来了，小Sean需要早点儿上床，而那个时间9岁的Ian还兴奋着。于是外婆提议讲故事，开始时3人轮流讲故事，很快孩子们小脑袋里的故事就讲完了，外婆不得不一个人唱独角戏了。于是，外婆白天会读很多童话书来准备晚上的故事。因为是关灯讲故事，所以对外婆的要求一下提高了许多，她不仅要准备足够多的故事，还要背出所有的故事细节，因为一旦两个孩子发现故事里有什么对不上号的内容就会追问不休。

慢慢地，外婆讲过的故事超过了四位数，其中有一个《咕咚》的故事两个孩子百听不厌。讲的是森林里有6只小兔子胆子超级小，一天他们在湖边听到一声奇怪的咕咚声，虽然不知是什么，但怕得要命地在林子里疯跑起来。一只狐狸正巧路过，便问兔子：“你们跑什么呀？”兔子回答说：“咕咚来了！”狐狸不问青红皂白也加入进来，一起狂跑。猴子看见狐狸拼命跑，急忙问狐狸怎么了，狐狸说：“咕咚来了！”猴子想连狐狸都怕，那我也快点儿跑吧。就这样，全森林里大大小小的动物边喊着 “咕咚来了”，边没命地跑。最后，有一只长毛狮子终于忍不住了，它冷静地站出来充当起“森林警察”，把“复杂”的案情揭开了，原来是一颗木瓜从树上掉到了河里，发出了咕咚声。这个故事的妙处在于，两个孩子可以接力着、重复地讲，看谁模仿动物更像，因为不同的动物发出咕咚的声音都是不同的，所以两个孩子会用不同的腔调、不同的声音来喊“咕咚”，高兴时还在床上跳上跳下地扮动物。兄弟俩年龄相差7岁多，平时很难找到能玩在一起的玩具或活动，自从讲故事的节目被“开发”出来后，晚上的时光里不仅有故事，还多了许多兄弟间的友谊和互动。

记得我小时候妈妈也给我讲故事，但那时候没有这么多故事书，于是妈妈直接拿着长篇小说来念，长大后我对读书这件事始终念念不忘。现在，到了Ian和Sean的时代了，因为他们年龄都尚小，晚上的时间纯属于“边角料”，拿这些时间来听故事实在太值得了。我一直相信小故事里隐含着大道理，孩子们故事听多了，思维就会越来越活跃。记得在很长一段时间里，两个孩子每到熄灯后，就会反复念诵《咕咚》的故事。在他们看来，“咕咚”两个字就是不明事理、乱行动、“不靠谱”的代名词，同时兄弟俩也开始理解遇事应该学习长毛狮子的冷静和细致，而不要像兔子、狐狸、猴子那样做人云亦云的糊涂人。有时我也会忍不住摸进屋去“蹭”故事听，感觉那里就像一个不亮灯的教室，故事就是孩子们最好的老师。

有一天，外婆感冒了。为了不传染给两个小外孙，她回自己家小住了一段时间，讲故事也就中断了。不想小Sean突然问我：“妈妈，我想故事了！我的妈妈的妈妈什么时候再回来啊？”我暗暗在想，故事之于孩子到底有怎样的魔力啊？

还有一个《皇帝的种子》的故事也让孩子们印象深刻。讲的是一个皇帝因为没有后代，急着要找一位可靠的接班人。他把一堆种子泡湿了再晒干，然后分发给有孩子的家庭。他给大家30天的期限，只要让种子发了芽就可以来“申请”做皇帝的接班人。30天过去了，全国的孩子都拿着发出芽的种子来了，唯有一个男孩哭着说：“为什么只有我的种子不发芽？”猜结果怎么样？皇帝选中的恰是这个哭着的男孩，因为只有他一个人诚实做人，没说假话。这些小故事无论从情节上还是道理上都充满了智慧，没有半点儿说教，却给了孩子许多思考的空间。我想，当这些小故事悄悄地进入孩子的心灵空间时，它们一定会在那里安营扎寨，传递品格、思想和智慧。随着故事里的人、事的发展，孩子们从被吸引到被感动，再到没有故事便不能自如呼吸。

我的右边是孩子们挚爱的『故事大王』——我的母亲；我的左边是『上帝派来的奶奶』——我的美国妈妈。她们用爱和智慧照亮了我们一家人走过的日日夜夜。

时钟飞快地转动，小Sean也开始上幼儿园了，于是我把兄弟俩的房间分开，外婆还在继续给小Sean讲故事，喜欢听故事的哥哥Ian有时在周末也会挤进小Sean的房间来打个“牙祭”。外婆的故事库里的存货越来越少，逼得老人家必须隔三岔五地去福州路书店淘书。这天，外婆找到了一篇很长的《稻草人》故事，因为太长了没法完全记熟，于是关灯讲故事的传统开始变成开灯读书会。

这是一个悲惨的故事，稻草人站在稻田里为他的主人——一位死了丈夫和儿子的老妇人守望稻子的丰收，可没想到却目睹了一只小蛾把虫卵偷偷产到了稻叶底下的秘密。稻草人因没法移步或开口说话，只能任凭虫卵变成肉虫，看着它们疯狂地吃掉了老妇人的一片片稻子。在同一个夜晚，稻草人又看到了一个为了让生病的小儿能喝上一碗鱼汤而死守在河边钓鱼的辛苦妈妈。鱼钓到了，正在木桶里等死，木桶旁躺着咳嗽不停的男孩。就在这时又走来了一位少妇，她的赌徒丈夫明天就要把她卖了还赌债，于是稻草人只能无声地望着她投河自尽……

外婆读着读着，发现小Sean开始抽泣起来。他好悲伤，不知道该如何去安慰稻草人，更不知道为何这个世界对妈妈们都不怎么好，从老妇人到咳嗽孩子的妈妈，再到投河自尽的少妇，小Sean思考着。

我在小Sean的书架上找到了故事书《稻草人》，原来这个语言生动、悲哀里满是关爱的小故事出自中国著名作家叶圣陶之手。我翻开《稻草人》，看到其中的几页曾经被人横着撕开过，然后又有人用胶带小心翼翼地把它们重新粘了起来。外婆告诉我，这是兄弟俩为了抢读《稻草人》这本书而不小心撕坏了书，当然补书的人是外婆啦。由此可见，故事听久了，孩子理所当然会喜欢上阅读，因为他们知道读故事的乐趣与听故事的乐趣是一样的有滋有味。

一晃日子到了2015年年末，刚满10岁的Sean在圣诞节到来前为妈妈的妈妈准备了一份神秘礼物。他独自一人悄悄把礼物包好，放在了圣诞树下。我们人来人往地望着这份由Sean亲自包装、亲手工工整整地书写了“送外婆”的圣诞礼物，但猜不出其中的奥秘。

圣诞节到了，外婆拆开礼物看得热泪盈眶，拍照悄悄地传给我。原来，这个礼物由4幅彩画组成，每幅画都配了几行小诗：

给外婆

您从我的生命开始，
就一直陪伴着我，
我幼小的心灵从此被照亮。

您让我长成一朵鲜花，
让我在世界上独自存活。

在生活中，永远会有死亡与恐惧，
如果没有的话，生活一定不叫生活。
所有的东西都有结束之章。

但是我会永远地记住，
您给我的快乐。
这快乐将被，
永久的保留。

Sean

外婆说：『如果我没有走进Sean的心里，他是画不出这样的画的。』我在心的两侧望见了天使的翅膀。

我相信，小Sean的这个礼物不但送给了外婆，也送给了外婆带给他的所有故事。我猜，小Sean看到在《稻草人》的故事里，这个世界亏欠了妈妈们太多，因此他想自己应该用感恩的行动来赞美妈妈的妈妈，让每个妈妈都得到一份孩子的念想。

故事里拥有巨大的能量，这也是照亮孩子幼小心灵的“第三种力量”。

或许，你也可以这样想想

- 把沙漏比作时间，把沙漏里的每颗沙子比作故事，当时间的沙漏填满了10年的光阴，故事也就填满了孩子的心。故事带给孩子的不仅是情节，更是情节背后的喜怒哀乐和喜怒哀乐里的人生道理。
- 听故事更方便孩子去展开无限的想象，也为讲故事和听故事的人提供感情交流的纽带，这条纽带会随着故事的增多而增强。我们不能忽略了讲故事中的亲子力量。
- 当我们发现了故事对孩提时代的强大作用后，就会克制不住地变得功利起来，想打故事的主意。千万不要拿着教科书、闪卡和英文单词卡来偷换貌似无用的故事书。帮助孩子从小故事里读出大情怀，帮助孩子拥有生生不息的原创力，这样他们才会用好教科书里的“死”知识，才会知道如何用舌头来讲好自己的“故事”。

3种挑战引发3个男孩的创举

一个生活难题引出一个小发明

Ian 有个比他小2岁的好朋友叫迪伦（Dylan）。迪伦喜欢小发明，当年还是个小学生时就喜欢捣鼓各种物件。比如说，他在睡眠方面有点儿障碍，不开着灯睡觉就会感觉心神不安。为了这个生活难题，迪伦的父母伤透了脑筋。有一天，聪明的妈妈对爱护自然和动物的迪伦说：“整夜开着灯是否会觉得很浪费电呢？我们可以一起发明一个定时钟，来控制关灯的时间。这样你入睡后灯就会自动熄灭，既节约了电，还能让你安心入睡。”

没想到迪伦非常在意这个提议，在爸爸的协助下，花了约3个月的课余时间完成了一个发明，并为之取名“安睡之星”，还在学校的发明创造研讨会上得了冠军。以下是迪伦为发明“安睡之星”写下的工作手记。

> 首先，我发明“安睡之星”的灵感完全来自我自己生活中的一个真实烦恼。找到一个生活的难题，再努力做出一个解决难题的发明，使得我干起活儿来很有动力。做这样的发明，必须先有个目标。我的目标就是要找到一个帮助我顺利入睡的方法，并在两星期之内完成。
>
> 定下目标之后，我需要做许许多多的研究，包括把妈妈烧饭用的定时器拆开来看个究竟。我要想办法让这个定时器最终和我的床头灯连在一起，以能让我的“安睡之星”的发明成为现实。
>
> 接下来的工作就是要为我的发明去寻找各种材料和工具。但最重要的是，

要安排一张不被人打搅的工作台，这样我就可以在突然有灵感的时候，随时随地来这里工作。妈妈常说：“即使是伟大的发明家如托马斯·爱迪生都十分注重工作环境的有条不紊。”所以我必须首先做到有条理、有布局。实验的过程很难也很长，反反复复，很多次我被电熔丝烧伤，有时甚至很想放弃。但每天我的爸爸和妈妈都来到我的工作台前观察和鼓励我。爸爸的科学脑袋瓜子更是我的活百科全书。

当发明最终完成的时候，我感觉棒极了。将“安睡之星”带到学校展示的那天，我的心情既紧张又兴奋。当我的展台被大家包围的时候，当我的同学们向我表示祝贺的时候，我再次体会到自己的努力和辛苦没有白费。

放弃总是容易的，坚持才有挑战，坚持才会成功。发明创造首先需要善于观察，而从自己的生活中发现疑难问题更能激励我去寻找方法。我想有的时候，发明家是需要一些不顾一切的激情，甚至不被别人认可的“疯狂”劲儿的。因为，在发明过程中，失败远远多于成功。但是每经历一次失败，我就进步一点儿，我就离成功近一点儿。在发明 “安睡之星”的过程中，我终于懂得了这些道理。我由此感到自豪。

Dylan殷子昊

写于2013年1月26日

多少次我们与孩子在生活里一起遇到了难题，多少次我们希望绕开去，以为回避了，难题就可以自行解决。可是，如果我们能把难题当作动力，像迪伦一样去挑战自己，那么难题就变成了一种看不见的力量。难题越大，改变的力量也就越大。

迪伦的父母好有智慧，他们不把难题当作难题来焦虑，他们没有吼骂迪伦改不了坏习惯，也没有轻视孩子有怕黑的弱点。相反，他们机智地推动迪伦去迎接挑战，用自己的发明来解决自身的一个问题。所以，当我们可以用另一种眼光看待孩子的问题时，迎接挑战就是改变孩子的一个契机。

不尽如人意的午餐带来了内在成长

2009年6月23日，我差点儿错过了Ian生命中重要的一刻——小学毕业。Ian不小心把学校的毕业典礼通知书弄丢了，只是在毕业典礼的前一晚随便对我说了一句："妈妈，明早我要穿皮鞋去学校，因为我要参加毕业典礼。""啊？你怎么不早点儿通知我？我已经约了会议，去不了你的毕业仪式了。"只见Ian一派笃定地回复我："不去也没关系呀！"

第二天早上醒来，感觉告诉我，必须扔下一切事务去陪伴Ian跨过他学业的第一个里程碑。

在学校礼堂，全体小学部学生分排坐好，安静地等待典礼开始。这时，校长走上讲台问了全体毕业生一个问题："请大家回忆一下，在自己的成长岁月里，是谁教你第一次骑自行车？是谁带你去世界旅行？是谁……"全体毕业生齐声说："爸爸妈妈！"

校长大声对孩子们说："现在，请毕业生全体起立，转过身去，用目光找到坐在后排的父母，向他们挥一下手，对他们说一声'谢谢'！"

我望见全体学生都急忙转过身来，在人群中寻找自己的父母，有的挥手，有的大喊。唯独Ian的眼神不那么闪烁，动作也不那么敏捷，因为他记得妈妈昨晚告诉他要去开会不能来了。可就在这一刻我站了起来，抬起脚跟，拼命地伸长臂膀向Ian挥手。霎时间，我们的目光相遇了，Ian终于看见了我，他的眼中即刻冒出了神采，笑弯了的唇齿间露出了一对我熟悉的虎牙。

典礼开始，每个班的班主任轮流上台颁奖给本班的两名优秀学生，并简单报告这两位同学的成绩。因为家长们事先并不了解颁奖细节，所以都引颈望向讲台，好奇地等待着下一个被点到的名字。Ian班的颁奖结束了，他没在获奖名单上，我记得他曾多次对我说过："妈妈，我从来都是当老三的。"看来，在学业上他的确是在前两名之外。

仪式快进行到了尾声，校长走上讲台，对大家说："现在我要宣布全校今年最重要的一个奖项——学生领袖奖，我们要奖励一位对学校做出特别贡献，在同学中具有重大影响力的学生。"

我暗暗在想，哪家的孩子这么优秀？可能是个乖巧的、人缘极好的女孩吧？我认识这个同学和他的家长吗？这时校长说出了一个我再熟悉不过的名字，居然就是我的Ian。我一下子乱了阵脚，嘴里喊着："天哪！这是我的孩子啊！"一双手到处乱抓去包里找照相机，可是泪水模糊了双眼，等我定下神来望向主席台时， Ian已经接过了奖状，笃笃定定地走下了讲台。我看见他一直在对我笑，天真的，淡淡的，没有一丝骄傲，也没有太多惊讶。

后来，我在校园里见到了校长，他告诉我Ian为学校做了很多特别的事，其中有一项“工作”很有意义，就是Ian带领小伙伴们发起了一项学生伙食调研。Ian入学后一直觉得学校食堂的伙食单调，只提供沙拉和三明治等西式冷餐，而同学们来自世界各地，每个人都带着一个属于不同文化的肠胃来到学校，因为饭菜不合胃口，许多年龄小的孩子都不吃午饭，大点儿的孩子拿了午餐没吃完就扔掉了，既影响学生的身体健康，也浪费了大量的食物。那一年Ian已经是6年级（初一）学生会主席（或称“代表”）了，他有能力调动起同年级的学生来做点儿事。于是，他和小伙伴们一起设计了一份问卷，一方面可以了解大家对伙食的意见，同时也让同学们对菜谱提出建议。问卷做好后，Ian 又去一一拜访高年级的各个学生会代表，让他们帮助在校园里分发伙食调查，最后他们成功地回收了问卷，并做了详细的分析报告，还附上一份午餐菜单建议。Ian回忆说，递交报告和菜单那天，学生会要派代表在学校主管老师面前做陈述，因为他所在的年级最低，所以这个机会就“让”给了高中的学长，但他很开心，因为全校的学生都被调动起来了。

虽然孩子们的伙食建议没有被立即采纳和实施，但一年之后当Ian转去别的学校后再度回到母校时，发现食堂的伙食已经按照当时的建议调整了：主食从一种选择增加到两种，还专设了一个面条专柜，供给不同种类的面条，让孩子们可以有多样性选择；在原来的三明治柜台边上添加了一个小吃吧，专门为胃口小的同学提供小分量的食物，如中国春卷、日本寿司、印度飞饼、墨西哥卷饼等。

不尽如人意的学校午餐成就了Ian和小伙伴们的一次自我成长，让这些孩子有了一个共同的目标，并在校园里为之穿梭奔忙。结果他们还真做成了一件“大事”，不仅为学校的伙食带来重大的改变，也为以后的同学和家长造福许多。不久，小Sean开始入校上小学，当我看着小Sean在食堂里开心吃午餐时，心里总会荡漾起一股隐隐的自豪感，因为这是Ian和他的小伙伴们的努力成果，这里也记录下了Ian的成长足迹。

与此同时，Ian也为我上了人生的一课：无论工作多忙，生活多琐碎，我要是缺席了那天的毕业典礼，我就缺失了孩子人生中重要的一页，我更可能错过一次发现孩子内在力量的机会。

30秒创意带来1500万点击

2008年年初，有个叫Tim Lee的亚裔男生大学刚毕业就被YouTube伦敦办公室录用，分配进入市场部工作。他进公司后的第一个项目就很有挑战性，把人引流聚集到当时还不为人知的YouTube上来。

有一天，上帝可能特别眷顾于Tim，让他心中生出一个“奇想”，他大胆把这个“奇想”告诉了上级主管。于是，这个“奇想”被一层一层地往公司上层传递，最后在谷歌[1]旧金山总部的年度创意评审会上， Tim与其他10位同样怀有“奇想”的人相遇了。每个人都得到了30 秒钟的演讲机会，来阐述各自的“奇想”是什么。就在10个30秒钟之后，Tim的“奇想”居然被公司选中了。他的构想是：建立世界第一个网络乐团，在YouTube上开展全球乐手招募，进行线上音乐排练，入选的乐手在2009年4月15日集合于纽约卡内基音乐厅，世界首演YouTube交响乐，然后让这一晚的盛会永远记载在YouTube网站上。

接下来就是2008年6月，我伴随先生谭盾来到德国埃森市（Essen）举办音乐会。有一位瘦瘦的亚裔年轻人急急赶来要求见面，他自我介绍说：“我是Tim Lee，来自伦敦。YouTube正在寻找一位跨地域、跨文化、连接各种音乐门类和媒介的作曲家，希望邀请他来为YouTube写一部交响乐。”

我们非常专心地听着这位看上去简直就像一个高中生的孩子滔滔不绝地为我们讲解他的创意。

“什么是YouTube？”我可爱的先生转过身来问我，因为2008年时大家还没太关注视频网络平台。

我说：“就是在网络上以最个人的表现手法，配合图像和声音来展示自己。”

“那我能在YouTube上做什么呢？”行动力与领悟力旗鼓相当的谭先生又问。

Tim Lee 说：“谭盾先生，您正是我们认为创作这部交响乐的不二人选。我们希望把您创作的音乐先由伦敦交响乐团录成视频，然后在网上发布，吸引全球爱音乐的人来YouTube听。第二步，您录一个教学视频放到网上，告诉乐手们如何演奏您的作品，他们再把自己演奏的片段上传至YouTube。第三步，我们请专业的音乐团队从上传的音乐视频里挑选出100多位乐手供网络观众投票，由网上爱音

1　2006年11月，谷歌收购了YouTube。

乐的人选出最后的乐手来组成一支世界独一无二的‘YouTube交响乐团’。更精彩的是，在2009年4月15日，这个乐队所有乐手将从世界各地飞来纽约，在卡内基音乐厅聚集，首演您谱写的第一部网络交响乐。”

听到这里，谭先生激动得站起来大声说：“Cool! I do it! ”

2009年4月15日，纽约卡内基音乐厅里挤满了从世界各地赶来的观众，舞台上98位乐手来自30多个国家，共同演奏了谭盾先生作曲的《网络交响曲》（Internet Symphony Eroica）。第一位被引荐介绍的乐手来自日本，是两个孩子的母亲，她被选中担任马林巴演奏员。其他乐手有职业外科医生、小学音乐老师、汽车修理师、在校研究生，年纪最小的7岁，最高龄68岁。一位来自墨西哥的小提琴手因为签证被拖延，在音乐会结束前半小时才赶到剧场。他在后台对谭先生说：“我在YouTube上对着您的音乐视频练习了这么久，却没能够赶上演出，不过，我还是来到了卡内基音乐厅，看到了梦想成真的YouTube交响乐团！”

2008～2009年是Tim Lee梦想成真的创举年：

- 2008年12月1日至2009年1月28日，全球成千上万爱音乐的人在YouTube上传了自己的音乐演奏视频。
- 2009年1月29日至2月13日，由一个古典乐专业团队海选出了几百位乐手。
- 2009年2月14日至2月22日，最后的百位乐手由YouTube网络投票选出。
- 截至2009年4月15日演出当天，全球已有1500万人在YouTube上观看了乐手们的网络试奏视频，谭先生作曲的《网络交响乐》的观看人数远超200万。

就这样，一位大学毕业生的“奇想”变成了成千上万人的梦想。而梦想有多大，现实就会有多大！

在读完上面这3个真实的故事之后，我们是否开始相信孩子真的拥有自己的力量去改变自己、改变他人、改变社会？当看到孩子遇到意想不到的问题时，面对学校或工作上的挑战时，如果我们能够换一种态度来看待他们，就会发现，原来挑战就是推动他们行动的“第三种力量”。这些挑战化身为各种困难和任务来考验孩子敢想敢为的创造精神，来测试孩子对自己、对他人的负责精神，来磨炼他们对社会、对世界的感召力和义务感。

有梦想的孩子不仅是自己的主人，还可以是未来的创造者。

或许，你也可以这样试试

◆如果发现你的孩子在生活上或学习上也遇到像迪伦小朋友一样的难题，不妨试试迪伦父母采用的方法，帮助孩子去设定一个计划、一次发明、一次尝试，让孩子参与到解决问题的过程中来。困难是引导孩子学习的开始，不要把学习变得与己无关似的，也不要让学习变得枯燥和乏味。

◆如果有一天，妈妈看到自家宝宝开始突发奇想，可以想想曾经有个叫Tim Lee的伦敦大男生，他没有被自己的“无厘头”吓倒，而是用了30秒的创意，完胜了所有的竞争者。

◆如果有一天妈妈自己遇到了一个前所未有的机会，正在纠结是进还是退时，请记得那位马林巴乐手，一位有两个孩子的日本母亲。我们应该像她一样勇敢地去尝试、努力，决不放弃自己的一丝力量。

◆千万别学我，差点儿错过孩子成长的重要一刻。再忙，我们也能想出办法，只要我们明白为何不能缺席，缺席对孩子、对自己就意味着放弃，就是放弃与孩子一起成长的契机、感动和改变。

有了楷模，孩子就会自己变优秀

有一本童书对我们家产生了很大的影响，书名叫《拯救地球》。因为有了这本书，小Sean 吃饭不剩饭菜；Ian加入了上海地区的国际性学生环保组织“根与芽”（Roots and Shoots，The Jane Goodall Institute），由此遇到了他初中时代的精神楷模简·古道尔（Jane Goodall）女士。

Sean开始学习自己吃饭那段时间里，我遇到了一本书。这本书有个很特别的名字《拯救地球》，让不同年龄段的孩子都可以把自己想象成“英雄”，书中有一页专讲人类产生的垃圾淹没了地球、污染了海洋。于是，每次在饭桌上只要见到Sean有饭菜剩下，我就会说：“Sean，你还想拯救地球吗？”他会毫不犹豫地说：“要，我要拯救地球！”这时我会继续我们之间的台词：“怎么拯救呢？”这时Ian就会大喊一声：“Sean，吃掉你碗里的饭菜！”就这样，这本不起眼的硬板书陪伴着我家两个孩子长大。除了关注弟弟是否浪费粮食以外，Ian在他小小年纪时就成为一名不折不扣的环保主义者。

初中二年级的一个下午，Ian放学回家后很兴奋地告诉我，他们学校的种植活动小组种出的番茄被送到学生餐厅，得到了厨师们的好评，而且老师说节省了伙食开支。直觉告诉我这是件非常有意义的事，便追问Ian这是一个什么样的活动小组。他摆出一副自豪的模样对我说，那是“根与芽”活动小组，而且他已经被选为学校环境教育计划的项目负责人之一，主要是在校园内推广农田种植蔬菜，供应学校的食堂，同时在校园内开展环保意识宣传，比如废纸再利用。

原来这个“根与芽”活动小组的工作很特别，还管理着校区内两块“黄金宝地”。一块位于教学楼楼顶，是一个20多平方米的阳光棚；另一块是位于校区边的30多平方米的农田。在一位主管老师的带领下，活动小组用环保的方式种植番茄、薄荷、九层塔、迷迭香等。为了不用杀虫剂，他们尝试种大蒜头、洋葱来驱虫；为了不用化肥，他们把学校的剩菜剩饭收集起来，堆放在土坑里让肉虫来腐蚀，最后再掺入有机肥料搅拌后掩埋，等待一段时间之后再以此来为农作物施肥；他们还学会用七星瓢虫消灭危害农作物的蚜虫。每天放学后，Ian和小伙伴们都要轮流去农田浇水，课间也会抽时间去劳作。听着Ian津津有味地描述着种植和施肥的过程，我也被吸引了。其实，那时候我对“根与芽”这个闻名世界的学生环保组织还没有任何感性或理性的认识。

因为Ian的参与，我开始关注起“根与芽”这个机构及其创始人简·古道尔。她于2002年获得“联合国和平使者”称号，英国生物学家和动物行为学家，长期致力于黑猩猩的野外研究。她对世界的最大贡献就是把环境教育和环境公益的概念引入全球各个初中、高中学校，掀起了一场经久不衰的全球环保运动。她为这个学生运动取名为“根与芽”：“根”，在大地下舒展、蔓延，无处不在；“芽”，看上去弱不禁风，却能钻出坚硬的砖墙。她奔波于世界各地告诉年轻人：世界面临着成千上万的问题，它们就像一堵堵坚硬的砖墙很难逾越，但世界也有成千上万的年轻人，他们就像成千上万的根与芽，能够冲破这些砖墙，能够改变世界。

用“根与芽”微小却持久的力量去改变世界！这就是简·古道尔提出的口号。她鼓励全球的年轻人自愿自发地在各个学校进行环保活动，即让每个“根与芽”的活动成员成为一种环保“病毒”，把环保意识快速“传染”给身边的其他人，让他们都加入到环保运动中来，把每一位青少年的个人力量快速变成全世界青少年的力量。Ian学校的校园种植活动小组就是“根与芽”的一部分。微小的尝试却带给学校每一位同学一个新观念，热爱环境就是热爱自己，改变自己的行为就是改变世界的开始。

2012年，简·古道尔来到上海，Ian作为“根与芽”的成员见到了心中的楷模。在会场上孩子们一起做了风筝，但当他们望着彩色的风筝飞上上海灰蒙蒙的天空时，就犹如看到自己的心愿也在变灰变黑，在下沉。这更促使Ian立志跟随简·古道尔的精神，从校园的种植活动小组开始做起，把地球变得更绿，把一个人的力量变成大家的力量。从那时起，Ian几乎每天中午的午餐时间和下午的课间时间都会去两块“黄金宝地”，卷起袖子做种植实验，有时回家满脚满裤腿的烂泥。而在我眼里，这是莫大的荣耀，因为孩子心中有追求了。

不久，又有一本好书闯进了我们的家，它就是由2006年获得世界儿童奖的克雷格·柯伯格与哥哥马克·柯伯格共同写作的《改变自己，改变世界》（这本书为Ian和我带来的人生变化将在第三章中细述）。在书的第106～108页，Ian读到了简·古道尔亲笔写就的人生回忆。开头是这样的：

> 我常常会想，像我这样一个出生在英国贫穷家庭的小女孩，怎么会有如此出色的成就，还能走遍世界？小时候，母亲常给我和妹妹讲寓言故事。有一则寓言讲的是，许多鸟儿聚在一起，比谁飞得最高。老鹰相信自己稳操胜券，于是高傲地拍动着硕大强壮的翅膀，越飞越高，直冲蓝天。渐渐地，其他的鸟儿都疲惫不堪，只得陆续飞回地面。最后，老鹰也累得不能再往上飞了。不过没有关系，因为其他所有的鸟儿都在下面，老鹰认为自己完全胜利了，但事实并非如此，因为老鹰万万没有想到自己背上的羽毛里藏着一只小鸟。这时，小鸟一跃而起，展翅高飞，成了飞得最高的胜利者。
>
> 我喜欢这则故事，因为它对我有积极的象征意义。如果我们把自己的一生当作一次全力飞翔，总想要飞得更高一点儿，总想着飞向更远的目标，那么我们将面临一个问题：靠自己究竟能飞多高？我们就像那只小鸟，都需要自己的老鹰——生命中的良师益友。

这位世界女英雄用老鹰和小鸟的关系简单而形象地描述出榜样的作用。简·古道尔在全球范围内拥有各年龄层的环保精神追随者，她的身上好似驮着成千上万只小鸟，她在用巨大的能量告诉我们：要让孩子飞得更高，一定要为孩子找到那只具有飞翔高度的老鹰。如果孩子没有老鹰的高度，就看不到世界；看不到世界，他

这本引领我和孩子们远行肯尼亚的书已被译成中文。我的侄儿何泷也曾追随国际青少年志愿者组织Me to We去非洲开展志愿者工作。回来后他对父母说：『我要先改变自己，再去改变世界！』

们哪来胸怀；没有胸怀，孩子怎么成为人才栋梁？

一年夏天，Ian加入了由克雷格·柯伯格和马克·柯伯格创建的国际青少年组织（Free The Children），去肯尼亚做志愿者，体验和参与贫穷社区的水环境治理和公共卫生设施建设等环保工作（相关内容请见本书第三章“远行，把世界‘植入’孩子的心中”）。我能感觉得到，Ian对公益、对环保的热情与其他孩子的好奇有很大的区别，他曾对我说：“妈妈，我真希望我能一辈子做环保公益。”这一定与简·古道尔和“根与芽”所倡导的理念有关。

2016年5月，即将高中毕业的Ian在他就读的高中校园再次见到了简·古道尔，这又一次验证了那个“神话”——哪里有年轻人哪里就有简·古道尔。Ian在越洋电话中对我说：“妈妈，4年前我们中学的‘根与芽’小组只有25位学生，但我们当时的影响却触及了全校1800个师生及其家庭。上周，我又见到简·古道尔，排队等待与她握手、致意的学生队伍在会场外绕了一圈又一圈。” 在很长一段时间里，Ian 对大学科目的选择牢牢聚焦在环境保护上，他希望能找到一个环保新闻专业，用他的摄影和对环保的热情来推动世界环保运动。虽然最后Ian改选了电影专业，但我相信环保的理念和梦想已经深深地扎根在他的心头。无论以后他的镜头会对准哪里，他的作品里一定会有对环保的特别关注和无穷无尽的热情。

Ian真是幸运，在年少的时候遇见了简·古道尔，并早早地被她的普世价值观所感动、所影响。当孩子的心里拥有了一位可以崇拜、仰慕的精神楷模时，他便有了追求的目标和行动的力量。一个楷模的力量就是对孩子的思想和精神产生影响力的“第三种力量”。

> 根在大地下舒展、蔓延，无所不在，根就是坚实的基础；芽看上去弱不禁风，然而为了得到阳光，他们能钻出坚硬的砖墙。我们这个世界上面临的各种问题，就像那一堵坚硬的砖墙。成千上万的根与芽，全世界成千上万的年轻人能够冲破这些砖墙！你能够改变世界！
>
> ——简·古道尔博士

或许，你也可以这样试试

◆ 鼓励孩子参与到身边任何能帮助他人的活动中去。当孩子被他人需要时，就是他的价值被最好体现之时。让孩子通过帮助他人去认识自己的价值，是对他的最好肯定和最大鼓励。

◆ 一个有能力、有愿望帮助他人的孩子，自己也会变得阳光、自信，会更崇尚精神世界的理想和追求。这样的孩子不仅会有动力学习，而且不会把自己局限在学校和书本里，他们会从社会活动中和精神楷模身上吸收到非同一般的养分，这是素质培养最好的实践。

◆ 让孩子在小小年纪就拥有胸怀，因为胸怀会带着他们走得更远，飞得更高。因为胸怀，你的孩子才会与别的孩子不一样，才会有他的精神。

◆ 人的优秀是需要从小耕种的。寻找一本好书与孩子一起读，发现一个楷模让孩子去追随，这些都无关知识，却有关信仰，有关情感，有关我们能为他人做点什么的愿望。孩子都喜欢得到别人的承认和赞美，为了这份承认和赞美，他就会不断地付出努力把自己变得更好、更优秀。

犯错，孩子学习“自我醒悟”的好机会

2012年9月，Ian去了美国波士顿郊区的一所寄宿高中，开始了他人生中真正的独立生活。走前的某个夜晚，我们一起躺在他的小床上聊天。灯亮着，我看见他的眼睛闪烁，他说：“妈，我觉得我这次离开，以后可能很难有时间再和你们长时间住在一起了。你看，高中毕业去上大学，大学毕业我就要去一个什么地方开始工作了。”

那一年，他14岁，正处在可能会令每个父母都惧怕的青春叛逆期的开端。

很快，日子从9月开学一下到了12月圣诞假期。第一个学期结束后，老师通知我，Ian非常沉迷电脑游戏，周末甚至会打通宵，到了周一根本起不了床，而且他还是宿舍里打游戏的领袖人物和组织者。随之出现的问题很多，首先会影响学业，因为功课经常被拖拉和遗忘。其次，生活变得无规律，早上起晚了就跳过早饭直接去课堂；前一天晚睡了，第二天上课无精打采。第三，交友的圈子变得越来越狭小，因为没时间参与学校的众多课余活动。

孩子出现了问题，学校会怎么办呢？我首先想到与学校去沟通，希望宿舍的监护老师可以出面阻止孩子打游戏。可是没想到，老师是如此回复我的：“我不能完全制止学生打游戏，因为校规里只规定上课时间和自习时间不能打游戏，没有规定休闲时间不准打游戏。我能做的只有两件事：第一，让Ian必须先把功课做完；第二，他每天必须遵守晚上11点熄灯的规定。同时，我会提醒他，无论你课余做什么都不能影响学习，同时要学会把控好自己。”

学会把控好自己！我彻底被惊到了。作为家长，尤其是中国家长，我们常规的纠错会采用这样的三步法：

- 纠错快为先。我们会想尽一切办法让孩子立即停止做我们认为是错误的事。

◆ 改错要从根上斩除。我们会想尽一切办法去杜绝所有让他再犯错的机会，这叫防患于未然。

◆ 不惜动用惩罚手段。如果孩子继续犯错，那么我们与他们的冲突将会持续升级到使用语言谩骂或恐吓，出现情绪持久对立，甚至动用武力来进行体罚。

然而，这里的老师在与我谈起孩子出现问题时，完全没有告状或吓唬家长的架势，更没有对我提出任何需要配合纠错的要求。我们站在学生宿舍前的草坪上交谈了15分钟，老师神态轻松，就如他在向我报告孩子的饮食起居。在不知不觉中，我接受了一个大多数父母都很难接受的现实：其实学校就是一个允许学生犯错的地方。

虽然老师不鼓励犯错，但他们的确不把犯错当成什么天大的事，他们希望营造各个环节，“迫使”学生自己发现错误，然后靠自己的力量纠正错误。这就如生病时不随便使用抗生素，为的就是让身体自身产生足够的抵抗力来抵御病菌。理论上来说，学校是这样做逻辑推演的：一个犯错后知错并具有自我纠错能力的学生，会更具有独立性和自律性。比如，他们不会强制孩子不玩游戏，但学校规定了严格的上课迟到、缺课的惩罚规则——上课迟到20分钟等同旷课，旷课到达6节就会有惩戒。一切按规矩办事，铁面无情。惩戒包括两周内晚餐后不得离开宿舍，更严重的甚至会记过、开除等。此外，课堂打分也绝对会受影响。这些惩戒有生活上的、学业上的还有名誉上的，它们环环相扣，最后直接影响到未来的大学升学。通过这样的循环设置，学校帮助孩子们学会自律，从接受“玩火”后的负面结果，到自觉自愿地避免再“玩火”。

可是，作为母亲，我能接受这样的“消极等待”吗？能接受让孩子“自我醒悟”的教育理念吗？

这让我想起了另一件事。2010年，Ian通过高中入学面试后，自我感觉极其良好，认准自己一定会被学校录取。回到上海后，他开始放松学业。一个周五的下午，Ian借用同学的手机紧急打电话给我，告诉我他犯了很大的错误，我能听出他的声音在发抖，好像快要哭出来的样子。我很吃惊，自上学以来，Ian从来没有出现过这样的“失态”。他说：“妈妈，请立即查看一下帕克老师的邮件，很重要。”帕克老师是Ian的英文老师，一直非常欣赏Ian的文采，也是他报考美国寄宿高中的重要推荐人。可是，她怎么会让Ian感到如此担惊受怕呢？

我打开邮件读到的第一句话和最后一句话是这样的：

> 请您下周一或周二来学校一次。
>
> ……
>
> 我为Ian写了大量的高中推荐信，因为我相信他的能力和愿望。但我更需要了解为何Ian停止按时交作业，我想帮助Ian达到他应该具有的学习能力，否则我将撤销为他写的所有推荐信。

那个周末Ian痛哭流涕地告诉我，他有好几周的阅读和写作作业未交了，他感觉自己的升学梦想已经实现了，可以休息休息了。但没想到，“恶果”立即出现。他一边补着功课，一边想怎么给帕克老师写检讨信。那个周末我见到了最最狼狈的Ian。

周一，我们一起来到帕克老师的办公室，Ian主动递上了所有拖下来的作业。我见他含着眼泪对帕克老师说：“对不起，我辜负了您对我的信任和厚爱，我没有做好我应该做的工作，感谢您及时制止了我的错误行为。您给我上了我人生中最重要一课，但我为此付出了惨重的代价，那就是您对我的信任。”

Ian在道歉的结尾重重地说出了“信任”两个字，他明白了辜负帕克老师对他的信任是件何等重大的事，没了信任，他就不再是帕克老师的“推荐学生”了。此后直到初中毕业，Ian都保持着良好的学习记录。高中放第一个春假时，他还特意赶回初中时就读的学校，去拜见他的恩师帕克老师。至今，他始终对帕克老师保有深厚的感念之情。

从帕克老师的处理态度，我看出了一些“门道”。老师明知学生在犯错，但只要不涉及原则性的错误，他们基本会选择提醒、再提醒，这就是为何在此前的3周里我从来没有接到帕克老师的来信或来电。当然，帕克老师设计了一个非常清晰的底线，如果学生侵犯了校规和老师的底线，那么惩戒是一定的，其中包括了帕克老师给我的那封邮件里悉数列出的负面后果。这个等待和惩戒机制就是让孩子为自己的言行和决定做主，让他们在学习承担后果的同时学习对自己负责，让他们明白一个重要的成长道理：孩子，如果你想要长大，想要父母和老师不再管束你，你就得对自己的行为后果苦、甜自担，否则你想要的独立和自由只是暂时的，你的成长不会真正完成。

现在，似乎同样的问题又出现了。不过这次问题更严重了，Ian沉迷于电玩游戏不能自拔，而且还是一个男孩群体。但这次我决定采用帕克老师传授给我的态度，选择先等待，让脓包自己成熟、破水，可能会感染也可能会很快结痂，总之我决定磨炼我做妈妈的毅力和耐力，一边观察孩子的动向，一边保持着对Ian的尊重和体谅，不让他关上与我沟通的大门。

但是，Ian到底什么时候才会生长出自己的纠错能力？什么时候会再出现一位帕克老师来促使Ian“自我醒悟”？这些我都不太清楚，也没把握，但我相信帕克老师传递给我的一个道理：只有当孩子学会了“自我醒悟”，他的内心才具有变化的动力，到那时变化才真正有可能实现。所以，犯错就是引导孩子去实践“自我醒悟”的“第三种力量”。

或许，你也可以这样想想

◆犯错是孩子成长过程的一部分，就如同刚学习吃饭的孩子会把饭粒撒一地，即便如此我们还是要让他们在混乱和出错中继续练习吃饭。反思一下，我们中国的孩子都比较乖，看起来都很少犯错。其实，这不是因为我们的孩子生来就是好孩子，也不是我们的孩子比西方的孩子胆小，而是因为做父母的从来没有给予孩子太多机会去犯错。但只要父母“管束”的外力一旦在孩子身边消失，那么他们犯错的概率就会大大增加。

◆我们害怕孩子犯错的主要原因是我们比孩子更能预料犯错所付出的代价，也就是我们能预测因果关系。正因如此，我们会千方百计地不让孩子犯错。但这的确有悖于成长的自然规律，不犯错永远不知道犯错的结果有多可怕。所以，只有让孩子小错多犯，才能不出大错。

◆天下没有不犯错的孩子，只有犯错后不知道如何悔改的人。所以，问题的症结不在犯错而在纠错上。

◆不怕孩子犯错，并敢于等待孩子“自我醒悟”，这虽不符合中国传统的教子观念，但生活于新时代的我们需要充分接受新观念。犯错是孩子长大的一份“权利”，我们不该剥夺它。

找到人生的辅导员，用别人的优秀挑战自己

对于Ian沉迷网络游戏，我一直在等待他的“自我醒悟”。圣诞寒假正好是我与他可以细聊的好时机。

一开始Ian为我剖析了进入寄宿高中之后的一些状况。比如，同学们都无一例外地突然发现“多”出了许多从来没有过的“自由”，原来的家庭和父母的管束因离家的距离而消失了。他还承认了两个主要问题：首先，自己没办法控制好自己，始终觉得游戏玩一会儿就可以停止的，结果是开始容易收场难。其次，他是一个顾全大局、在意别人的人，宿舍里玩游戏的小团队总是固定在4个人，他描述说：“如果大家都在等我，独缺了我就影响别人了，那怎么可以不打呢？”

面对孩子这样的情面观、“团队意识”，我犯愁了。我应该从哪里找突破点呢？如果我只是告诉他，打游戏会影响学习，学习不好会影响前途，像他这个年纪的孩子虽然能够理解简单的因果关系，但是他还做不到为了父母描述的一个远大目标来控制自己，乃至“自我醒悟”。

一个偶然的机会，我听说上海的某个校外补习学校从美国请来了一位新教导员丹尼（Danny），他教一门很有新意的课，主题是“领导力和沟通力”。我了解到丹尼才27岁，是美国著名的西点军校优秀毕业生，去过阿富汗，带过一个连的兵，曾是狙击手。我隐隐感觉得到这位年轻人对Ian会有点儿什么意想不到的影响，可能突破口就在这里。

在Ian回到上海的第三天，我跟他说一起去见一个人。他问我：“去见谁？我认识吗？”我说：“是一位大哥哥，你不认识，我也不认识，但你可以先听听他的简历。他是西点军校毕业的军官，在毕业典礼上美国小布什总统亲自为他颁发

了优秀毕业生证书。要知道，每年能接受总统颁奖的毕业生仅有42名。而且他是以学业成绩第一、体能成绩前4名而获得此殊荣的。丹尼去过阿富汗，当过狙击手，做过总统的护卫队。”

Ian听完后惊讶地问我：“那他到补习学校来干吗？”我告诉他：“教领导力和沟通力的实践课。”儿子听完立刻同意去见面，因为他一直认为自己是个少年领袖，去见识一位如此酷而且在战场上具有领袖特质的人也是件非常酷的事情。

在学校的走廊，我们见到了丹尼。他并没有如其他老师那样先找到家长的目光来问候或寒暄。相反，他把我看作不存在似的直接走向Ian，很有力地与他握手，然后声音响亮地说：“Ian，非常高兴你来见我！”

我们随着丹尼来到他的小办公室，那里除了一张桌子，就只剩下勉强能容下两把椅子的地方。他问Ian：“今天你来见我有什么问题吗？你想了解些什么？”

Ian很茫然地回答：“我没什么问题呀，是我妈妈让我来见见你的。”

“那，妈妈，你让Ian来见我是为什么呢？”丹尼转而问我。

“Ian一直喜欢做公益项目，也因此认为自己是这方面的小领袖，我想让他来跟你聊聊领导力方面的话题，同时希望Ian能找到一位亦师亦友的人生辅导员（mentor）。”

我在此特别加重语气用了“mentor”这个词。在英语里，mentor不仅仅可以指学习辅导员，还有更深的一层含义，那就是“人生辅导员”。

丹尼有点儿惊讶于我的回复，可能平时家长都是冲着课程去的，而我对课程却不闻不问。敏锐的丹尼立即进入了人生辅导员（mentor）的角色，我则退靠在椅背上，隐在了冬日暖暖的午后阳光里。这真是一个不同寻常的下午。

丹尼和Ian的对话是这样开始的。

丹尼问：“你今年几岁了，Ian？有兄弟姐妹吗？”

Ian答：“14岁，我有一个弟弟，他叫Sean。”

“你觉得，在你现在的生活里，你对谁最、最、最重要？”

“对我爸爸妈妈。”

“是的，你对你爸爸妈妈是一辈子的重要。但在现阶段，除爸爸妈妈之外，你对谁还特别重要？”

“没有了。”

“你忘了，还有一个人，无论你在或不在，他都在望着你。这个人是你要用一辈子去关注和照顾的，你再想想他是谁？”

“没有啊！我不知道他是谁。”

丹尼没有再接着往下说，而是讲起了他自己的故事。

丹尼一家是移民美国的韩裔，他出生在美国休斯敦，有个哥哥。他的父母对兄弟俩的学业要求都非常高。哥哥从小学业就极其出色，无论学习还是生活上的事，都是哥哥教丹尼的。丹尼回忆说，自己就像哥哥身后的一条小尾巴，哥哥高高的身影永远笼罩在自己小小的身体上，好像没有哥哥就没有了自己。后来，哥哥考上了常青藤盟校美国麻省理工学院（MIT），他特别高兴，不是因为哥哥有多伟大、多成功，而是因为家里没有了哥哥，自己可以不再被拿来与哥哥做比较了。

哥哥上大学后，丹尼开始思考如何可以超越哥哥，因为哥哥既是自己的偶像，又是竞争对手。最后他决定报考一个比MIT更牛的学校——西点军校，去挑战万能的哥哥，因为他发现，考上西点军校的难度远比去哈佛高得多。首先，学业要好；其次，体能要好；再次，报考的学生要得到居住所在州参议员的亲笔推荐。丹尼把自己的决定告诉了爸爸，爸爸竟然非常支持他。其实，丹尼的想法很简单，就是要超越哥哥，去一个比哥哥的学校更牛的学校。最后，他如愿以偿。同时，他发现了一个感动自己的秘密：原来，挑战自己、完胜自己的动力来自挑战哥哥的优秀。但是考上了西点军校后，他仔细琢磨发现，自己与哥哥也没有多大“区别”。

丹尼接着说：“后来，有两件事让我找到了自己。第一件事发生在我还在西点军校读书的时候。哥哥给我打电话，让我去参加绿色和平组织。我当时大笑着跟他说：‘哥，我是要效忠国家的人，我是一名被教导要为国家生、为国家死的西点军校的军官，我是要上战场的人！’第二件事发生在我在阿富汗带队作战时，哥哥又给了我一通电话，说让我去上海帮助他创业，当我第二次拒绝他时，我心里特别激动，因为我在哥哥面前有话语权了。但是，Ian，我想告诉你，生命中有这样一个给你带来压力的哥哥，你知道有多幸福吗？所以，从现在开始，你要好好地看看你身边的那位小弟弟，他就是你的影子，你对他负有不可推卸的责任，你要帮助他，你的一言一行他都会看到，你做什么他就会做什么，所以你要看管好你自己的言行和决定！”

这时，我已经非常清楚丹尼的引导方向了。

接下来，丹尼迅速地继续开问：“Ian，你今年14岁，进了这么好的一所高中，你跟我讲讲，你大学毕业，也就是差不多7年以后，当你拿到辛苦挣来的第一个月的工资时，你会做什么？”

Ian回答：“我会把这钱存起来。”

“你存这钱干什么？”

“我存起来，为我未来的家庭做储备。”

“未来的家庭包括谁？”

“我的太太和我的孩子。”

“这想法很好，你已经想到了你未来的家庭，可是，Ian，要知道，你的第一份工资可能非常微薄，你自己还需要付房租，能剩下来的只有一点点钱。那个时候你才20多岁，等到你有家庭和孩子可能还需要再过10年、15年，这一点点钱对15年后的你和家庭是微不足道的。虽然存钱是个好想法，但是有点儿遥远了。你再想一想，你能拿这微薄的钱做点儿什么有意义的事？”

“我去帮助别人。”

“很好的回答。Ian，在你人生已经走过的14年里，当你碰到问题时，你会去问谁？当你跌倒，扶你起来的人是谁？当你生病，给你喂药的人又是谁？谁送你去幼儿园，送你去学校，谁给你买想要的玩具，谁给你买冰激凌，谁给你做饭，这个人是谁？”

儿子立马回头看向了坐在一边静默聆听的我，我当场泪奔了。

“Ian，你生活了20多年，终于有一天拿到了那么一点儿微薄的工资，这是靠自己的能力赚来的，这个时候你最应该感谢的人，就是在过去20多年中最为你担忧、最先与你分享快乐的那个人，应该为她做点事，而拿出这一点点钱是可以做到的。”

“对，是的。”Ian坚定地用力点了好几下头。

其实，我完全没有告诉丹尼，Ian目前遇到了什么问题，丹尼也没有直奔问题，他用了两个提问和两个自己的真实故事让一个14岁男孩开始思索：我是谁？我对谁负有责任？我要感恩和尊重的人又是谁？

谈话持续了1个小时后，我真诚地对丹尼说："听说你在教领导力和沟通的主题课，Ian是否可以来上你的课呢？"没想到Danny说："我觉得Ian不用上课了，如果他愿意，可以来做我的小助教，帮我给孩子们发讲义，辅导孩子们理解我上课的内容。"

之后的20天假期里，Ian没有睡过一天懒觉。每天早早起床，穿戴整齐地出门，去做小小助教。他中午与丹尼一起吃工作简餐，下午带着辅导卷子回家为明天的课程做准备。我发现他对弟弟说话的语气开始变化，他房间经常关闭的门开始打开，以前总爱偷偷钻进他房间的弟弟居然可以明目张胆地挤坐在他的书桌边上，装着与哥哥一起忙着做点儿什么。他们俩在一起的样子实在是又可爱又养眼。

Ian认真、兴奋地完成了临时助教的工作，他与丹尼也成了朋友，此后每次放假回到上海他都会联络丹尼，一起出去吃个午饭。

我知道，丹尼已成为Ian的人生导师，他在用一种不同于父母和学校的第三种力量，为Ian带来变化。这个变化不是通过补习让功课变得更好，也不是通过集训让孩子拥有某种应考的技能，而是在Ian的世界观里植入了一些比学习、比工作更重要的东西。

做一个对家庭负有责任感的人。当孩子理解了他对别人负有不可推卸的责任时，他自然会对自己的所作所为生出责任感和约束力。就像古话说的，"穷人的孩子早当家"，因为穷人家的孩子需要及早对家人担负起责任。

做他人的榜样。Ian意识到自己可能对弟弟造成影响的时刻，就是他开始理解自我行为的价值和作用的开始。孩子的自尊心和荣誉感是他们向善、追求优秀的原动力。

用别人的优秀挑战自己。看见他人的优秀，能让自己变得更优秀。

Ian回学校后，虽然还继续打电脑游戏，但程度已减弱了至少五六成。毕竟一个习惯的戒除是需要时间和毅力的。我选择继续等待，因为我坚信纠错必须从孩子的内心开始，只有他的心变了，他的眼睛才会看到新的方向，有了方向，步子才会迈开、迈准。作为母亲，我要做的，就是为他找到下一个丹尼，不断发现来自家庭和学校之外的"第三种力量"。

或许，你也可以这样想想

◆孩子的成长不仅需要父母无微不至的关怀，更需要家庭之外的人和事来促进、影响和孵化。为孩子找到一位可以聊天、谈心的人生辅导员，就如把他领到一位亦师亦友的人生导师面前。

◆让孩子的身心感受“自由”，就得允许他们犯错。父母该做的就是准备好等孩子犯错之后，能指点他找到一位可以谈心、可以帮忙的人生辅导员。

◆人生辅导员可以是孩子身边任何一个值得信赖的人，可以是孩子的一位忘年交，也可以是一位好邻居，更可以是学长，或家族中有着特别经历的叔叔或阿姨。

◆父母与孩子的“近”是有距离的，与孩子的“远”也是有条件的，我们无法永远“霸占”孩子的身和心，他们必须远行，那么就让我们在他们的周围建立起一个个能量库，等他们需要我们时，可以随时找到能量库，回到能量库取暖或充电，诉苦或痛哭，疗伤或小憩。

第三种声音，让孩子舍下一个不切实际的梦想

我的一位朋友告诉了我一段她与儿子K同学的暑期经历，让我久久难忘。这位妈妈漂亮、干脆地完成了一项许多妈妈完成不了的任务，就是帮儿子温和地舍掉了一个不切实际的梦想。

K同学13岁时梦想成为一名职业足球运动员，而且认定不久的将来自己会是下一位足球明星。他从5岁开始迷上足球，从此除了每天练球之外，还会追踪世界各大球队和球员的消息，收看世界各国的足球新闻。他早上从不睡懒觉，为的就是挤出时间去练球。因为热爱足球，这个小男孩特别能吃苦，显现出来的自律是这个年龄的少年少有的，而且体能超棒，任何艰苦的体能训练都能挺下来。然而，这份梦想让妈妈很困扰。第一，儿子自身的条件是否能够达到职业足球运动员的标准；第二，如果儿子的潜力不能支撑起他未来的职业梦想，那么该如何引导他把对职业的追求变成一份终身的爱好，同时不放弃探索其他的可能；第三，如何引导儿子明白，舍下梦想不等于放弃梦想，舍对了还会拥有更多梦想。

聪明的妈妈没有使用“父母特权”来限制孩子的全身心投入，相反，她一边全力支持孩子对足球的热情投入，一边悄悄地计划着一次旅行，等待夏天的到来。

暑期来了，妈妈告诉孩子，趁着去英国旅行之便到伦敦参观一下职业足球俱乐部和附属的职业足球学校。孩子当然开心，可以去梦寐以求的足球学校参观，这是最好不过的暑期礼物了。

到了职业足球学校，K同学了解到该学校分成两部分：一部分是对社会招收普

通学员，只要有兴趣，交了学费，能够通过一定的体能和技能的测试，就可以入学；另一部分则专为足球俱乐部输送最好的足球天才而设，进入这部分的难度极大、要求极高，不但要通过严格的各类考试，即使被录取了，完成学业时也只有10%的学员有实力进入足球俱乐部，成为职业足球运动员。而最令人惊讶的事实还在后面：即使孩子有幸成为那10%的一员进入球队，到了俱乐部还必须在候补队员的座位上坐等很久很久……妈妈听得冷汗淋漓，可孩子还是信心满满，因为他完全沉浸在自己的梦想之中。

参观结束后，K同学满怀激情地接受了学校的各类测试。测试结果出来了，妈妈陪他一起听取了评估：K同学的球感极好，但是不幸的是他已经13岁了，技术和体能的提升空间相对来说已经非常小了，那些进入职业部的孩子都是从很小的时候开始接受系统训练，再加上超高强度的体能训练，因此以K同学的先天条件和目前的专业状况来看，踢足球只能停留在兴趣和爱好上，绝无进入职业球队的可能了。但如果K同学的学业时间允许，仍可以报名进入对外招收的业余学员部分，磨炼球技，培养兴趣。

暑期结束时，K同学跟着妈妈回国了。当我再见到他时，他已经接受了不能成为职业足球运动员的残酷现实，但却没有停止对踢足球的热爱。他妈妈告诉我，K同学正在准备代表学校去参加一场国际比赛，而妈妈会热情饱满地去追看比赛，为儿子高呼加油，为他自豪。

不久前，K妈给我传来了一组K同学的近照。照片上帅气的K捧着一把吉他，低着头全神贯注地拨动着琴弦。我明白了，孩子已经开始尝试下一个新的爱好，可能这是他疗伤的方式，也可能是他勇敢地踏上了新的追求之路，而妈妈还是隐在一边，充满温情地支持着、等待着、护航着。

我可以猜到，当K同学下一次再遇到棘手的决定时，K妈还是会找到生活中的“第三种力量”帮助他接受事实。在关键时刻，孩子放弃一个不切实际的梦想的力量，可能恰恰就是孩子自己去体验、去直面取舍的选择过程。

或许，你也可以这样试试

◆如果我们与孩子的意见相左，是否可以考虑找到一个第三方的意见来影响孩子的决定？有智慧的父母就是有能力把自己的决定演化成孩子自己的决定。

◆让孩子自己去经历，妈妈越“弱”，孩子越强。孩子强了，他就有能力为自己做选择。

◆甘于做一个能为孩子鼓掌叫好的粉丝，而不要做为孩子冲锋陷阵的妈妈。巧用“第三种力量”，让孩子舍得服气，取得当然。

伙伴的力量，让孩子坚守自己的所爱

帮助孩子放弃一段梦想很难，让孩子为了梦想去坚守更难。先来看一段小Sean的故事吧。

快5岁时的某一天，小Sean拉着爸爸说：“爸爸你来，我要弹一首曲子给你听！”接着他用一根手指在钢琴上敲出了一段日本作曲家久石让为漫画电影《菊次郎的夏天》所作的插曲。爸爸很吃惊，问：“是谁教你的？”他回答：“我听到过这首曲子，很喜欢，就想把它弹出来！”爸爸眼睛一亮，认定孩子应该学琴了。

于是，学习钢琴的漫长路程开始了。然而小Sean对钢琴学习的热情并没有持续，兴趣始终停留在用两根手指在钢琴上把自己爱听的旋律敲出来。爸爸时常会幽默地为小Sean点评：“Sean，你这不是弹钢琴吧，你这是敲钢琴呀。”

直到Sean 6岁时，一个转机来了。

Sean刚进的小学有个规定，所有1～3年级的学生必须学拉小提琴，小提琴由学校提供，因为这是音乐课的必修部分。开始学拉小提琴，孩子们都没有基础，大班式的教学和练习方式，使课堂听起来闹哄哄的，家长们也没太放在心上。然而我看到了一个有趣的现象，小Sean回家后要求自己拥有一把专属的小提琴，而且在去学校排练前都会自己先练习一下曲目。慢慢地，他开始成为班上的领奏员。我看懂了他的小心思，原来他想“出类拔萃”啊！我也就顺着他的心意帮他找了位老师，开起小灶，辅助学习小提琴课程。

就这样“混”了大半年，没想到下一个机会又出现了。

小Sean所在的学校很注重乐队的排练和演出，专门聘请了一位经验丰富的指挥和作曲家——桑德森（Sanderson，以下简称S老师），负责学校的音乐演出。就在小Sean音乐启蒙的关键点上，S老师组建了一个 “新上海学生乐团”（NSO），面向上海地区招收热爱音乐的学生。我联系到S老师，请求他给小Sean一个面试的机会，同时也如实告诉他，小Sean没有太多音乐基础，还只是一个有热情的初学者。S老师在学校音乐课上见过小Sean拉琴，于是同意给小Sean一次面试机会。

当我把得到面试的消息告诉小Sean时，他的小脸立即涨得红红的，我以为他是因害怕而紧张，没想到他马上拿起小提琴跑到一边去练习了。就这样他自己每天自觉练琴，坚持了一周。到了面试的前一天，他激动得一晚上都在拉曲子。第二天是周六，他起得很早，吃完早饭，居然自己收拾好琴盒和乐谱坐在家门口早早地等着我出门。我们一上出租车，没等我报出下车的地点，他就对司机说：“叔叔，请你开快点儿，我要去参加一个小提琴的面试，不能迟到！”

到了面试的地方，我们坐在办公室的外间，边等待边聆听里面正在面试的小朋友拉琴。这时，小Sean对我说：“我觉得这个同学没我拉得好，我肯定拉得比他好。”我能感觉到他在紧张，他非常在意这次面试的机会，所以他通过说他可以拉得比别人更好来给自己打气和壮胆。

轮到小Sean了，S老师让他先自己选择拉一段熟悉的曲子。我一听，节奏快了，Sean的手紧张得要命，很难控制好速度。听完后，S老师说：“Sean，你识谱怎么样？”随后，S老师拿出一个曲子让他试拉出其中一句。小Sean的乐理基础还是不错的，顺利地把这一句拉了出来。S老师问他：“Sean，你想要加入NSO乐团吗？”Sean激动地重复回答了好几遍：“要，我要！” S老师接着说：“你的小提琴基础还不怎么好，但是我给你机会试试，全因为你的识谱能力不错。加入乐团后你要跟比自己大得多的哥哥姐姐一起排练，如果你想一直留在乐团，就要保证每天练琴，如果不练琴，光靠读谱读得快是远远不够的。”小Sean坚定地回答：“我一定练琴！”

小Sean从教室走出来，走到我身边，说：“妈妈，我过了！”

我说：“恭喜你！”

小Sean这时说：“妈妈，你摸摸我的后背。”

我把手伸到他的衣服里一摸，全都是汗，我从来没见过他安静时也可以出这么多汗。回家路上，我对他说：“Sean，你知道吗？其实你并没有比前面那个小朋友拉得更好。现在老师让你们两个都进了乐队，是因为你们俩是乐队中基础最弱、年龄最小的孩子，老师希望你们成为伙伴，互相督促，相互照顾。”果不出我所料，第一次乐团排练时，我看到这两位小朋友被排在左右位，成了一对“小搭档”。由此，我看到了S老师的默默引导和良苦用心，他不仅让两个暂时落后的孩子找到了练琴的动力，同时也为他们提供了互相安慰的空间，让他们互相“壮胆”。

NSO乐团一年有4场公开音乐会，相当于每季度排出一场2小时音乐会的全新曲目。孩子们在3个月中要把2个月的周日下午4点到7点都拿来排练，每场音乐会之间仅有1个月的休息间隙。也就是说，一年会有8个月的周末在排练。可是，小Sean每次排练完都特别开心。我还发现，他每每回家自己练琴时，总不按自己的乐谱练，我问他在拉什么，他悄悄地告诉我，他在偷学乐队大哥哥大姐姐拉的主旋律部分。原来每次排练的休息时间，他会拉着“小搭档”去找大哥哥大姐姐取经，趁大家吃点心的时间，两个小人儿分好工快速默读乐谱，然后凭借两双好耳朵在排练时默听默记下音乐。两个小搭档还经常给自己开小灶一起练琴，他们可以把音乐拉得非常“难听”，也可以把音乐变奏成自己的小调。

我确信一件事：我为小Sean找了一个对的“组织”。在100人的乐团里，孩子看到了许多令他崇拜的大哥哥大姐姐，同时又有一个可以一起搞怪的“小搭档”。小Sean如鱼得水，开心自在。他说每周最开心的事情就是能听到真正的乐队演奏的音乐。试想，一个七八岁的孩子，尽管他喜爱音乐，但让他一个人独自与老师一对一地学琴1小时，再每天按规定自己练习1～2小时，其间没有他崇拜的哥哥姐姐，没有演出时的激动，也没有聆听乐队奏出各声部的美妙旋律，孩子基本是在孤独地练一份技术活儿。虽然孩子离音乐很近，但离音乐带来的乐趣却很远，那么，他能坚持多久呢?

转眼寒假快到了，小Sean自己找到S老师询问：“我什么时候可以晋级到小提琴二部？”当时他在乐队最初级的第三部。S老师说：“好好练习吧，明年暑期后我们会做一次测试，如果你表现得好，就可以顺利升到小提琴二部了。”

夏天过后，Sean真的如愿以偿了。因为在暑期里，他坚持每天拉够1小时琴，用心拉、用心学，就是想达成自己心中的一个愿望——跻身乐团的小提琴二部。经过自己的努力得来的荣誉和结果，是孩子最可能坚守下去的。我看到小Sean在

NSO不仅拥有自己的乐队，还有一帮能歌善舞的孩子。他们跟着自己的“乐神”Sanderson 老师，创造出4部原创音乐剧。下图右一为剧团的创意总监凯瑟琳（Katherine），一名音乐剧专业的大二学生。

▶孩子们在英国伦敦的大街为自己的演出拉票宣传。

◀孩子们于2014年元旦假期在香港巡演。

▶一位家长抢拍下小Sean舞台表演的镜头，他声情并茂唱出了自己对音乐的热爱。

▲小Sean在为NSO录制宣传片。

乐团中的表现越来越好，每次音乐会演出，对他来说都是神圣的一天，他会自豪地穿上乐团的T恤和黑西装裤，把皮鞋擦得亮亮的，骄傲、自信地背着小提琴走出家门，走向舞台。

天下有多少琴童在孤独练琴，在默默承受家长和老师的评判，却听不到自己、听不到音乐，拉琴已变成一种对童年的惩罚。孩子从爱好音乐开始拉琴，却在不知不觉间被父母逼得走到了厌恶音乐的那一面。其实孩子厌恶的不是音乐本身，而是把音乐带进他们生活的那种不合适的“侵入式”方式。

我为小Sean发现了NSO乐团，就如为他找到了一个音乐乐园。S老师带领孩子们一起“玩”音乐，因为只有当孩子喜爱上音乐，他们才肯为音乐“献”出时间和热情，才会克服一切害怕和障碍走上舞台，展现一个全然不同的自己。

当孩子找到了自己的热爱，我们最应该为他们做的，就是去发掘能够帮助他们持续这份热爱的土壤和阳光。NSO学生乐团就如土壤，而执着的S老师就是阳光雨露，他们都是小Sean学习音乐的“第三种力量”。有了这些，孩子的音乐之路才能走得有声有色，才会对心中挚爱的音乐不离不弃。

或许，你也可以这样想想

- 孩子无论有什么兴趣，都需要伙伴，需要集体，需要聆听和被聆听。想办法为孩子找到“志同道合”的小伙伴是坚守兴趣的重要因素。
- 让孩子坚守自己的兴趣比发现兴趣更难。能坚持下来的兴趣都是因为孩子热爱，我们最需要保护的恰恰就是这份热爱，从热爱出发，护航孩子将兴趣转换到特长。
- 一个好的音乐导师不只是教给孩子如何奏出音乐，更重要的是，能激发出孩子对音乐的热爱，能带领孩子体验音乐带来的一份最普通的快乐，能教会孩子听到自己心里最不能被替代的音乐。

一张机票带来的蜕变

2008年夏天，Ian的10岁生日快到了，我在思索该如何为Ian记录下他人生的第一个10年。

先把时间倒回2007年的夏末，我们一家从纽约搬到上海。两个孩子虽然都很适应新的学校和生活，但也很想念纽约的朋友，尤其是Ian。记得我曾与杨澜有过一次谈话，关于搬家对孩子们的影响。她是这么对我说的，其实孩子不怕搬家，只是父母要让孩子能与老朋友保持联系，同时又能帮助他们交上新朋友。一席话瞬间打通了我纠结的神经，我从心底里佩服这位用智慧去爱孩子的妈妈。

所以在此后的几年，我尽量会在学校放寒暑假时，尤其是利用3～4月的长春假（spring break）带两个孩子回纽约小住几周。我不希望突然把他们“移植”到一个新的地方，然后再迫使他们切断对以往的记忆。我的设想是，让他们的人生从幼年时就能拥有多文化、多地域和多朋友的经历。2008年的春假来得有点儿晚，正好遇上复活节（Easter），纽约的学校全部放假，Ian如果不在纽约多留一星期就见不到老师和小伙伴。可如果延迟回上海，Ian又会耽误一星期的课。对此，我犹豫不决，拿不定主意做什么决定才是正确的。于是，我打电话给Ian的美国奶奶瑞吉娜向她讨教。可爱的老太太装着完全没有听懂我的问题，却直截了当地对我说：“Jane，真高兴你做出了一个这么好的决定。让我告诉你，Ian不会因为少上一星期的课而失去成为小天才的可能。但如果他能在纽约多留一个星期，他会从朋友那里得到很多意想不到的东西。”

我扳起手指计算：假如在纽约多留一星期，Ian会少上5个整天的课，外加5堂中文课，缺席一次学校乐队排练，一次钢琴课，一场球赛，少做5天的作业……

这些都是看得见的缺失，那他在纽约可能会得到什么呢？

我决定与Ian做一次讨论，审视一下用“翘课”换来的这一星期对他会有多么珍贵。我们一起列出了每日行程，其中包括：去纽约最大的书店Barns Noble挑选他向往已久的《遗传三部曲》（*Inheritance Cycle*）系列小说，去纽约自然博物馆看最新的地球气候演变展览，准备去纽约的母校做演讲的PPT内容，为正在学中文的老同学们上一堂中文课，带弟弟去中央公园骑马，给复活节绘制漂亮的鸡蛋，邀请各路小朋友来家过夜聚会（sleep-over）……结果是，Ian在“翘课”的一星期中很忙很累，为朋友们做了很多事，同时把自己的记忆装得满满的，过了很久他都忘不了这个星期，忘不了他少年时代的纽约小伙伴。

回到对于Ian10岁生日礼物的思考。庆贺Ian10岁生日，到底什么礼物好呢？可以肯定的是，我不想把“10岁礼”浪费在玩具、聚餐和游戏里，也不想草草地敷衍了事。在纽约“翘课”的一星期换来的丰富和美好在我的脑海中跳了出来，还有瑞吉娜奶奶曾对我说过的话，于是一个大胆的想法产生了。我想把“翘课”一星期的时间拉长，变成一个暑期那么长，这样 Ian不仅可以独立策划他的暑期活动，还可以与瑞吉娜奶奶和卡箩尔一家多待一些时间，这两个家庭是Ian儿时最亲近、最想念的延伸家庭。

我立即与先生商量我的“宏伟”计划，先生赞不绝口，他也觉得这是一次绝好的机会，让Ian永远记得他生命中的“10岁礼”。打定主意后，我选在晚上吃饭时对Ian宣布：“Ian，妈妈和爸爸想送给你一个特别的10岁生日礼物，一张飞往纽约的机票。”Ian满不在乎地回答：“好呀，我们什么时候走？”我告诉他这次只有一张机票，他必须一个人坐飞机去纽约，在瑞吉娜奶奶和卡箩尔家轮流住上3星期。他愣住了，我知道他很想去和奥斯汀玩，但正在为独自一人坐飞机而担心。

这时我补了一句：“Ian，你可以考虑一下，如果觉得不愿意也可以不去，留在上海和我们一起过暑假。”没想到，Ian突然非常坚决地回答我：“妈妈，我想好了，我去！我自己飞！”

就这样，我们母子俩在一个风雨交加的下午来到了上海浦东国际机场，我望着Ian小小的背影跟在一位地勤人员的身后，没有回头看我一眼，就急急地走了。16个小时之后我接到了从纽约打来的电话，Ian在电话那头淡定地告诉我一切安好，还说自己很喜欢一个人飞行，因为“时间都是我的”，他特别加了这么一句话。我当时没有太听懂这句话的含义，直到2015年10月的最后一个周末，当我读到他报考纽约大学电影学院的一篇创意作文时，才恍然大悟，原来那14个小时的飞行对当时的Ian来说是很长很长的……

Ian在创意作文里讲述了一个10岁孩子自己第一次“独”闯天下的内心世界。Ian把登机牌当作自己的护身符，始终牢牢地攥在手中，连地勤人员为他办理登机服务时他都不肯松手。因为他曾听爸爸讲过一个故事，一个年轻人因为丢了登机牌而误乘了错误的航班，以为自己飞去伦敦却发现降落在莫斯科，从此这位年轻人再也没能回到伦敦的家，而是被滞留在异国他乡成了一个清洁工人。Ian用了一个小故事生动无比地刻画出当时他在经历人生第一次独自离家时的害怕、担忧和无助。很快，他的笔锋转向了黑沉沉的机舱，他想找一位乘务员帮他打开头顶的行李箱，找出他的好伙伴——一只陪了他10年的布老虎。可是他看不到乘务员的身影，所有的大人都在打鼾深睡中，在幽暗的灯光下他们犹如卡通片里的“吸血鬼”。他开始趴在地上爬行，看见一条条腿交叉在自己的头顶就像一条矮矮的地道，随时都会塌陷下来……他终于爬到了长长的走廊的尽头，在红色的幕帘后看到一位乘务员，于是喊了一声：“请帮帮我……”在文章的结尾，Ian用了首尾呼应的手法来结束他的故事。飞机降落后，他跟在一位地勤人员的身后走出登机口，不过他变得目光坚定，再没有登机时的那般犹豫。当地勤人员问他：“孩子，你一个人飞过来，害怕吗？”Ian耸耸肩，轻松地回答：“哼，哪里会怕啊！”

我眼前快速地闪过了送Ian上飞机前的一幕幕，那时我并不能确定这张一人独飞的机票将会带给他什么样的“世界”。当然，我也担心过Ian可能会害怕，会碰到自己解决不了的问题。事后他也没有详细告诉我他是怎么把害怕变成了好奇，把困难变成了挑战，直到8年后他千挑万选地决定拿这段10岁时的飞行经历来创作报考电影大学的最重要的一篇作文时，我这才明白原来这个“10岁礼”是一个无价之宝！

一个人独飞的经历不只是简单地让一个男孩尝试了独立，更成为一个年轻的生命对自我成长的一份独一无二的记忆和反思。2015年12月16日清晨，当Ian在越洋电话那头告诉我：“妈，我被纽约大学电影学院录取了！”我的眼泪止不住地流淌了下来。这不仅肯定了Ian的创作实力，更证明8年前我们大胆地让他独自飞行去纽约的决定完全没有做错。

Ian人生第一次的独自飞行被深刻地留在了他和我们的记忆里，就像一颗种子不经意地掉落在泥土里，有一天它发芽了，竟然长出枝叶，还可能会久久地生长下去，长成一棵参天大树。

为此，我不能忘记这张机票带给我们的所有，它的确是塑造孩子成长的一股值得一辈子纪念的“第三种力量”。

或许，你也可以这样想想

◆生活里的许多小事都可能成为孩子生命中的某个转折点，所以让孩子体验的角色越多，他的情感就会越丰富，阅历也会随之变得越来越厚实，最后这一切都会混合“发酵”，酿出一缸完全出乎意料的好酒。

◆相信孩子是需要慢养的，因为人生无法速成；相信孩子是有自身成长轨道的，所以我们的一切努力和付出只能成为环境而不是内因；相信孩子所拥有的自己的力量，所以我们只能顺应而不能强迫。

◆孩子亲眼看到的和亲身体验到的将比父母的谆谆教诲来得更直接，更易接受。作为父母，我们能做好的就是为他们发现众多的“第三种力量”，让孩子们去拥抱、体验、感受、感悟，直到发生蜕变。

全章总结

这一章写得很慢，因为在我的脑海里，时间整整走了18年；这一章写得很感性，因为这一章出现的人都是我身边熟悉的孩子和朋友，我被12个故事中的每个主角感动了一遍又一遍。可以看到，父母最大的心愿就是想要孩子进步，想让孩子成功，想帮助孩子心想事成，但要达成这个心愿却必须走过非常艰难的“万里长征”。在Ian周岁后，我与“第三种力量”不期而遇，但真正认识到这份力量的神奇，并品尝到它为我们家庭带来的惊喜成果却花了17年的光阴。走到今天，我真正理解到：亲子教育不是抓得紧就对，也不是放了手就会有效果，更不是给予了知识就完成孩子的教育任务。巧用“第三种力量”既是一种态度又是一门技术活儿，因为他们或它们就在我们身边，时时都会出现，但能否成功借力“第三种力量”依靠的就是父母的开放心态和育儿智慧了。

2009年，小Sean第一次去三亚，看到了人生的第一次彩虹。回家后在雷艺术工作室的大姐姐指导下，创作出这幅包含赤、橙、黄、绿、青、蓝、紫的彩虹桥。孩子收进心中的必会用一份惊喜表现出来。

我喜欢在周末约上儿子们的小伙伴一起在家里『玩』，我们做过各式各样的饼：比萨、鲜肉月饼、酥饼和圣诞饼干……这些不只是记忆，更是情怀！

第三章

CHAPTER 3

闲暇里有真教育

古希腊哲学家柏拉图（*Plato*）曾说过：“*Life must be lived as play*。”这样只有6个词的短句，从2000多年前穿越时空来到今天，寓意万千。可以是，不玩即不生活；也可以是，会玩才会生活；还可以是，人生必须且玩且生活……无论怎么翻译，怎么诠释，古希腊的哲人早已看清“玩”所包含的巨大力量，并为我们明确指出：人在幼年和青少年时期所接触到的事物，对其成长和成人有着永久的、不可磨灭的影响和作用。“玩”是闲暇状态的一项重要职能。

第三章将聚焦在“闲暇教育”上，它是第二章“成就孩子的‘第三种力量’”的延续，因为闲暇活动本身具有强大的自我教育和自我觉醒的意义，它正是一股引导孩子自我改变的“第三种力量”。我之所以把闲暇另立一章来表述，是因为闲暇所带来的教育意义不仅巨大而且细密，不仅深远而且深入。我提倡学龄前儿童每天拥有自己可以支配的、纯粹的玩的时间，如果能有小伙伴一起玩则更好；到了学龄儿童和青少年阶段，玩的另一个功能就是把学习从课堂教育延伸到现实生活里去，让孩子可以真实地触摸世界，在触摸中玩出精彩、玩出理想、玩出自己的追求。这就是闲暇教育带给孩子们的成长，带给孩子们一个更好的自己。

闲暇也是一种教育

闲暇教育（leisure education）的雏形产生于19世纪90年代的美国，那时的学校，包括大学在内的管理层开始讨论并尝试在校园内开展课余活动，以加强学校内的学生社区建立和鼓励学生们开展社会化的交往。1918年，美国初中教育改革委员会[1]正式发布了《初中教育的基本法则》（*The Cardinal Principles of Secondary Education*），其中指出"闲暇是值得推展的"。但在当时人们的普遍认知中，闲暇还是被定义为人生众多追求中的一项次重要的活动，即第二等级的，是对工作与学习的一种补充，不具有自己存在的独立价值和意义。

到了1966年，美国学者查尔斯·布莱特比尔先生（Charles Brightbill）提出了一个全新的闲暇概念，即教育的最重要责任是为一个人的健康（身）、心理（心）和社会交往提供有益而丰富的闲暇修养。[2]布莱特·比尔先生也因此成为美国历史上最早提出闲暇教育的学者之一，他还在1961年这样说过："当我们讲到……闲暇教育时，我们想到的是帮助所有的人建立起各种鉴赏力、兴趣和技能，提供机会让大家从闲暇生活中得益。"[3]

在这样的历史背景下，闲暇教育于20世纪70年代在美国开始流行，然后风靡

---

1 The Commission on the Reorganization of Secondary School Education of the National Educational Association

2 The most important responsibility of education is to ensure adequate provision of recreative leisure for health purposes as well as for the sake of its psychological and social benefits.

3 When we speak......of education for leisure, we have in mind the process of helping all persons develop appreciations. interests, skills, and opportunities that will enable them to use their leisure in personally rewarding ways.

至其他西方国家，旨在让父母和学校利用闲暇时间去丰富孩子在课堂之外的生活，让他们在现实生活中逐步培养作为一个社会人的各种技能。比如，学会与人交往，培养对艺术人文的爱好和兴趣，通过旅行和参与实践活动来拓宽视野、丰富情感，以提高对生活的领悟力，从而使其个性得以充分而自由地发展。这样看来，闲暇教育的第一个重要职能就是对一个孩子的情商（Emotional Quotient / Intelligence，EQ）建设起到重要的推动作用。

闲暇教育的第二个重要职能，就是通过参与校内社区活动和校外的社会实践来帮助孩子接触社会、接触生活，为他们从未成年人向成年人过渡做好身心的准备，为培养一个对社会拥有良好义务感和责任感的社会人做铺垫。现在欧美国家的中小学教育中都明文规定了一门叫"Field Trip"的课。"Field"在英文中的直译可以是农田、原野、运动场等，"Field Trip"就是指走出教室，到学校之外的任何地方去体验和实践，例如郊外、工厂、农村和所居住的社区等。这个理念正是从早期的闲暇教育演化而来，对"Field"的范围进行扩展，形成了一种超越课本知识，走入生活，向生活学习的开放式教育理念。所以我把"Field Trip"翻译成生活实践课。

然而，在我的18年养育体验中，我深深体会到闲暇教育不应该只是由学校通过生活实践课来实施和完成，父母和原生家庭也是闲暇教育的重要推动者和实践者，甚至其触角比学校来得更细致，力度更大。一个重视闲暇教育的家庭，不仅能影响孩子的早期情商建设，还能帮助孩子成长为一个具有鲜明个性，拥有丰富精神内涵，具有独立思维，并对他人和社会抱有良好责任心的人。

那么，闲暇教育到底涵盖些什么项目呢？

我想从柏拉图生活的远古时代找到一些参考依据。柏拉图曾提出过一个金字塔模式的教学体系。

0～3岁：婴幼儿在育儿所里，在成人的照顾下自由地玩。

3～6岁：儿童大多在游乐场内开展故事、游戏、唱歌等各类闲暇活动。

6岁以后：儿童进入初等学校接受初级课程。在教学内容上，柏拉图接受了雅典时期以体操锻炼身体、以音乐陶冶心灵的和谐发展的模式，为儿童安排了简单的读、写、算、唱等一系列的活动。

17～20岁：青年升入国立的"埃弗比"之后，接受斯巴达式的军事体育课程，并结合军事学习“四科”，即算术、几何、天文和音乐。

20～30岁：经过严格挑选的学生继续10年的“四科”教育，着重发展青年的思维能力，懂得自然科学间的联系。

30岁以后：精选人才继续研修5年哲学等科目，到达金字塔教学的顶峰。

从以上模式可以看出，古希腊人对6岁前儿童规定的学习内容全部是可以被今天的家长称为闲暇活动或闲暇教育的；6岁以后则以知识学习、音乐熏陶和体育锻炼相结合；17岁后便是体能、军事和主要以自然学科为主的“四科”相结合。这套体系成为古希腊教学课程的主干和起源，并且支配欧洲中等与高等教育体系长达1500年之久。

从以上金字塔式的古希腊教学模式来看，闲暇活动不是玩着“混日子”，而是儿童6岁前的主要学习内容和引导儿童早期学习的有效方式。因此，闲暇教育的概念一点儿也不新鲜，可以追溯到2000多年前，那时的古人已非常了解孩子的成长需要和学习模式的科学性。反观曾经流行的应试教育模式，恰恰与此背道而驰，入学前对孩子采用“填鸭式”的强灌方式，入学后长期采用考什么学什么的应试模式，一旦进入期中或期末考试阶段，首先被牺牲停课的就是体育课和美育类的课程以及一切属于闲暇类的活动。当前，应试教育已有很大改观，但父母仅仅依靠学校的教学体系来保证孩子们的闲暇教育依然是几乎不可能的。父母和家庭必须挺身而出，把闲暇教育的理念引入我们的生活作息和周末节假日中来，为孩子补充各类成长所需的“维生素”养分。我们知道，缺乏维生素，人虽不会死，但会活得不健康，会经常生病。此理相通于养儿育女，闲暇教育就如同给孩子提供健康成长的精神维生素，是一个关乎人的身心健康的家庭教育新命题。

一般来说，闲暇包含两种玩法：一种是让孩子随意地、放养式地玩；一种是家长和孩子一起有目的、有计划地设计和安排一系列玩的活动。这两种玩法都必须存在于孩子的幼年和青少年时代，年龄小时无目的的玩法会占主要地位，因为只有让孩子自由探索和发现，才能给予他们玩的乐趣，才能刺激孩子学的好奇心和创造力。随着孩子年龄的增长，到了少年时，有目的、有计划地玩会慢慢多过无目的、无计划地玩，兴趣点会越来越清晰，朋友群越来越固定，意志越来越强烈，而能花在玩上的时间越来越少，孩子会开始有选择地玩了。

在过去的18年里，我努力通过以下3个方面来为Ian和Sean开展闲暇教育活动。

营造“软素质”基础

按照孩子的生长进程，为他们设计出每天的闲暇活动和内容。比如，按孩子不同的年龄段来选择适合他们的读、写、听、绘、游戏、体育和文娱的各项活动。通过丰富孩子的日常生活来提升他们内在的素养，扩展他们的心胸与情怀，因为我相信，心胸与情怀不是有了知识就会自然养成的，而是需要通过岁月的慢养才能逐渐获得的。另外，培养心胸和情怀能帮助孩子更好地认知自己，去发现激励自己的成长目标，学会更好地管理自己，从而为孩子成为一个全能的人营造“软”素质基础。只有这样，孩子才能经得起马拉松式人生的考验。

打下“软实力”基础

围绕孩子稳定的兴趣和特长，与孩子一起规划出一个比较长期的课余和周末的兴趣项目。通过对个人爱好的追求，发展出鲜明的人格魅力和个性，并帮助孩子建立起良好的自信心和挑战自我的能力，为培养一个具有丰富情趣和高尚精神的人打下“软”实力基础。只有这样，孩子才能以乐观的态度和积极的心态去面对生活的苦难和磨炼，才能在失败时有能力自我疗伤，然后重新出发。

建立社会责任心

围绕着孩子的自我性格和对外部世界的敏感度，为长、短假期规划出一系列有规律、有侧重的闲暇活动和内容，其最重要的目标就是带领孩子走出家庭，走出自我，去勇敢探索未知，去接触不同文化中的人、事、物，去参与各类社会化的活动。因为想要孩子成为一个拥有高度社会责任感和参与度的人，就必须先帮助他们建立起对社会和人类的一种大爱和责任心。只有这样，孩子才能散发出大智慧的领袖力量，才能立下远大志向，去改变自己，从而改变世界。

19世纪伟大的英国哲学家罗素（Bertrand Arthur William Russell）早就告诫过我们：“如一个人一生中没有充分的闲暇，就接触不到许多美好的事物。”所以，我来用一句简单的话来描述闲暇教育的内容和目标，就是尽一切可能让孩子接触到美好的事物和美好的人、高尚的思想和高尚的精神，让孩子在成长岁月里除了对学业的孜孜追求之外，还有情感、兴趣、友谊存在；除了自我奋斗和自我实现之外，还拥有对他人、对社会、对环境、对未来的一份大情怀和责任心。

巧用课余时光，孕育出孩子学的快乐

让孩子感受生活的快乐和学习的意义是很重要的，否则他们没有内心的动力来行动，没有内心的温度来热爱。

记得Ian回到上海的第三个暑假过完就到了初一。在开学典礼上，学校宣布对初一新生增加一个考核新项目叫“CAS”，即creativity、action、service，也就是鼓励孩子们参与到这3个课余项目中去：创意项目、行动（含体育）项目和校内外社区服务。学校还把学业的考评与课余活动挂钩，规定在期末学业总评分时学生必须至少完成30小时的CAS活动。如果未达到30小时的CAS活动，那么其成绩总分会被相应减分，而超过时间亦可加分。这说明学校鼓励孩子们重视综合情商能力的培养，重视参与身边正在发生的社会活动中去。

于是，Ian和我开始认真地规划起他的课余活动时间表来。

创意部分，Ian选择每周末固定去参加打击乐训练班。他是学校乐队的鼓手，但因为是打击乐初学者，他很希望能用最快的速度提高打击乐的水准，不给学校乐队拖后腿。此外，Ian爱好视觉艺术，这份热爱从他小时候热衷涂鸦时就显现出来了。所以，我们决定在长周末或短期的节假日里集中报读一些素描课。他还很喜欢书法，曾经跟着外婆自学中国国画。记得他画过一对中国熊猫和一只报晓的公鸡，在回到纽约母校看望老朋友时他把熊猫送给了伊娃校长，把公鸡送给了中文班的老师，至今这对可爱的熊猫还挂在校长的办公室里，那只昂首挺立的雄鸡成了中文老师讲课的主题“一唱雄鸡天下白”。这些小事使得Ian对自己回到中国后所得到的点滴收获感到非常自豪。在9岁至14岁这5年的成长岁月里，他接触到了全新的文化环境、语言环境和社交环境，他的思想变得活跃起

Ian跟着外婆学国画，祖孙俩常常相随相伴。

来，眼界也从一个纽约的小街区扩展到了一个大中国。他爱上了创意写作，曾报名去了两次创意写作夏令营，这与他大量、自由地阅读闲书和不断地遇到新鲜的人、事、物有非常大的关系。

在行动和体育方面，Ian和我约定每周日风雨无阻地在户外或室内球场打两小时的网球，我把这个活动固定成我们母子俩的亲子活动。我体会到，周末应该是家庭一起做事的时间，但看电影、吃饭只能是轻娱乐的环节。我们家每个周末的固定活动里必须有体育，爸爸喜欢游泳，于是小Sean经常和爸爸一起游泳。而我喜欢网球，所以我和Ian的打网球活动坚持了4年，直到2012年Ian回美国上高中才终止。2011年，Ian还发现了击剑的魅力，我则顺理成章地成为他所在击剑队的啦啦队队长。体育带给我们母子的远不止单纯的健康理念和健康身体。然而，我们中国很多父母最容易放弃和牺牲的就是运动，因为相对短期的学业来说，运动能带来的长期效应并不立即显现，于是也就变得不重要了。其实，体育给孩子人生带来的东西远远超过身体的健康。

Ian从小热爱足球，这是因为从他3岁起，每周六我都会带着他去纽约的切尔西码头体育馆参加幼儿足球班。记得当时一群三四岁的孩子还不会互相协作，只是各自忙乱地追着滚动的球全场乱跑，以此来消耗用不完的体力和精力。我看着那位有经验的少儿足球教练不紧不慢地花了整整一年的时间带领小家伙们学习协作。训练从学习传球开始，当时的规定是，每个孩子找一位小伙伴作为自己的搭档，两个人一组开始练习互相传球。小组间的比赛规则是，两个小搭档面对面站立，相距五六米，一方发球后对方需要接住球，然后再把球踢回来，只有当发球方准确无误地接到球才算完成一个回合，哪个小组完成的回合最多就算赢。渐渐地，孩子们体会到一个道理：我跑得再快也不能赢，只有和自己的搭档一起协作好了才能赢。 在每次训练结束前的20分钟，教练会把小家伙们集合起来分成两个小队，让他们进行对抗式比赛。巧妙的是，他会让孩子们轮流担任一次守门员。有的孩子天生喜欢被“突袭”，看着突然出现在自己眼前快速滚动的足球高兴得手舞足蹈；有的孩子却完全无法应付突发性事件，面对射过来的球束手无策。刚开始只要守门员失球，队员们就会集体大声责怪他的“无能”，但慢慢地，当轮到自己守门时，便开始体会到原来守门不是那么简单的，更不是一个人可以包揽全局的，门的防守工作是需要大家一起来担当的。

逐渐地，教练开始为大家选择各自在球队里的不同 “角色”了，谁担当前锋、后卫，谁担当守门员……终于，孩子们开始明白每个人都有强项、弱点，而踢球不是单纯看谁跑得多快、谁会出多少招，主要是看谁能在球场上把自己的情绪管理得更好，与小伙伴的协作更紧密。其实这正是情商教育的一个重要元素——知己知彼，互相协作。

在Ian3岁至9岁的6年中，我亲历了足球教练通过足球培养孩子们理智处事、冷静判断、关注他人和共同承担一份责任，这是我领略闲暇教育魅力的开始。从此，我深深地相信体育是孩子身心成长最重要的一项闲暇活动。没有运动孩子不但身体会生病，精神也会出现问题，性格更容易受到不可逆转的负面影响。因此，我一直鼓励Ian能够在小学的课余时间继续参加足球队。

在社区服务方面，Ian每周六会去一个启蒙孩子美术和绘画的雷艺术工作室当小志愿者。教孩子们画画的张雷老师有一个新的观念，就是幼儿学画先培养兴趣的表达和色彩的运用，也就是说先不学素描，让孩子用最自然的方法把自己喜欢的场景或物件用颜色表现出来，而每个孩子都将在一个读高中的大哥哥或大姐姐的辅导下来完成画作。一般情况下，Ian会在周六上午为前来学画的孩子们义务做小助教，下午在工作室的一位大姐姐的带领下编写雷艺术工作室自创的月刊。

上左图：Ian用中文写的小短文，讲述自己做《雷画报》小助教的开心经历和性格变化。

上右图：爸爸的生日到了，我们全家在雷艺术工作室悄悄地创作了一幅生肖全家福献给爸爸。刊物上还有殷子昊（Dylan）一家的创意绘画。殷子昊创造的“安睡之星”的故事详见96～97页。

下左图：Ian为雷艺术工作室创作的“英语园地”。雷工作室坐落在上海创意园区红坊，它成了我们家孩子周末必去的地方。

由于Ian中英文都很好，他为月刊创作了一个新栏目叫“英文园地”，同时还学会了电脑排版。2009年的圣诞节，Ian用才学了两年半的中文为栏目写了以下感言：

> 大家好，我是Lei Art Studio的新助教。
>
> 开始在这里画画的时候，我感觉比较有意思。
>
> Lei Art Studio是我爸爸先发现的，后来我和弟弟谭响都来到这里学画。第一次来的时候，我尽管色彩、素描都是学过的，可那天就是画不好。这让我有些着急，我一边画一边想：“为什么其他人画得都很好，我却怎么也画不好？”慢慢地，在张老师的指导下，我画画有了进步。现在不一样了，我不会像以前很着急，很脆弱了。我现在不光是自己画得好，还经常帮其他小朋友指出“哎呀，画错了，那里应该这样画……”，所以就请张老师收我做Lei Art Studio助教。
>
> 现在我每周还参加Lei画报的制作，在学员的生日派对上做各种各样的事，让我胆子从像兔子一样小变成老虎一样大。我每个周末都和其他助教一起吃午饭，相互成了好朋友，大家都对我很好。我在Lei Art Studio唯一不开心的时候就是回家的时间到了，这里真的太好玩了！
>
> 最近我在Lei Art Studio负责画报英文版面的制作，学到很多新的电脑技术，我把这些技术用在学校，取得了非常好的成绩。我们都知道圣诞节快到了，这一期的主题就是圣诞节！Merry Christmas！

很快到了初一的期末，Ian的CAS项目简直是满堂彩，他的课余活动竟然达到了200小时，远远超出学校要求的30小时。再细读Ian的小文，我发现初一这一年里，他的每个周六都过得充实、快乐，既照顾到自己的兴趣与爱好，又帮助了别的小同学。通过创意、体育和社区的各项活动，Ian的生活中出现了一些比拼分数更吸引他的人、事、物。

首先，Ian交到了新朋友，其中有同龄人或高中的大姐姐和大哥哥，要知道让孩子感受到被他人需要是一件何等重要的事。在雷艺术工作室里，Ian开始品尝到帮助他人而得到的快乐，这种满足让他发现了自我的价值和存在的意义。同时，

Ian也看到了自己的优势和长处，他小小的心中开始萌生出自信心，一旦有了这份自信，他便开始由内而外地产生学习和追求的原动力。所以，整个初中阶段对Ian来说，实在是他年少人生中一段最阳光、最快乐的岁月。

其次，因为课余和校外活动增加，Ian必须对自己的时间分配进行管理，这也是他个人管理方面最弱的一个环节。但我发现了一个很重要的现象，那就是他会遗忘或晚交作业，但从来不会忘了去乐队排练，去球队报到，以及周六早上10点赶到雷艺术工作室做助教。我明白，这就是孩子对他人和集体所担负的一份责任心。有了这个叫责任心的东西之后，孩子的行为开始发生改变，因为他最不愿意看到自己成为别人的麻烦，所以对自己有了一份管理和约束，这就是集体活动带给孩子的最大收获。

第三，由于不断与他人协作，Ian的沟通能力和交友能力都有长进，他的生活变得越来越生机勃勃。在他的小小世界里，丰富多彩的活动从家庭延伸到学校，再从教室延伸到操场、舞台、画室。他看起来就像一头快乐的小鹿，奔奔跳跳，跌跌撞撞，但心中充满了对新事物的憧憬和期望，这就是孩子最需要拥有的一份存在的快乐感。心中有了奔头，少年也会生出大志向，让孩子做自己，他们才会对自己的未来进行筹划，充满期待。

哈佛大学曾做过的一项幸福能力研究显示，孩子在8岁时就已经具有能力为有价值和有意义的人生感到雀跃高兴。我想，少年Ian和我一起做过的那些美好的活动让他爱上艺术，养成运动的习惯，对朋友和集体抱有极高的诚信和热情，对贡献社会有着宗教般的信仰，这些美好的习惯和品质随着岁月流进了他的血液之中。现在让我追忆不尽的是我们母子俩一起度过的无数个下午、周末、节假日，我在Ian的心中埋下了一颗颗美好的 “种子”，它们正在发芽、开花、结果。在此，我特别要感谢张雷老师和雷艺术工作室为孩子们提供的心灵和美的成长园地，张雷老师不仅在教画画，还在鼓励孩子成为更美好、更快乐的自己。

慢养，才能“浸泡”出孩子的高情商

闲暇教育的一个主要职能就是提升孩子的情商，即EQ，也可以翻译成情绪智力。乍一听到“情绪智力”4个字时，可能会觉得有点儿空洞高深，但如果把情商所管辖的主要领域一一展开来看一下，就会明白为何在孩子年幼的时候关注他们的情商建设是那么重要。

EQ这两个缩写的字母虽短，读起来却很有力，它管理着一个人极其重要的两种大能力：自我情绪控制能力和与他人的社会交往能力。我之所以称这两种能力“大”，是因为它们对孩子的身心发展极其关键。只要孩子离开父母和家庭进入到任何一个小集体，这两项能力就会发生奇妙的作用，让每个孩子“原形毕露”，立马变得与别的孩子不一样。与此同时，孩子还会开始体会自己与别人不同所带来的感受，可能是愉悦的，也可能是不舒服的，由此产生出自信或自卑、自强或自暴自弃等截然相反的自我态度。还记得我在本章第二节中写到的少年足球队吧，他们就是一群3～6岁的孩子通过踢球学会了自控和互相协作：从一开始输了球就互相叫骂，逐渐转变到可以自我控制情绪、不再互相责怪；从不守规矩、满场乱跑地追球，逐渐转变到可以得心应手地在球队里扮演属于自己的角色，无论是前锋还是后卫。在教练的带领下，孩子们还学会了思辨：没有一场球赛可以缺少哪一个伙伴队员，也没有一场球赛可以仅仅依靠哪一个人的优势取得胜利。在我看来，这个少年足球队就是启蒙孩子早期情商意识的最好范例之一，它让孩子们逐步明白以下5项最重要的认知领域。

自我认识。让孩子了解自身的优点和弱点，读懂自己的感情和需要，明白自己的理想和目标。比如Ian总是对我抱怨，说他没办法做好前锋，因为他虽然跑步

Ian在纽约时爱上了少年足球，来到上海后仍继续参加周末足球俱乐部。体育是他小小生命里的推动力。

很快，但实在不喜欢在“冲突”之中去抢别人的球，所以他不喜欢担任前锋，而更喜欢做防守的角色。

自我管理。让孩子了解和掌控自我情绪的管理很不容易，这需要教会他们思考先于行动的宝贵能力，而这份能力需要很长的试错过程才能沉淀，逐渐趋向稳定。足球队最基础的训练是从两个孩子互相传球开始的，当时没有一个孩子能控制好球的走向和速度，于是乎双方总是会互相责怪，甚至打骂，还会发誓再也不要对方做自己的搭档了。其实，就是在这种看似混乱而失控的环境里，孩子对情绪自控开始了漫长的思考和练习。

自我激励。让孩子拥有为之努力的大目标或小目标，以及长远目标或短期目标，这些目标不受钱财或物质的吸引或左右，而应该来自内心的动力。为了达成目标，孩子还需要具有上进心、进取心和毅力。踢球是这群孩子与生俱来的兴趣，他们在球场上想赢也是人性里自然向上的力量体现，但如果我们一开始就拿蛋糕、玩具来“诱导”孩子苦练踢球的技艺，并让他们知道赢了就有奖励，那么在他们心里想要得到享受的欲望一定超越内心自然向上的力量，慢慢地我们会发现这样的现实：坚持踢球的孩子都是因为心中有足球，而不是心中有蛋糕和玩具；放弃踢球的孩子都是因为不能自我坚持，不能自我激励。

同理心。让孩子拥有对他人、对环境抱有高敏感度的胸怀，这样的孩子善于听到他人的意见，照顾他人的情绪，感受他人的感受。在球队里，人缘最好的就是那个善于感受他人喜怒哀乐的孩子，假以时日他可能会成为球队队长，成为这个小集体的一个坚实的凝聚力。

社交能力。让孩子拥有良好的人际关系不是一件小事，而是一件对他毕生幸福具有重大影响的大事。我们可以把任何一份工作或一个小家庭看作一个团队，团队内部最需要的是良好的沟通，成员之间的相互协作和帮助，以及为了共同的目标而努力做出个人的贡献。一个社交能力良好的孩子与父母的沟通往往会更畅通，反之，无法处理好与父母关系的孩子在对外部世界的关系上也会表现出消极、逃避和负面。

从以上5项能力可以看出，情商几乎主宰了孩子除了学业分数之外的所有重大认知和精神。相较于不可改变、由遗传基因决定的智商来说，这5项情商能力都必须靠后天养成。

科学研究已经证明，决定一个人的成功因素主要来自情商，而非智商。

最先提出此概念的是哈佛大学心理学博士丹尼尔·戈尔曼，他曾任教于哈佛大学，研究行为与脑科学，曾四度荣获美国心理协会（APA）最高荣誉奖项。他于1995年出版惊动世人的著作《情商智力》（*EQ*），从此有了EQ这个全新的概念。1998年，戈尔曼博士又在哈佛商业评论杂志上发表了他最著名的文章，题名为："是什么造就了一个领袖？"他在文章中进一步详细介绍了他对全球188个大型跨国企业领导人所做的调研后发现的重要结果，他用以下3项指标来衡量管理者的能力：

- 纯技术能力，如会计职能，善于从财物角度管理；
- 认知能力，如分析和策划职能，善于公司发展和战略管理；
- 情商，如与他人合作的职能，善于有效领导和应对变化。

调研的结果出人意料，在助人成功的3个能力要素中，情商要比其他两项能力重要得多，因为从调研的数据看，一个拥有高情商领导人的部门，其业绩平均会比其他部门高出20%，而且公司越大、职位越高、自身越成功的管理者，其情商就越高。所以，戈尔曼博士为世人提供了一个全新的人才观念：人的智商（IQ）和某专业领域的能力（technical skills）是人成功的两个基础门槛能力，而情商才是高层次的真正稀有的能力。

戈尔曼博士还发现，不同于智商受父母遗传基因的影响，情商的高低主要是靠后天的培养。比如，每个人对情绪的认知和处理情感的能力大部分是从父母身边学来的。如果爸爸生气时会乱摔东西和打人，那么孩子长大以后也会打自己的孩子或家人；如果妈妈孤僻，不愿与人合作，那么孩子成人后也有可能会成为宅女或宅男。

可以看出，父母对孩子的人生作用可以分作"先天"与"后天"两部分。先天方面，我们通过血缘给予孩子一份决定智商的基因；后天方面，我们用环境和自身的影响继续作用于孩子的各项情商能力。

然而，即使我们的孩子在基因上"落后"了，我们也完全不需要唉声叹气地责怪孩子或自己，因为我们手上还有另一张叫"后天"的牌，我们可以用环境和时间把后天优势补上，把一个智商正常、一个学业排名中等的孩子培养成一个全能的人，他可能会成为某个领域的专业人才、管理人才，甚至领导人才。因为情商的优势可以调动一切优势来发力，而情商的弱势则会削弱所有的优势。作为父母，如果我们够智慧、够理智的话，就应该把力气使在尚能改变的后天优势上，从情商的5项能力入手来为孩子的后天优势做加法。

我曾在网上读到过一项调查分析，总结出了中国式家长的“硬伤”，而每项“硬伤”都直接损害情商所管辖的5项能力，即在为孩子做后天优势的减法。我承认这项总结写得言辞尖锐，但只有捅破了我们早已心知肚明的这层窗户纸，才能把为人父母的问题和根源揭示出来，才能在为我们自己“疗伤”的同时，“救出”我们可怜的孩子。我把这些“硬伤”按情商能力排列出来，看看它们在为孩子们的后天优势做哪些减法。

忽视整体情商能力培养

- 过分溺爱，忽视非智力因素的培养

忽视自我认识能力培养

- 心灵施暴，扼杀独立人格的树立
- 道德方面，家长和学校教育所花时间越来越少
- 性教育方面，孩子顺利成长的绊脚石

忽视自我管理能力培养

- 动辄体罚，应试教育的最好帮凶
- 生活方面，近乎泛滥的物质支持

忽视自我激励能力培养

- 物质刺激，变相拜金主义的诱导
- 事业方面，孩子沦为家长实现未泯理想的工具
- 朝令夕改，缺乏教育目标的远景性和阶段性

忽视同理心能力培养

- 精神方面，孩子是家长最熟悉的陌生人

缺乏同理心对孩子后天优势的损害已到了相当严峻的地步，因此在家中，父母利用闲暇活动来充实孩子的生活就变得极其重要。家庭式的闲暇教育可以分两个方面来开展：

帮助孩子拥有高品质的闲暇价值观

在生活中潜移默化地教孩子不简单化地把闲暇活动等同于普通休息和简单的

娱乐，比如引导孩子从小体验两种不同的快乐，从而让他们明白这两种快乐带来的不同结果：一种是阅读一本好书所带来的精神愉悦，另一种是吃一顿大餐所带来的满足口腹的快乐。还可以帮助孩子体会不同的友谊或集体活动所带来的不一样的情感收获，比如与小伙伴一起做一个以小组为单位的手工项目或小发明，体会在一起克服困难达到共同目标后所收获的个人自豪感和共同荣誉感；另一种是周末与朋友一起看场电影或打一场游戏所得到的短期快乐感。这两种快乐在孩子成长过程中都需要，而且最好的模式就是交替出现，找到两者之间的自然平衡便是我们要为孩子的情商建设所做的一项重要的工作。

拥有高品质的闲暇内容

在生活中逐渐引领孩子去发现一项或多项可以自娱自乐的爱好，比如阅读、涂鸦或音乐欣赏，这份爱好既可以充实孩子的生活，又可以成为他们人生的自我兴趣陪伴。一个没有长久兴趣的人注定是一个精神孤独、内涵枯燥的人。

在生活中陪伴孩子一起找到一项或多项擅长的运动项目，不一定是竞技式的体育项目，也可以是任何一项与大自然接触的活动，比如爬山、攀岩、骑车等。一个能够自如地运用自己身体去接触自然、开展活动的人，遇到困难时的抗压能力和自我疏解能力会较强，其性格中传递快乐和开朗的能力也会较强。运动是带给人自信的魅力和肯定的态度的最重要因素之一。

在生活中鼓励孩子去做助人的事，参与公益活动就是在拓宽孩子对周遭世界的认知和反思，一个会主动帮助他人的孩子一定会感受到帮助他人所换来的满足感和快乐感。这个自我认知的过程就是孩子道德成长中非常重要的一课，即与人为善，贡献社稷。有了助人的心愿，再收获助人后的乐趣，那么助人为乐的观念就此形成。以此类推，道德的教育就是在实践中一点一滴慢养而成的。

所以，情商优势与智商优势不同主要在于，前者的后天培养过程就是一个人的素质的慢养过程，而最有效的情商慢养就是利用好家庭的闲暇时间，规划好课余的闲暇活动，通过节假日尤其寒暑假去找到一起助力的闲暇伙伴，引导孩子走进实际生活，在真实的人际交往中体味感情、友谊和责任。

闲书、闲物，启蒙生命的情感

讲到高品质的闲暇活动，一定不能绕过阅读，因为阅读是可以贯穿孩子终身的一项可以独立进行的闲暇活动。科学研究已经证明，0～5岁时孩子脑部的发展是其一生发展最快速的阶段，尤其在情感能力的学习上，因此情商所管辖的5项能力最早在孩子0岁时就开始形成，在整个童年期逐渐成熟，随着年龄和阅历的增长而慢慢建立起一个人的各项素养和品质。当Ian和Sean在幼年时，我用书引导他们从自我认识过渡到自我激励，从丰富同理心过渡到与朋友们一起协作，用书导航，为孩子输送情感体验。在我看来，Ian和Sean在0～6岁与大多数小朋友一样，经历了身体和认知发展的四大阶段：2岁前的口欲期焦虑，2岁后的人生第一个叛逆期，3岁开始的情感敏感期，4岁开始渴望有自己的朋友。为了满足这4个不同阶段的需要，我找来了一些较有针对性的“工具”，它们或是书或是物。之所以称它们为“工具”，是因为它们能帮助孩子消除焦虑，减少内心的孤独，丰富对外部世界的感受，从而建立起自己稳定的情感，并积极向往与其他孩子交往和互动。

0～2岁：为孩子建立起安全感、信任感

孩子的身心需求。在1岁半前，孩子的语言能力还很弱，他们常常用情绪来“讲话”，比如不舒服时会大哭，开心时会大笑，不开心时就立即吵闹……这些都是孩子最典型也是最重要的几个表达方式。此阶段父母除了在生活上需要悉心照料孩子之外，更需要在心理上和精神上去读懂孩子，用合适的方法去抚慰和呵护他们，让他们在懵懂之中建立起对这个陌生世界最初的安全感和信任感。可以通过

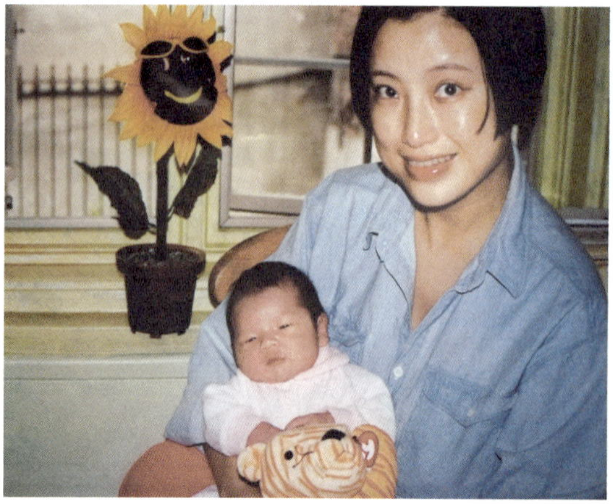

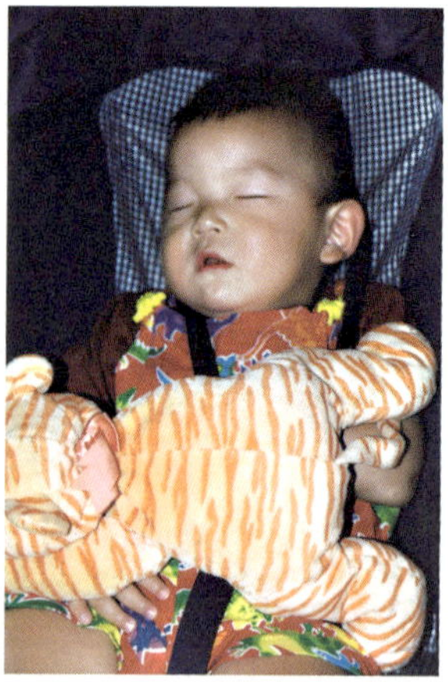

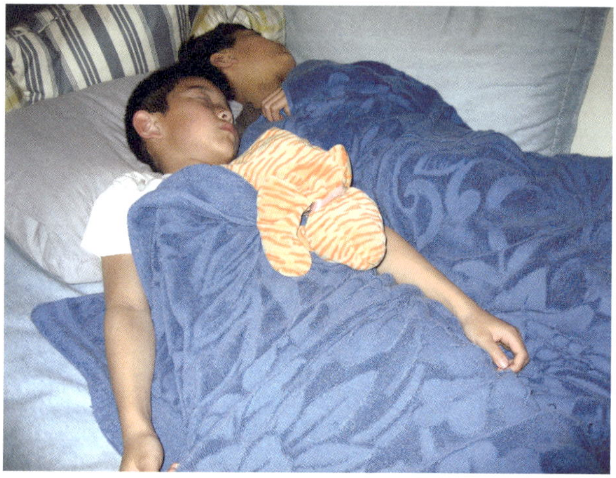

上左图：Ian未满月即收获了朋友送他的一只布老虎。

上右图、中图：从此这只布老虎与Ian形影不离，成了Ian的『至交』。

下左图：小Sean的『小熊家族』。

下右图：2013年妈妈生日那天，小Sean用锡纸手捏了一个美丽妈妈，他还让自己心爱的小熊陪着妈妈。

做各种游戏来教孩子说简单的话，为急于表达意愿、探索世界的孩子领航。

我的布书慢养法。孩子长到6个月之后，可以添置一些触摸布书让他们玩。这时孩子已经开始学习扶坐，牙齿逐渐萌出，牙龈开始发痒，再加上强烈的婴幼儿吮吸欲，他们特别喜欢吮吸手指，把任何可以塞进嘴的东西拿来啃咬吮吸。记得当年小Sean特别喜欢一本叫《谁的尾巴》的触摸布书。那时的Sean已经可以自如地抓握东西了，与其说他喜欢看书，还不如说他爱上了啃咬那些“尾巴”。布书的每一页都会介绍一种小动物，而每个动物的尾巴都会从书的各个边角里巧妙地伸展出来，小Sean很容易用手抓住“尾巴”们，牙痒时就拿这些“尾巴”来啃、嘬、撕、扯。那些小动物是用不同布料做成的，所以在触摸啃咬时会发出各种声响，啃久了之后小Sean就能根据不同的“尾巴”分辨出不同的动物，并喊出“尾巴”的颜色、名称。这些“工具”布书帮了我大忙，它们既帮助小Sean平复了口欲期的焦虑，避免产生一系列负面情绪，同时又刺激了他的触觉、听觉和视觉的发育。此外，更重要的是，孩子玩布书是早期启蒙阅读的第一步，布书既成了孩子的玩具，又是妈妈的“工具”，在妈妈的引导下孩子从触摸布书开始认识这个大千世界。

2～3岁：为孩子强化并固定他们的好情绪

从2岁开始，爸爸妈妈惊奇地发现自己一贯宠爱的小甜心变身成为倔强的小魔头。因为这个阶段孩子开始出现人生的第一个反抗期，并开始分辨“你的东西”和“我的东西”，喜欢拒绝与别人分享“我的东西”，但同时又向往“你的东西”。孩子在这个阶段还很容易兴奋，有事没事就会对爸妈发脾气，或用玩具泄愤。此外，你还会发现孩子有了一个新本领，那就是他开始学会细分情绪表达的各种度了，比如玩得开心时他会大笑，看见妈妈时则会甜甜地微笑；摔跤时会号啕大哭，想妈妈时可能会坐在角落里默默掉眼泪。这些都表明孩子对自己的情绪有了最初的认知和控制。

孩子的身心需求。除了爸爸和妈妈是他们最亲的人之外，孩子现在还没太大热情与别的孩子交朋友，也就是他们比较喜欢一个人玩。然而就是这个时候，孩子特别需要一个像自己的影子一样的玩伴来和自己做伴。他会给这个小玩伴起名字，开心时与它讲话，伤心时对它哭，害怕时抱着它给自己壮胆，生病时会觉得有小伙伴陪着就会好受许多。如果妈妈没有给孩子提供一个他看得上的小玩伴，那么你可能会发现他常常抱着妈妈的一件睡衣不放，会带着一个小枕头或小毯子在家里到处游荡，睡觉时会把它们放在鼻子前嗅个不停，有时还会自言自语地为它们讲故事，带着一起去上厕所，喂它们吃饭。别小看这个“影子玩伴”，它会帮助孩子强化和固定他们内心的好情绪，疏导化解因不安全感带来的不良情绪。

宝宝为何会依恋小玩伴？因为孩子在童年结束前会有很长一段时间需要依恋妈妈，而离开妈妈的时候他需要为自己找到一个妈妈的替代物来安慰自己，来陪伴妈妈离去后空缺出来的时间、空间和感受。除了对妈妈的依恋，孩子还有很多依恋情结，这些依恋“对象”是有规律可循的，而且也是按年龄逐渐变化：

- 恋母恋乳头情结，从出生开始至2岁前后结束。
- 口欲期爱吮吸情结，从出生开始至 3 ～ 4 岁结束。
- 手敏感期和细小物件敏感期，从孩子学会抓握开始，至 5 ～ 7 岁结束。
- 依恋安抚物情结，从出生4个月开始，至 8 ～10岁结束。

我的“闲物”布熊慢养法。在小Sean还没出生前，我专门为小Sean做了两只安抚小熊准备给他做伴。没想到小Sean不但爱上了它们，等稍微大一些后还亲自为它们取名叫“叮叮”和“咚咚”，叮叮是小熊哥哥，咚咚是小熊弟弟。因为有了叮叮和咚咚，小Sean基本没用过安抚奶嘴，从小睡觉不用陪，坐飞机不会吵。长途旅行时一定要带上自己的小旅行箱，因为他要把小熊哥哥和弟弟一并装在旅行箱里带上路。只要有了两只小熊的陪伴，小Sean的自我安全感就会倍增，负面情绪也会大减。

给我安抚小熊灵感的是18年前关于Ian的一个小插曲。有一天，我的美国朋友海瑟来看我和刚出生不久的Ian，她为我们带来了一只填充小老虎。当时我以为因为Ian属虎所以海瑟要送一个小老虎给他。未料，等Ian开始可以自己抓物时，他第一个抱着不肯放手的就是这只小老虎。记得，Ian第一次生病去看儿科医生时就一定要抱着小老虎；学习如厕时总是把小老虎放在坐便器上“过家家”，告诉小老虎到时间要上厕所了；吃饭时也经常让老虎看自己如何吃得既好又快……这只小老虎成了Ian的人生第一个小伙伴，从出生陪伴他至今，现在18岁的他还会时不时地把老虎顶在头上耍宝，好似在逗弄自己的小宠物。2016年夏天Ian高中毕业前，我问他：“现在长大了，你该如何安置小时候的玩伴？”他说：“妈妈，小老虎就是我的童年，看到它就好像看到以前的自己，我会把他放在最安全的地方。”

Sean有小熊叮叮和咚咚，Ian有小老虎，再加上这些年来他们兄弟俩各自“收养”的各种动物，我们的家庭“成员”不断增多。我们对它们始终不离不弃，因为它们承载了太多孩子们成长的记忆，并为孩子们的身心健康立下了“汗马功劳”。2015年Ian在上高三时，有次飞机托运的行李丢了，箱子里有他的全部衣物和书本，但最让他着急的是那只珍贵的小老虎。我们母子俩魂不守舍地满世界打电话追寻小老虎的踪迹，最后花了整整两个月的时间才在航空公司位于美国南部小镇的仓库里找到了那只装着小老虎的行李箱。当我们再次见到小老虎时，母子俩的眼睛都湿润了，我想Ian是因为对小老虎深厚的爱而心情激动；我呢，则是为刻在脑海里的绵长记忆动容。

安抚物不仅是简单满足孩子依恋情结的物件，用好了，还能让孩子内心安定而富足，想象美好而无界限，并因为感受到了爱而变得情绪稳定、心智平衡。

3~4岁：为孩子输送感受情感的机会

这个阶段孩子已经学会用哭以外的方式来表达自己的各种需要。比如，用尖声大叫来告诉你他很不高兴；心情恶劣会举手打人，想要你注意他的情绪；看见爸爸妈妈吵架时，会躲在一旁哭，因为他知道对他不好的事正在发生；看见妈妈情绪不好时，会贴心地安慰妈妈说：“妈妈，笑笑，笑笑！”

孩子的身心需求。开始敏感于身边正在发生的各种事情所带来的情感、情绪和气氛，但还不能理解这些事情背后的原因或跟自己到底有多大关系。这个阶段需要父母把孩子丰富且敏锐的情感引向正面的方向，在潜移默化中让孩子感受不同的因果和情感，慢慢促进其情感健康发展。

我的“各种各样”慢养法。我为小Sean找到了一套硬板立体丛书“各种各样的××”，小Sean尤其喜欢翻看其中的《各种各样的人》，因为他2岁从纽约搬来上海，然后寒暑假总会回到纽约或和一家人去世界各地旅行，所以当他在异国他乡看到的人与在中国看到的人不同时，便会提出许多疑问。最有趣的一次是，他4岁那年寒假我带他回纽约，一上美国联合航空公司的飞机他就说：“妈妈，他们也在讲纽约话，为什么他们长得和我们不一样呀？”原来他开始注意到飞机上乘务员的皮肤、举止和说话都和在上海看到的不一样，而且他管英文叫“纽约话”，因为那是他的记忆。通过这本《各种各样的人》，我们一起了解了世界上有不同的人种，他们都有自己不同的肤色、长相和语言。之后，当小Sean再回到纽约时，他一点儿也不觉得陌生，明白了人和人是有区别的。

我还经常陪着小Sean一起读《各种各样的害怕》和《各种各样的感觉》这两本书，我告诉他不同的人会有不同的“害怕”，从害怕蜘蛛、黑暗、一个人过夜，以后他去上学还会害怕被大孩子欺负等，让他提前明白“害怕”其实一点儿不可怕，只要做好准备，胆子就会越变越大。小哥儿俩有不少怕黑的趣事。Ian虽然是哥哥，但很怕黑，比如不敢自己一个人上楼去拿东西，便假装招呼弟弟一起去做件什么大事似的，指挥弟弟走在前边“开路”。而小Sean就雄赳赳、气昂昂地走在大哥哥的前面，什么也不怕似的。我想他其实很想在哥哥面前显摆，好让哥哥觉得他这个弟弟还是可以派上点儿用场的。

《各种各样的感觉》是这个系列里一本内涵较深的拉拉童书，翻看一张笑脸你可能会看到一张哭泣的脸；一张哀愁的脸背后却是一张兴高采烈的脸。慢慢地，小Sean明白了一个人会拥有许多不同的感觉，现在虽然快乐，过一会儿也许就会难过起来；上一刻是安静的，过一会儿可能就会焦躁不安起来。这像极了小Sean的脾气，他小时候很容易发怒，生气时会扔东西。我用这本书让他知道愤怒的感觉并没有错，但可以用合适的办法把内心的愤怒表达出来。愤怒也不是一成不变的，小Sean应该接受自己的感觉，然后与爸爸、妈妈还有哥哥分享这种感觉后，愤怒就会“小”下去……可贵的是，在书的最后附有一个感觉游戏，小Sean可以转动指针，在画板上找出各种各样的感觉，有愤怒、悲伤、兴奋或者嫉妒。就这样，小Sean从认识自己的感觉开始过渡到认识别人的相同和不同的感觉。这套拉拉书对于小Sean是玩具的概念多于书；对我而言，它则是教孩子感受自己情绪的最好的一本“工具书”。

4~6岁：让孩子感动于友谊的快乐

小Sean进入幼儿园后开始敏感于别人对自己的态度。他希望结交小朋友，原因很直接，就是有人可以一起玩。但如果与别的小朋友之间的关系处不好，他又会折回原地，不愿意再去找小朋友们玩。所以，这个阶段的孩子会出现两极分化的趋势：一种是趋向外向，从家庭过渡到孩子的小社会；一种是因腼腆趋向内缩。这两者都很正常，与性格和成长环境相关。但如果父母态度严苛，常责骂孩子胆小，那么孩子看到大人会躲避，看到陌生小朋友和新环境会没有安全感，致使情感饥饿，让孩子有时表现得非常黏人，有时又表现得极其孤僻。

孩子的身心需求。希望自己能与别的孩子一样开心地加入集体游戏等，但又苦于自己内心的恐惧和不安全感，所以会特别关注别的孩子的举动，同时又与他们保持距离；想独立于父母像别的孩子那样无拘无束地奔跳快跑，但心中又有些害怕和依恋。

我的故事慢养法。在这个阶段，我会为孩子们寻找主题鲜明，内容较以前更深化、更富有情感的与友谊相关的绘本、插画书等。有两本书对Ian和小Sean来说都非常特别，其中关于朋友之间美好情谊的内容让两个孩子长大后还深深地记挂着故事里的人物和遭遇。这就是故事传递的力量。

一本书是《雪人》（*The Snowman*），一部在欧美家喻户晓的童话般的漫画作品，由英国漫画作家雷蒙·布里格（Raymond Briggs）在1978年创作，后来于1982年由戴安娜·杰克森（Dianne Jackson）改编成一部动画短片，其中的音乐成为几代人心中的童年经典。故事讲述了一个小男孩白天在自家院子里堆了个雪人，晚上睡不着走到窗边竟发现雪人在黑夜里活了起来，于是他飞奔到白雪皑皑的院子，和雪人成了好朋友。男孩带着雪人在自己家里偷吃夜宵、“烤”火取暖，看父母熟睡的样子，逗得雪人大笑……后来雪人带着男孩飞越冰雪大地，来到森林深处参加雪人们的舞会。可是等到男孩一觉醒来却发现院子里的雪人融化了，地上只剩下一条他围在雪人脖子上的红围巾……男孩难过至极，不能接受雪人的离去，特别思念这位带给他快乐的雪人朋友。这本漫画书可谓陪着哥哥Ian长大，几乎每天他都会拿着这本书，要求坐在电视机前看《雪人》，听音乐悠扬中带着的淡淡悲伤。时光流转，9年后，小Sean也开始进入《雪人》的美妙世界，它催人泪下的功力不在于文字，因为全书没有一句对白；也不完全在于漫画，因为全书基本以淡淡的彩笔画来呈现男孩眼里的雪夜朦胧和心中梦幻般的游离感。然而每每看到雪人融化，男孩悲泣，音乐渐起时，小 Sean也会偷偷抹泪，我想他已经明白好朋友是珍贵而不可多得的。

另一本关于朋友的书是《彩虹鱼》（*The Rainbow Fish*），讲述身上长着彩虹般鱼鳞的彩虹鱼一直沉浸在对自己鱼鳞的自豪之中。一天，它遇到了一条小鱼想向自己讨取一片漂亮的鱼鳞，彩虹鱼却用极其傲慢的态度拒绝了这条小鱼，于是引起一些朋友的不满，也因此失去了它们的友谊。经过了许多周折，彩虹鱼终于学到一个道理——分享一片自己的漂亮鱼鳞可以同时为别人和自己带来快乐，所以彩虹鱼开始把自己的鱼鳞送给其他小伙伴。这是典型的美德教育绘本，然而教育的同时并没有让孩子觉得枯燥乏味；相反，由于精致的绘图和优美简约的故事，孩子们读了又读，喜欢得不得了。这本书让Ian和Sean在很小的时候就明白了“分享”虽然看起来是“失去”，但其实是为了自己得到更多更多。

两个孩子在学龄前我没有给他们买过什么知识性课本或课堂读物。我坚信闲书里自有一股魔力，在很多很多年以后，当孩子再次打开儿时的书时，他将看到自己的童年和崭新的今天。然而，需要注意的是，妈妈要引导孩子，否则，故事再好也只是一本“死”书；阅读时要让宝宝投入感情，不然故事再精彩也只会是一本“冷”书。

“闲书”更具有生命的感染力。

“瞎”玩，也能玩出好性格

作为爸爸妈妈的你们是不是常发现孩子爱玩一些让你基本看不懂的游戏？他们会模仿妈妈扫地，装成爸爸打电话，哄小狗入睡，为娃娃换尿布，等他们大一点儿还会扮演心中的各种崇拜或心仪的角色，如超人、蜘蛛侠、白雪公主……大家习惯俗称这是“过家家”。如果你觉得孩子这样做是在“瞎”玩，纯粹消磨时间，那么就大错特错了！你不但会错过孩子成长岁月里的各种趣事，更会因为不懂孩子的兴趣而误解了他们的行为。小时候“过家家”其实就是在“预演”一个人在未来社会中的各种角色，扮多了心中的角色，孩子会情不自禁地向角色的形象和性格靠拢。最典型的反面例子就是电视剧《虎妈猫爸》中的小女孩，一开始她与姥姥在家里玩公主游戏，把卧室装扮成公主的城堡。然而这个游戏有开始却没有结束，在姥姥的百般宠爱和万般顺从之中，小姑娘真以为自己就是公主了，她开始混淆自己在虚拟空间和现实生活中的角色，处处以公主自居，时时勒令别人为她服务。她的父母亲完全没想到，与姥姥玩的一个游戏竟然把小姑娘的性格给引歪了方向，导致她变成一个高傲冷酷、苛求他人的孩子。

“过家家”或“扮家家”其实就是孩子幻想着自己将要成为的角色，预演未来。“办”有置办或做的意思，“扮”有装扮的意思。在西方，这种游戏还有个正式的名字叫“角色扮演”。角色扮演对每个孩子的情商建设和性格养成有着重大影响，因为孩子扮多了什么，就会像什么。

那么，孩子为什么需要玩角色扮演的游戏呢？因为当他开始把自己与父母分开时，需要在自己心里建立起一个“我是谁”的形象。他们不断尝试扮演各种动物、人物、卡通形象，来寻找自我的定位，而且他们扮演的角色越多、越丰富，

每年的『鬼节』都成了我们没大没小的一天。我总是扮成女巫，成为孩子王。

他们的情感体验也就越多、越丰满。在扮演角色时，孩子还会模仿各种语言，与玩偶或小伙伴沟通，这样的玩法使孩子的语言能力得以增强，情感表达能力得到锻炼。孩子的角色扮演一般分成4个阶段：

1岁：纯粹地模仿

这个阶段的孩子最爱模仿，他会用现实物体，如抢妈妈手中的电话来模仿打电话，捧着妈妈的手机倒着“读”。尽管他们模仿得有模有样，但其实根本不理解自己的动作之间的因果关系。也就是说，他们不知道电话里边讲话的是谁，自己与谁在讲着什么。

2岁：开始物物联想

通过假想来扩展对物件的认知，比如孩子可以理所当然地把一个小木块假想成电话，然后拿在手里模仿妈妈打电话的样子。这时，小木块在现实中的意义无关紧要，它在孩子的眼里就是一个电话机。孩子这种行为表明，孩子开始具有物物联想的能力，他想象成什么就是什么。

3岁：乐于扮演各种角色

此前，孩子总是把某样东西想象成 “角色”来演，小木块就是电话机，奶瓶就是水杯等。3岁以后他开始有意识地扮演他人，比如自己扮演妈妈给娃娃喂水，把自己喜爱的布娃娃放在小推车里推着出去散步。这时，孩子在扮演他曾看到过的大人做过的动作和真实生活中的角色。

4～5岁：向往与朋友一起扮演角色

孩子开始向往与其他小朋友一起来协作扮演角色。他们会建立游戏主题，并分工扮演很多角色，到后来还会自己设计故事，发展情节，并创造出一个虚拟世界，比如“你假装是宇航员，我假装在操纵控制塔”。

那么，这么重要的事为何会惹得父母们不理解、不赞同，甚至阻止呢？

首先，有的父母不懂孩子自说自话地在嘀咕些什么，会指责宝宝浪费时间：“我觉得这些无意义的事少做！”然后逼孩子去看绘本、学写字、练习记英文单词等，因为在父母眼里，学习知识才是“有意义”的好事。

其次，有的父母因为男宝宝喜欢抱小熊、小鹿和娃娃，或女宝宝喜欢玩男孩打打杀杀的游戏，便感觉心里困惑无底：“我真搞不懂我家孩子到底是男孩还是女孩！”有的祖辈甚至会强行阻止孩子玩这些不符合性别的玩具和游戏。

最后，有的父母陪伴孩子做游戏时心不在焉，认为那些都是“小儿科”的把戏：“我实在觉得孩子玩的事好无聊！”于是对孩子敷衍了事。我还听到一位朋友的先生因为喜欢打游戏，当轮到他周末陪孩子时，他居然提出一起打游戏机，于是父子二人宅在家打了一整天游戏。

这些父母这么做，除了对孩子闲暇活动的潜移默化的教育意义不甚了然之外，更因为不明白父母为何应该与孩子一起玩角色扮演的游戏。下面我就总结几点重要的理由。

第一，孩子需要父母的陪伴。孩子经常会说：“爸爸，你陪我玩个猫捉老鼠的游戏好吗？”想和父母一起玩是孩子与生俱来的本能，但大多数父母因为工作繁忙或生活压力已渐渐丢掉了童心，不知道如何与孩子一起玩。父母与孩子一起玩各种角色扮演的游戏恰恰可以重拾童心，学习如何有趣地以孩子的心态来陪伴他。

这里有两封信，一封是小Sean写给爸爸的，一封是爸爸回信写给小Sean的，从信的落笔时间可以看出他们之间的“故事”发生在1942年3月18日。原来，爸爸和小Sean正在为完成学校的一份作业做角色扮演的游戏。信里预设的角色背景是父子俩都生活在纳粹时代的德国，为了躲避纳粹，小Sean被送到了乡下，而爸爸却仍然留在纳粹管制区。

Dear Dad,

I miss you a lot and I really want to go home so we can be together. The countryside is very beautiful, I saw cows, sheeps and chickens. The only bad things are:

1. The "Bed" is uncomfortable

2. They only give us 1 loaf of bread and 1 cup of milk each day

3. The "parents" are really mean

4. We have to do HEAVY farm work

5. ETC.

I hope you recieve this letter.

Sean

亲爱的Sean：

你去了乡下，我却还在纳粹管制下……希望你要好好学习，因为未来是你们的，只有学习好，你长大才对未来有用……

我们很危险，每天都有持枪的士兵看管着我们。什么都不能做，但是可以拉小提琴给他们听……但是听完了以后，还是会有可能被他们枪毙……

但是，音乐在我们心里，它是连接遥远相隔的你、我之间的桥……爱你！

爸爸

1942年3月18日

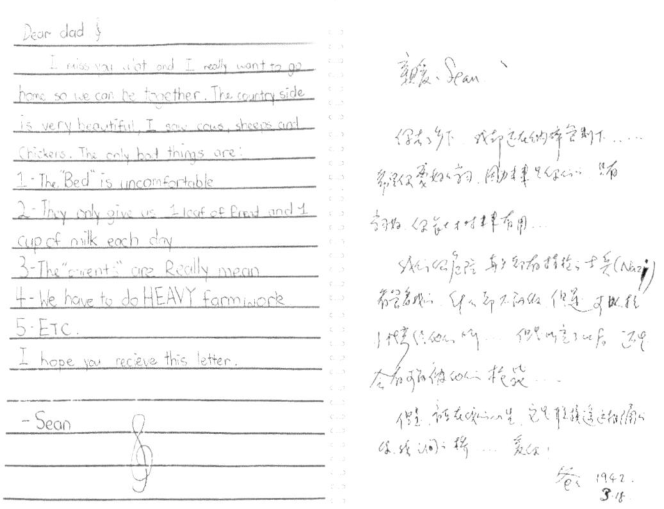
Dear dad,

I miss you a lot and I really want to go home so we can be together. The country side is very beautiful, I saw cows, sheeps and chickens. The only bad things are:

1-The "Bed" is uncomfortable

2-They only give us 1 loaf of bread and 1 cup of milk each day

3-The "parents" are Really mean

4-We have to do HEAVY farmwork

5-ETC.

I hope you recieve this letter.

-Sean

亲爱的Sean：

你去了乡下，我却还在纳粹管制下……希望你要好好学习，因为未来是你们的，只有学习好，你长大才对未来有用……

我们很危险，每天都有持枪的士兵(Nazi)看管着我们。什么都不能做，但是可以拉小提琴给他们听……但是听完了以后，还是会有可能被他们枪毙……

但是，音乐在我们心里，它是连接遥远相隔的你、我之间的桥……爱你！

爸爸 1942.3.18

小Sean与爸爸用书信的方式进行角色扮演式的对话。

第二，孩子渴望父母与他一起玩是因为想得到父母对他的认同。仔细观察一下就知道，孩子在玩的时候会很在意父母对自己扮演角色的反应，因为他们想得到赞美和认同，只有一起玩得精彩，孩子才会从心中感到被父母接受和深爱。小Sean带着爸爸的回信去学校时，心中充满了自豪，因为爸爸不仅给他回信了，还按照游戏的“暗语”与自己对上了“频道”。而爸爸呢，聪明地借着角色游戏来画龙点睛地对小Sean倾诉了一番父子俩对音乐的共同爱好，这就是爸爸在无声之处送给Sean的认同和赞美。

第三，孩子需要学习与他人沟通的方式。没有人天生就会准确表达自己喜怒哀乐的感受，而通过角色扮演，父母可以引导孩子学习用较正式的语言说出自己的情绪和想法，包括让他快乐的、悲伤的或愤怒的原因。父母也可以趁机把一些心理关键词引荐给孩子，如“我不发脾气”“我不睡懒觉”“我爱妈妈”等。

最近我有幸看到了著名心理学者、少儿情商教育专家张怡筠博士创作和设计的情商成长玩具系列，觉得非常符合角色扮演的概念。其中有一个名为“不生气”的盒子，专给4～5岁孩子在情绪失控时和妈妈一起玩“开心捉迷藏”游戏，道具是小火龙眼罩和不生气魔法棒等，通过游戏让家长帮助孩子说出自己的愤怒情绪，并暗示自己“不生气”。张博士还设计了一句口号“不生气，不生气，1234567”，我把它称作“不生气魔咒”。当孩子和妈妈边喊魔咒边完成各自的“角色”后，孩子的不开心情绪也就慢慢安定下来了。这个魔咒也可以被借用到现实生活中来，一旦孩子开始发脾气，妈妈就可以拉着孩子一起玩“开心捉迷藏”游戏，口中念念有词“不生气，不生气，1234567”。这既是游戏角色的暗示，也是一种自我情绪控制的慢养方法。

第四，孩子在进入真正的社交场合前，他们需要预习生活。父母可以引导孩子模拟实际生活里的各种场景，预习实际生活中的不同难题，比如让孩子扮演医生为病人看病，这样可以让孩子生病去医院时不怕见医生。记得我在小Sean刚学会走路时就为他买了一个红色医药箱，药箱中有体温计、针筒、听筒、药品和医生的胸卡。我经常和小Sean一起玩医生与病人的游戏，我戴上胸卡就是“Jane医生”，我为小Sean量体温、打针、喂药。我们就这样反反复复、乐此不疲地玩了许多个月。有一天小Sean真的病了，我让他拎着小红医药箱去医院看病，他居然没有哭闹，还拿出自己的听筒要求给医生听心肺呼吸。当然，医生笑着答应了小Sean的要求。

角色扮演存在于父母和孩子共享的每一天。夜晚，当孩子要求父母为他讲睡前故事时，可以抓住时机扮演故事里的大灰狼、小白兔或是七个小矮人……周末，当孩子请求父母让他们也加入做饭的任务中来时，父母可以分配一些孩子力所能及的“拣菜”工作给他。旅途中，父母假装让孩子当个小导游，满足一下他们的好奇心和好胜心。父母更可以趁节假日，邀请孩子的好友一起来做集体角色扮演游戏，让孩子们自己策划一个主题，自己主导和管理一场精彩的故事会、音乐会、涂鸦会、假面舞会等。我相信，孩子爱扮什么慢慢就会像什么，孩子爱演谁慢慢也就会像谁。

闲暇的时间，就是教孩子精彩生活的时间。

一部电影，道尽孩子的喜怒哀乐怕

从孩子出生到18岁离家，我们与孩子相处的时间里做得最多的就是与他们一起吃喝玩乐学。可是，尽管他们是我们生下的孩子，是我们养大的子女，随着他们年龄的增长，我们却越来越摸不清他们到底在想什么。为何他们的脸一会儿晴天一会儿雨天，情绪像过山车，瞬息万变、起伏不定？

一年暑期，Ian要求我一定要与他去看一部动画电影，他告诉我他已经看了两遍了。我一问，这部片子还有一个听起来不会立即“泄露”电影故事情节的英文名“Inside Out”。当这部动画片进入中国后，它的中文译名让我佩服得五体投地，叫《头脑特工队》。也就是说，孩子的脑子里有一个特工小分队存在，它们管辖着孩子的喜、怒、哀、乐、怕5种情绪。我们之所以看不懂孩子，是因为我们看不明白他们大脑里发生的事。我想，Ian拉我去看这部电影的目的应该有两重，除了这是一部让他喜欢和崇拜的电影之外，可能潜意识里他希望能够帮妈妈一把，让我这个对孩子心灵有极大兴趣的人也来“见识”一下孩子的大脑世界，就像电影英文原名表述的，把“大脑的内部展现出来”。

孩子的童年应该是幸福的

《头脑特工队》告诉我们，孩子的情绪是由隐藏在他们脑中的5个小人主宰的：快乐、悲伤、害怕、厌恶和愤怒。每一天，这5个小人轮番出现在孩子的生活里，一会儿“快乐”主宰着大脑，一会儿“愤怒”打败了“快乐”，于是刚才还像开心果似的孩子突然发怒大叫大闹；当“害怕”出现时，孩子会退缩到角落，启动自我保护机制；当“悲伤”唱主角时，孩子周围的一切都变成了蓝色，失去了以往的生机。这就是孩子一天里的情绪，缺一种都不完全，“面面俱到”才像顽童的性子。

不久前有个妈妈问我，是否该把她的5岁女儿送去读一所对学业和功课要求超高的市重点小学，理由是她的女儿在现在上的幼儿园里看起来太轻松、太幸福了。孩子的爸爸更认为小孩的童年不应该太容易，应该多吃点儿苦才能对未来有好处。想一想，我们家孩子他爸不也经常提醒我们母子三人：“孩子要去吃苦啊！”

我苦笑了一下，对这个妈妈说：“孩子的童年就应该是幸福的呀！”

听起来我好像在讲“宠溺”孩子，这个妈妈倒是在讲“管教”女儿。其实，我讲的这个“幸福”并不是指物质舒适、物质享受和物质宠爱可能带来的“幸福感”，而是在讲作为父母的我们巧用人、事、物为孩子建立起3个“快乐成长支撑点”：正面的情绪（快乐感）、稳定的性情（安全感）和平衡的性格（平衡感）。有了这3个快乐成长支撑点，孩子吃多少苦也会觉得幸福。相反，当孩子的情绪、性情和性格出现负面问题时，再多的物质“幸福”也会让他们觉得“苦不堪言”。因此，父母若想要孩子自觉自愿地去吃苦，就必须先从他们的情绪、性情和性格着手，只有这三者呈现出快乐、安心和平衡时，孩子才会拥有安全感和幸福感，到那时“吃苦耐劳”才会真正实现。

我们还可以这样换位思考一下，为何农村的孩子天天吃苦却不觉得苦？简单来说，因为在他们的环境里，他们与生俱来的安全感和平衡感没有被打破，他们是自得其乐地在吃“苦”，而且边吃苦边感到自由和幸福。

那么，为何我如此肯定地认为“孩子的童年就应该是幸福的呀”？

我拿电影《头脑特工队》中的粉色大象“冰棒”做例子来进行解释。“冰棒”是小女孩莱莉的儿时玩伴，英文中称“Imaginary Friend”，有点儿类似小Sean的小熊叮叮和咚咚。“冰棒”精通莱莉“想象王国”里的各种机关，在那里到处都存放着莱莉儿时的记忆。寓意深长的时刻到了：无论这个粉色大象“冰棒”是在大哭还是大笑，它眼睛里掉出来的全部都是五颜六色的糖果。在我看来，主创人员中的儿童心理学家在向我们传递一个育儿哲理：无论人的童年是奢华的还是艰辛的，是在城市还是在农村，每个童年都应该而且必须充满五颜六色的“糖果”。这些“糖果”比喻的就是孩子眼里的梦幻，孩子心中的童话，孩子脑子里的想象，孩子为自己设立的梦想。粉色大象一直在暗示我们，童年的美好不需要太多的物质，但绝对需要所有“不着边际”的糖果，这就是让孩子感受甜蜜的心灵养料。

而最悲惨的童年则意味着被大人蛮横地夺去了自由想象的空间，被知识过早地侵占了快乐的游玩时光，被物质毒药般地侵蚀了内心自然生长出来的推动力。我们的生活现实是这样的无厘头，父母一边本着让孩子“吃苦”的信念去漠视童年的情绪需要、性情培养和性格影响，一边拿着超出孩子需要的物质来淹没孩子内心的自尊、自强和自己产生的动力源。父母已经习惯简单地把读书等同于“吃苦”，而“吃苦”又变成一贴激奋孩子学习的“良药”，使得孩子模糊不清自己到底为什么而学习。事实上，在很多家庭里，孩子一点儿物质的苦都没有吃过，相反心灵和情感的枯竭却让他们的童年充满了“苦涩”的滋味。

试想一下，如果粉色大象“冰棒”生活在我们的家庭里，它的眼睛里掉出来的可能不是五颜六色的糖果，而是可以砸人的坚硬无比的石头，因为我们的孩子心里太苦了。他们非但没有吃到该吃的物质之苦，更没有尝到该尝到的精神之甜。他们对生活的“无聊”感没能让大人醒悟，原本可以开心去上学的，却被告知那是吃苦的开始；超前教育则让他们失去了自由和想象，失去了童年和童心，失去了自己激发好奇心的理由。

我们怎么可以让一个孩子去放弃童话，只为了“心”苦！

其实，真正爱上学习的孩子不会觉得读书是苦的，更无须家长百般地叫喊着去“吃苦”。而让孩子不爱读书的最大原因，就是父母和学校过早地剥夺了他们应该乐享的闲暇童年，过早地把他们送进封闭式的教学体系中，过早地让他们失去童话般的想象力。等孩子到了十几岁的少年时节，他们的内心早就阴暗一片，对学习失去了动力。有些孩子将从厌学走向厌世，从厌父母最后变成厌自己。

每个孩子都希望能对着夜空想象自己在宇宙里飞翔，都希望对着大海想象自己与海豚畅游，都希望对着沙漠把自己当作那个勇敢的小王子……这是他们刻苦学习所需要的第一项重要能力，也就是找到学习的快乐原动力。所以，为了不让孩子对学习感到无聊，孩子的童年必须拥有精神上的满足感和幸福感，眼里必须流淌出五颜六色的“糖果”，心里一定要装着大大小小的梦想。

父母们一定要明白，吃苦与爱上学习实质上并没有关系。

谁来拯救少年的情绪、性格和性情

在电影里，11岁的莱莉进入了少年叛逆期，麻烦一个接一个地来到她的身边。

莱莉的个性由5个“个性岛”（personality island）组成，分别是：友谊岛、兴趣岛（莱莉爱打冰球）、淘气岛、诚实岛和家庭岛。这5个岛曾经是莱莉过去11年的完美性格写照。可是，从她的父母决定从冰天雪地的明尼苏达州搬到暖和的旧金山的那一刻，问题开始出现。在新环境里，莱莉首先失去了原来的朋友，这让她的友谊岛坍塌了；接着她发现在新的冰球队里球也打得不顺，于是兴趣岛沉没了；搬到城里后没有户外的空地可以和爸爸打球玩耍，而且爸爸妈妈越来越忙，慢慢地，淘气岛也离开她了；最后，莱莉决定一个人“潜逃”回明尼苏达老家，为了凑钱买车票，她悄悄拿了妈妈的钱，于是诚信岛和家庭岛同时老坍塌了。

至此，小姑娘莱莉濒临少年情绪的绝境。那么，谁能拯救她的5个个性岛呢？

救莱莉的不是她的妈妈，也不是她的爸爸，更不是她的老师，而是她大脑中的那个叫“快乐”的情绪和珍藏着许多美好记忆的“核心记忆球”。

重要的话再说一遍：拯救莱莉崩塌的个性岛的是她对儿时各种快乐的记忆和她所拥有的快乐的能力。

望着坍塌的个性岛，那个叫“快乐”的情绪挺身而出，拉着叫“悲伤”的情绪大胆地闯进“记忆球迷宫”去找回莱莉丢失的“美好记忆球”。在迷路时，“快乐”和“悲伤”正好遇上了“冰棒”——可爱的眼睛里会喷糖果的粉色大象。于是他们三人结伴同行，可是不幸的是，“冰棒”与“快乐”同时掉进了“遗忘”的深渊，不过他们却发现了一个重大秘密：原来让莱莉变得愤怒和悲伤的原因是，她的快乐记忆球正在快速褪色，这说明莱莉正在慢慢地放弃自己，沉到情绪的最底部，任由“害怕”“厌恶”和“愤怒”主宰自己。这段情节揭秘了第二个育儿哲理：童年的快乐记忆才是解救少年负面情绪的根本。

为了冲出“遗忘”的深渊，粉色大象“冰棒”找来了他与莱莉小时候一起玩过的小拖车，唱起了他们儿时每天唱的歌，准备奋力冲上山顶。但几经周折，“冰棒”发现自己太重了，只有牺牲自己才能让小拖车承载“快乐”冲出深渊。在失去生命的那一刻，粉色大象对“快乐”说了一句感人的话：“替我把莱莉送到月球上去。”原来这是莱莉小的时候悄悄告诉粉色大象的梦想。

最后，“快乐”把莱莉的美好记忆球一个不缺地带回到了情绪司令部。拯救少年莱莉的三股力量就是：美好的儿时“记忆球”，一个叫“快乐”的小人，由“冰棒”代管着的梦想。而这三大力量的养成者就是父母、家庭和孩子所处的环境。

我们敢让孩子悲伤吗

在拯救莱莉的路上，单纯的“快乐”小人儿认为长得土里土气的“悲伤”完全就是个麻烦精，戴着一副难看的大镜框总是让人看着看着就伤心，就想掉泪。于是，精彩的段子时刻出现了，“快乐”拿出一支大大的白粉笔，在地上画了一个大圆圈，勒令“悲伤”走进粉笔圈里待着，并告诉“悲伤”：“你的工作就是保证所有的忧伤都待在这个圈里，不可以出来半步！”我好像看到了为人父母的我们，因为害怕孩子悲伤而画地为牢，不是束缚他们就是束缚我们自己的行为和思想。

然而，在经历了各种危难之后，“快乐”慢慢地发现，单凭她一个人的力量是救不回莱莉的“快乐记忆”的，她必须得到“悲伤”的全力协助，因为她们天生就是一对。“快乐”还发现了一个天大的秘密，她在回放莱莉的快乐记忆球时发现，有一次莱莉打冰球输掉之后哭了，还露出了忧伤的表情，这时她的父母赶到莱莉的身边，安抚她并帮助她重建信心。这个意外收获让“快乐”明白，“悲伤”是有用处的，可以让你周围的人了解你的困难，然后来帮助你。更重要的是，如果莱莉失去了悲伤的能力，那么对快乐也就没有感知了。原来我们的孩子在需要“快乐”的同时还需要“悲伤”，这样才能平衡解决自己的情绪问题。悲伤是快乐的伙伴，没了悲伤，快乐也就失去了它该有的分量。

回过头来，让我们再思考一下让孩子去读超难的学校，用“吃苦”来磨炼孩子的意志，以期望他们成为有用之人。想来想去，这个思路只是家长单一的和单向的考虑，基本忽略了对孩子情绪和性格的慢养、磨炼和呵护。在把孩子推出家门去“吃苦”以前，家长应该先帮助孩子建立起5个鲜活的个性岛：让家庭岛成为孩子安全感的中心，让兴趣岛供给孩子学习的动力，让淘气岛为孩子输送新鲜活力，让诚实岛帮助孩子养成品行，让友谊岛护航孩子少年时代的心灵成长。当孩子拥有了这5个个性岛作为感情的坚实后盾后，他们就会成为平衡发展、快乐向上的人，即使在以后的生活或学业中遇到悲伤，也会想办法去克服和逾越所有的艰难困苦。

原来，悲伤不是单一的，只要有快乐就会有悲伤，那么我们就别太担心孩子是否会“吃苦”。只要他们去经历快乐，悲伤就会来到他们身边；只要他们有足够的快乐储备，他们就有足够的能量来赢过悲伤。

作为母亲，我还要经常告诫自己：5个情绪小人儿不是孩子的情绪专利，大人的身体里也充斥着它们的影子。看懂孩子就如看懂自己，真正能拯救我们自己的不是对孩子的无限高期望，也不是对孩子寄托的期望破灭后的愤怒，更不是少年时靠吃苦换来的硬本领，而恰恰是我们在生命的每个阶段，对所有美好的人、事、物的大胆想象和一生不断的孜孜追求。

游戏，也可以教孩子一份好品行

孩子的一份好品行、一种好素养都不能像教知识一般被突然“植入”孩子的大脑中去。拿一个人的协作精神来说，它所涉及的方方面面很多，有自信心、同理心、沟通力和责任心等。这些素养都需要家长在孩子小的时候，通过植入相关的生活场景，在闲暇活动中来重复实践、重复引导孩子慢慢养成。比如，教导孩子学习“分享”这个概念，我就是通过与孩子们一起玩游戏来一步步实现的。

当小Sean过了2岁时，我发现他开始分你我他了，在与其他小朋友玩时明显表现得不愿意让别人碰他的玩具，连自己的凳子也不让别人坐。看着Sean明显露出的“小气”迹象，我回忆起Ian的成长过程。当时我们还住在美国，每次幼儿园开家长会，老师都会说Ian有一颗宽宏大量的心（big heart），我问为什么这么评价他呢？老师每每用“share”，即“分享”这个词来表扬Ian，赞扬他总是班上第一个自愿与小朋友分享玩具或书本的孩子。

再想想我年幼的日子，当时所受的教育是一切为公，一个人有任何自私的想法都是肮脏的，当然更不能背着集体有偷吃零食、偷玩玩具等行为。因为那时没有“私有”的概念，所以也没有“分享”这个概念，反正东西是大家共有，个人的一切都属于大家。而真正学习到“分享”这个概念，是我在美国生了Ian后，在他的成长过程中开始体会到的。比如刚进幼儿园时，作为校规，老师第一时间就对家长明确了几件事。以过生日来看，如果想为孩子庆祝生日，请不要买一整个大蛋糕来，而是要买一个个纸杯蛋糕，这样既方便孩子们分享，也避免因大小不均而发生不必要的争吵。如果想邀请孩子们去校园外庆生，就必须邀请全班同学，或全体男生，或全体女生，总之不能搞小团体，为的是保证分享时是公平对待大家的。在家中，Ian也经常用“分享”两个字来与我谈判，比如他想要玩我的化妆品，就会说：“妈妈，你应该与我分享一下，Please。”

这样的分享学习在孩子的童年时就应该开始了，因为那时孩子的心灵一片纯净，父母画下什么就会留下什么。

回到小Sean，为了教他学习“分享”，我设计了一些游戏环节来逐步引导他接受和实践“分享”。

第一步：玩传球游戏

在Sean刚刚会坐、会爬时，我常和他玩相互传球的游戏。我会选一只颜色鲜亮的布质小球，让小Sean坐在距离我两三米的地方，我把球先滚给他，他接住后再滚回给我。刚开始，他抓到球后会拿在手上迟迟不愿放开，多玩几次后，他意识到滚小球只是短暂地让小球离开自己一下，过一会儿小球还会再滚回到自己手上的。

第二步：玩借球游戏

等小Sean明白了传球游戏的规则，我就开始有意地从他身边“借走”小球，但是答应他10分钟后再还给他。玩过几次后，小Sean明白小球只是暂时借给妈妈一下而已，其实还是他自己的，即使被拿走，过会儿还是会回来的。通过这个游戏，我首先教给小Sean一个非常重要的“物权”概念，也就是必须先与他达成一个共识，即那只小球是他的。在培养起这个物权概念后，我们就可以进一步让孩子对“出借”自己的玩具抱有绝对的安全感了。

第三步：玩分享游戏

在饭桌上，我端来一盘切好的水果，告诉小Sean和哥哥Ian可以数一下看看每个人能分到几块，如果不能平均分，谁想多吃一块，那么另外一个人就得少吃一块。如果今天哥哥Ian不饿，愿意与小Sean多分享一块自己的苹果，那么明天吃点心时，小Sean也可以多分享一样东西给哥哥吃。兄弟俩开始练习一个观念，只要接受过对方给予的“分享”之后，自己也应该给予对方一份“分享”。

第四步：分享也需要被批准

两个孩子小时候都喜欢穿我的靴子，戴我的太阳镜，装扮成我的样子。我会对他们说：“这些东西都是妈妈的，我愿意和你们分享，不过拿妈妈的东西以前要来问我一下哦，看妈妈是否愿意让你们玩。”孩子会慢慢理解虽然他们可以拿妈妈的东西，但必须先提出请求，只有请求获得准许，才可以“享用”别人给自己的“分享”。还有一个规矩孩子必须理解，就是别人也可以不“分享”。

第五步：大家一起玩分享

等孩子对自己的物品有了安全感后，我开始邀请一些比较熟悉的小朋友来家里玩。我会提前告诉妈妈们让孩子自带几件玩具，然后把大家的玩具“融合”在一起玩。一般开始时孩子都喜欢玩别人的玩具，而不太愿意让别人碰自己的东西，主要是怕自己的心爱玩具被弄坏，或者怕再也拿不回来了。所以一开始妈妈们都会在一旁观察，“不规矩”行为一有风吹草动，妈妈们就会及时纠正。这样几次玩下来，孩子们便会从一开始“有戒心”过渡到“很放心”，因为他们发现这样玩，既可以玩到别人的“新”玩具，自己的“旧”玩具也没有被拿走。

第六步：巧用榜样的力量

等孩子长大了，就必须用身边的真人真事来引导他们思考，让他们明白分享的因果关系不只是对他人好，其实更有利于自己。我在一次母亲节的聚餐会上给孩子们讲了这样一个真实的故事。

> 1929年一个风雨交加的夜晚，一对老夫妇疲惫地走进美国费城的一家小旅馆，希望借宿一晚，躲过风雨。然而当时小旅馆已经客满，无房接待老夫妇，但看到两位无助的老人，服务生把自己的值班房间让给他们，自己却选择度过了一个不眠之夜。第二天告别时，老先生对那名服务生说：“你可以成为掌管全美最好酒店的经理人。”
>
> 两年过去了，当服务生快把这件事忘干净的时候，他收到了一封来信。信中附了一张飞往纽约的机票，原来就是他帮助过的两位老人邀请他去纽约看望他们。会面后，老人带着服务生来到纽约顶级的商业区——第五大道和中央公园街口，指向一栋宏伟的崭新建筑说：“那是我刚建成的酒店，你就来当酒店的总经理吧。”
>
> 这位老先生的名字叫威廉·华尔道夫·阿斯特，那栋宏伟的建筑就是以

接待各国政要名流而名传世界的纽约华尔道夫大酒店。这家酒店的第一任总经理就是那名年轻的服务生，他的名字叫乔治·波特。

在母亲节的餐桌上我之所以选择讲述这个已被传颂千万遍的神奇故事，就是希望让孩子们理解，那位服务生把自己的房间分享出去了一晚上，就是在为他人做一件好事，而做了好事无论大小终归会有一份回报，回报可能是物质的，也可能是心灵的，更可能是长久等待之后的一个惊喜。

选择在母亲节讲这个故事，我是有用意的。我想告诉孩子们，父母养育孩子也是在为他人做一件好事，如果我们能用品德和善举教导自己的孩子乐于助人、乐于分享，那么我们每个家庭都将有机会享用别的家庭为我们准备的人生好礼。如果父母把孩子当私产，只想为自己的孩子谋好事，而不明白分享自己孩子的好也是我们生命中美好的一个重要的分享环节，那么父母是教不出孩子的好品行和好性格的。

TIPS 引导孩子学会“分享”

孩子在学习分享的过程中一定会发生许多小状况，我们需要用鼓励的态度去应对，我总结了一些方法供父母们参考使用：

◆尊重孩子的物权。不要强制宝宝分享，否则孩子会觉得自己不能真正拥有自己的东西，即使某一次迫于压力变“大方”了，下次可能会更缺少安全感，行为上会表现得比以前更小气。

◆不斥责孩子“自私”。年幼的孩子不肯让出自己的玩具时，妈妈不能因为觉得在别人面前丢了脸而指责孩子，这会伤害到孩子的自尊心，更可能让孩子真的以为自己小气，以后的行为举止会变得越来越小气，甚至因害怕被骂而不敢尝试与其他孩子玩。

◆从孩子不太在意的玩具开始分享。可以用循序渐进法，让孩子先分享不太在意的玩具，这样他的抵触感会相对弱一些。在习惯了分享之后，再由他决定下一个分享的物品是什么。能对自己的物品做主是孩子愿意接受“分享”的首要前提。

◆见“不好”就收场。遇到孩子因为不愿分享而吵闹不休时，父母可以不动声色地转移他的注意力，换一个开心的游戏来结束这次尝试。只要孩子有良好的分享体验，就不会拒绝下一次的分享机会。

◆为公平护航。在集体游戏时，妈妈不要过多插手，但要在一旁护航，保证孩子们能轮流玩到玩具。只要有了公平的规则、良好的感受，下次孩子就会更勇于分享了。

◆身教胜于言传。父母首先做一个乐于分享的人，这样才能在日常生活的小事中，潜移默化地将分享的概念有效地传达给孩子。

一年52个周末，孩子该怎么度过

据了解，目前国内中小学生的各类假期加起来每年有100多天，而多数孩子的闲暇时间基本是宅在家里补习功课，或去上各类辅导班、兴趣班，娱乐项目就是看电视、打游戏或睡觉，最多跟着父母游山玩水，回家后生活还是一潭死水。因此，当父母抱怨孩子厌学时，最应该想的是怎么让孩子不丢失好奇心，怎么让他们有自主学习的兴趣。苏联卓越的教育家和思想家苏霍姆林斯基曾提出："学生创造力的培养取决于他能自主掌握的时间有多少。"这句话真的说到了点子上。那么，一年52个周末孩子该怎么度过？

除了孩子必须完成的学校作业外，我把所有的周末和节假日清空，不引导孩子做任何与课堂学习相关的活动，而是更多地按照他们的兴趣来安排闲暇活动。因为我相信"闲暇教育"首先是一种感性的渗透，是通过触摸、观察、体验和感受事物来进行慢养，在量的积累中等待质的变化。

亲近自然，酿制出丰富的情感表达

从纽约搬到上海后，最令我苦恼的事就是孩子很少有机会与大自然接触。虽然上海不乏漂亮的绿地，以及规模较大的公园，但观赏性多于参与性。绿地的鸭子、天鹅总是与孩子隔栏相望，碰不到、摸不得；孩子想掬起一把泥土，公园的管理人员就会上来做"七不"教育……但孩子的天性就是喜欢与自然"零距离"，所以我会想尽一切办法在双休日约上朋友的孩子们去近郊亲近一下芬芳的田野、充满生机的动物，还有清新的空气。一般我不会带上任何孩子平时的玩具和书籍，一切都留待孩子们随意、随心地去发现，让他们无拘无束地自己找乐子。

最具挑战的一次是我趁着长假带了4个孩子去内蒙古大草原。4个孩子从4岁至16岁，我把孩子们分组管理，为他们定下互帮互助的自我管理项目。一路上孩子们看到了光秃秃的山丘、斑驳的草原、枯竭少水的河床，真正目睹到人类乱砍滥伐的恶果。不久我们又有机会在隆冬的周末小长假去了三亚，在蓝天和阳光下，孩子们对内蒙古大草原的消退和三亚椰子树的茂密生长有了全新的对比认识。

那段时间正好是小Sean的涂鸦敏感期，他随着哥哥Ian的脚步来到上海著名的红坊艺术创意园区里的雷艺术工作室画画。第一次涂鸦，小Sean告诉雷老师他想画三亚的大海、蓝天、椰子树和金色的阳光。不料，一拿起画笔小Sean就控制不住自己了，他不停地往画纸上加颜料。不到10分钟，他把大海从蓝色变成了“黑海”。有经验的雷老师站在一旁微笑不语，等小Sean停笔、安静下来之后，对小Sean说：“好美的大海哦，可能你画的是黑夜里的大海，看不到颜色，下次我们一起试试画出阳光下的大海，好吗？”

下一个周末很快来到了。我找出了在三亚拍下的照片给小Sean带去了画室。雷老师不从枯燥的线条和透视的原理来要求小Sean，而是她请Sean先讲出自己脑子里想要画的东西，然后帮小Sean勾勒出一个个物件的外形，然后鼓励小Sean去回想当时在三亚的阳光下看到过的颜色，再去想象自己还有什么要加到画里去的，然后放手让小Sean按着自己的记忆和想象去着色。当我第一次看到小Sean的“大作”时被吓到了，大海与蓝天明亮地连成了一片，椰树参天，比山石岛屿还要大，太阳在左上角只露出了金色的光芒，而最出彩的形象就是那只既像蜻蜓又像风筝的紫色“飞行物”。在我眼里那就是小Sean他自己，他的心正随着阳光和空气高高飞扬起来。如果小Sean没有看到过真实的草原和大海，他很难想象出这色彩下的一派生机；如果小Sean没有见到消失的草原和山丘，他可能不会把椰树画得如此高大而强壮。这就是自然赋予孩子心灵的真实感受，并帮助孩子酿制出丰富的内心情感。

重体育，赋予孩子体魄魅力

重智不重体是中国传统育儿最大的弊病，强健的体魄是目前中国孩子最稀缺的“财富”。制造出奥数高手的妈妈不计其数，但关注孩子文武双全、人格魅力的妈妈却不多。其实运动不仅能让孩子长高、长好，更重要的是，在运动中孩子会习得各种人生品格，如坚忍、坚定和坚持，协作、共力和领导力，忍耐、自控和自制力等。我有一个朋友全家四口住在北京，他们每个月去爬山一次，小儿子才3岁就能独立跟着哥哥爬到山顶，他们一家的周末活动就是为孩子的身心充氧。一个阳光的孩子需要沐浴阳光。

周日是我们家雷打不动的“体育日”，Ian从9岁开始与我一起打网球，小Sean除了游泳，还有滑旱冰和跆拳道。

2011年的一个周末，我介绍Ian认识了一位新朋友——高中生本（Ben）。因为那天下午本要去上一堂击剑课，我们母子俩便好奇地跟着去了。没想到来上课的孩子居然只有本一个人，教练需要为本找一个击剑的对手，于是对Ian说：“小伙子，你来试一下吧，和本对打一次。”Ian对突然而来的尝试机会有点儿不知所措，但还是跃跃欲试，便上场试了一次。这不试还好，一试则欲罢不能了。就这样，一次偶然的机会把Ian和我带进了一个全新的体育项目——击剑。

2012年，我带着小Sean和一群Ian的小伙伴来到苏州，为第一次参加全国性业余击剑比赛的Ian当啦啦队。Ian是个新手，经验全无，而我是一位满腔热情的妈妈，坐在一边激动地为儿子和他的击剑队加油。一天比赛下来，Ian的个人名次拼到了地区赛的第七名。团队赛中他与另外3个小伙伴紧密配合，居然拿到了团体第三的好名次。由于他在比赛中积极调动小伙伴的团队协作力，因此还得到了一个让他引以为豪的“阳光少年”的称号。从此，Ian爱上了击剑，我也开始相信奇迹真的会在Ian身上发生。

2013年，Ian开始到美国上寄宿高中，为了保持训练，他每周末要坐车去学校附近的小镇上击剑课。2013年年末，在我的生日当天，Ian又给了我一个大礼，他打进了全美奥林匹克击剑的少年资格赛，也就是说，他可以进入2014年2月14日至17日的全美奥林匹克少年击剑赛了。 他将与来自全美各地的160多位17岁以下的少年选手比赛。当我们通视频电话时，Ian开心地笑着说：“Mom, Happy Birthday! ”

2014年，Ian在校园里组织起11位爱击剑的小伙伴，带领大家去向校长和学校相关部门的老师游说，希望学校能支持他们设定一个固定的击剑场所。通过几番周折，最后成功地建立起全校第一个击剑俱乐部。对此，Ian这么向我描述：“通过击剑我认识了一群小伙伴，与他们成为好朋友。我们之间经常比赛，由此我也理解了竞争就是要成为更优秀的自己。我开始学习制定目标，为自己找到动力

上左图、上右图：2012年，初学击剑的Ian与小伙伴们合力取得了全国业余击剑联赛（苏州站）的团体第三名。
中右图：我带领一批年龄较小的孩子组成啦啦队，在苏州联赛现场为队员们加油。
中左图、下左图：2014年，习剑3年后的Ian终于晋级打入全美奥林匹克少年击剑赛。
下右图：Ian与他的重剑教练Cornell 在练习中。教练是前匈牙利击剑名将。

（ambition）。随着新同学加入击剑队，我需要去帮助他们。时间久了我感到自己的自信心更强了，更敢于去尝试新的事物。”

巧动手，帮孩子找乐子

动手做事是孩子成长的基础，也是开发智力的前提。记得孩子还小的那几年，我就是一位DIY超人妈妈。我的诀窍就是在旅行途中挖掘各种 DIY 工具，把它们千里迢迢地带回家，然后不放过任何一个DIY的机会，帮孩子找乐子。

2009年十一长假正好连着传统的中秋佳节。在我的记忆中，这是两个孩子第一次在中国过中秋。碰巧的是，爸爸也会从外国飞回家，共享中秋佳节的团圆餐。所以，我想了个应景应时的点子：中秋节下午，我带领孩子们为爸爸DIY鲜肉月饼。

当我把金点子“昭告”儿子们后，4岁的Sean反应格外热烈。“中秋节做月饼”成了我家好几天晚餐桌上最热的议题。作为DIY总策划，我的职责是找到配方并拟出制作方法。外婆的任务是帮助我们做前期试验，包括揉面及起酥的尝试。儿子们呢，负责调制肉馅的味道。没几天，我已经顺利找到了菜谱，外婆也成功地做好了月饼皮的各式样品。两个兄弟却还在为鲜肉的口味纠结着。Sean人小却主意大，觉得第一次和的肉馅太干，建议在里面加些水。我则在他的意见上进行了优化，建议在馅里加些肉汤。之后，外婆又提了些补充意见，把调好味的馅提前放入冰箱稍微冷冻一下……在10月1日和2日的两天里，我们继续细化月饼制作细节，包括该放多少油酥，面粉与水的配比，如何优化口感等。3日到了，我们早早地会合起来，分工合作，赶在爸爸回来之前，烤出了既酥又鲜的鲜肉月饼。

孩子们在我家学做月饼。秦绍铭小朋友（张思莱医师的小外孙）先从做酥皮面开始，能否把鲜肉馅包进酥皮里，这绝对是一场考验。

鲜肉月饼做成了。我们还周到地为自己做了下午的糕点点心。每个孩子盘里的创意点心都不一样，边吃边互相『炫耀』一番。

创意，是“诱导”出来的

从Ian很小的时候开始，我就鼓励他每年圣诞节为大家做圣诞卡片，他喜欢裁剪、设计和涂鸦，但唯独抗拒为贺卡添上原创的贺词，每次都是随手写上几句走过场的节日问候。在他初一那年，我想做些改变。于是我对他讲：“Ian，你已经上初一了，大家都夸你有创意，那就应该做些不同的事情了。今年我们换个创意，做一个电子贺卡吧，关键还要附上你自己创作的节日贺词！”听了关于电子卡片的建议，Ian兴奋中带着一丝犹豫，不情愿地问道：“自己的节日贺词？原创？我写什么呀？”

“因为这是你的处女作，妈妈允许你从模仿开始，找篇范文来，像你学素描那样，先‘临摹’着写。”听到原创难度一下子降低到“模仿”的级别，Ian来了兴致。他立即打开电脑，着手DIY起来：从最拿手的图像设计开始，他决定用和弟弟一起在内蒙古大草原上的照片来做贺卡配图。不一会儿设计的框架出炉了，该创作贺词了，但Ian在电脑前踌躇了好久，还是没有头绪，最后拉着我“陪做”，当他的顾问。终于在一堆参考范文中他找到了心仪的感觉，一边推敲，一边写作。20分钟后，一篇Ian Tan原创的圣诞祝词诞生了。出乎我意料的是，Ian的作品已经从“文章”升格到了“小诗”，而且他还像个老师似的为我解释他在小诗里暗藏的玄机：“瞧，妈妈！整首诗我都做了押韵处理，还有在开头我还把‘圣诞礼物’的典故放了进去。”Ian气场十足地介绍着他的作品，俨然一位小小作家。

少年之美，日积月累。用好每年的52个周末，孩子将越变越“美”，越变越强。

暑假，让孩子来一场“浸泡式发酵”

在美国，夏天不上课是做学生的“潜规则”，但并不等于不学习新事物，只不过学习的方式从常规的校园延伸到各式各样的夏令营活动中去了。为了找到心仪的暑期项目，每一年的圣诞节前后，美国的家长都会早早地与孩子商量好下一个暑假要去的地方，最晚3月前完成报名手续。孩子们选择比较多的暑期夏令营不外乎体育运动、创意和艺术、各类兴趣学科等。对于这样的集训，9岁左右的孩子就可以寄宿了，低年龄的孩子则可以早出晚归。夏令营的作用就是去体验平时周末里难以保证时间的兴趣项目。

这些年，中国家庭的孩子去国外参加夏令营的越来越多，但大多会选择某私立高中或著名大学组办的学科式夏令营，这样既加强了英语水平，又学到了专业知识，可谓两全其美。然而，最大的问题是，有些暑期项目全是中国学生，结果大伙儿几乎都在用家乡话交流，而且越著名的学校这种情况越严重。为何会出现这样的情况呢？因为中国家庭历来注重学科类教育，暑期更是不能放松，而且暑期时间越长，家长认为应该补课越多，这样才不会浪费孩子的宝贵读书时间。

我的想法恰恰不同。如果不是因为孩子非常明确要报考某所高中或大学，而去参加它的夏令营做一下体验式尝试，那么我更希望孩子的夏天用来补充平时上学时所欠下的“兴趣养料”“身体养料”和“心灵养料”。其理由很简单，孩子除了接受知识的培养和灌输之外，还需要在各类兴趣、专长和人文环境里浸泡式发酵一下。“浸泡式发酵”这个词是我自创的，就是把平时极缺的事当作暑期最好的项目来尝试，把孩子“浸泡”其中一段时间，让各种因素混合“发酵”，夏天过完你就会发现孩子有了变化，无论是在学习态度、待人接物上，还是兴趣发展上。等新学期开始时，孩子会以崭新的风貌回到学校，因为他的身心透过气了，眼睛换过风景了，眼界更开阔了，精气神更饱满了。

小Sean在7岁前的每一年都会到纽约参加切尔西码头室内儿童夏令营（Chelsea Piers Sports Center），这里的体育中心已成为纽约孩子一年四季的体育场所。还记得前文写到的Ian参加的儿童足球队吗？他就是在这里开始学踢足球的。小Sean出生后也理所当然跟了过来，我们在这里一起做过母子“婴儿体操”，参加过暑期少儿体操夏令营。

从8岁至12岁，Ian在每年夏天，都会与他的小伙伴奥斯汀一起去参加纽约上州的“未来之星”（Future Stars）体育夏令营。营地会派车接送学员，因此两个孩子每天早出晚归，全天候进行户外运动，从球类到攀岩，从游泳到爬山，一个暑期下来最大的成果就是：个子猛长，皮肤黝黑，逢人就没心没肺地笑，实足吃饱了阳光的开心样子。现在大家总是会问我为何Ian会长到1.86米的高个子，就是因为他小时候每个暑假都在阳光下跑跳攀爬。当然，除了个子，他阳光般开朗的性格更让我感到甜心。在我看来，在阳光里“浸泡”的模式实在是每个童年都应该拥有一番的。13岁那年，Ian发现了一个全新的夏令营项目。

2011年夏天，Ian参加了位于美国密歇根州的因特劳肯寄宿艺术夏令营。暑假前Ian曾和我说起他的高中选择问题，一直希望回纽约上高中的他曾很坚决地告诉我：“妈妈，我决定留在上海读高中了。因为这里有我的同学和朋友，我不想再转学了。”当时我只是笑眯眯地回复他：“宝贝，让我们等暑假结束后再来讨论

2011年暑假，Ian第一次来到因特劳肯夏令营。我带着小Sean漫步营区，突然撞上了Ian所在的小分队。这些十二三岁的孩子来自五湖四海，说着各种家乡的语言，在生活辅导员（后排高个子）的护航下，充实地度过了在营地的每一天。而这一切悄悄地被小Sean看在眼里，记在心中。

这个问题吧。” 没想到暑假还没结束，在因特劳肯夏令营的经历就完全改变了Ian的高中选择。

7月中旬，我带着6岁的Sean一起赴密歇根州送Ian进入夏令营。到了营地，我们惊讶地发现，每个学科的教学设施都是一流的，唯有孩子们的宿舍及饭堂还停留在1932年夏令营创建的水准，薄薄的板房，窄窄的上下铺，没有空调，没有通风设施，一间间宿舍都隐在树林里，保持在纯自然的环境中。刚到达的那几天，美国正好赶上百年不遇的热浪，掩在树林下的宿舍板房根本抵不住40℃以上的热浪，有些孩子还真的中暑病倒了。因为从来没有参加过寄宿式夏令营，Ian只报了3个星期的课程，主修Creative Writing（创意写作），选修Computer music（电脑音乐创作）、Sculpture（雕塑）和Environmental Studies（环境探索和研究）。

当我回到空调开得足足的酒店后，一直担心Ian在木板房里如何打发长长的难眠酷暑之夜。第二天家长们都要离开夏令营了，我特地跑去学生餐厅与Ian一起吃最后一顿午餐。没想到他竟然带来了几位新朋友，大家毫不拘束地一起吃饭聊天。吃完饭后，Ian对我说：“妈妈，我要走了，我快要迟到了。” 还没等我醒过神来，孩子们已经一窝蜂地走了，也没来得及与我告别一声。记得在饭桌上，在一堆孩子的交谈声中我曾告诉Ian，请他务必每周与我通一次电话，因为夏令营不允许使用手机和任何电子产品（包括网络），我只能按夏令营的规矩，给他买了一张5美元（约120分钟美国国内通话）的电话卡。谁知Ian蹦出来一句：“120分钟？我们要谈这么多话吗？” 所以，在离开营区的路上我已经做好了思想准备，让Ian天马行空地过一个夏天吧！

果然，第一个星期Ian没给我打电话，到了第二个星期中间我沉不住气了，通过营地老师的帮助，在晚饭结束后的休息时间，我“抓”住了正在打乒乓球比赛的Ian。听得出他有点儿愧疚，但还是理直气壮地说：“妈妈，我们太忙了。如果在晚上9点前不赶回宿舍，我们就不可以再洗澡了。”这真是个好规矩！我知道孩子们的活动很多，而且营区很大，都是靠走路的，的确需要分秒必争。我也就不多啰唆，只问了他一句：“Ian，请你用一句话告诉妈妈你对夏令营的感觉。” 他说：“Superb! I can't use any better words to describe it.”（棒极了！我找不到更好的词语来描述这个夏令营了。）我当即告诉他：“去忙你的吧，妈妈放心了。”

就这样又一个星期过去了，我还是没有接到任何电话。直到夏令营结束前一天，我听到了Ian的声音。因为他要自己坐飞机飞回纽约，所以他正在为离开夏令营打包行李，我叮嘱他如何一个人在底特律换机回到纽约，电话那头他很坚定地说：“妈妈，不用担心！换机不是件很容易的事吗？我完全可以做到的！”

当然，为了有这么从容的应对，从Ian10岁起我就开始放手训练他一个人从上海单飞纽约了。不过这次情况有点儿不同，他必须完全自己准备行装，自己换乘美国国内航班，这比起服务细致、航站楼相对封闭的国际航班来说难度更大。第二天，Ian安全到家，我们一下子又回到了过去惯有的聊天状态。第一感觉就是他变大了，不只是人长高了，聊天时的坐姿更像爸爸，也就是说，他在心里已把自己当大人了。他给我读了他的创意作文，描述的是一对他的小宠物——小乌龟兄弟。因为过去4年Ian随全家搬到了上海，把小乌龟孤单地留在了纽约，每次回纽约的家都会发现两只小乌龟在长大，最后他称那两只由小变大的乌龟为“my two brothers”（我的两个兄弟），而且他说，面对它们，他的儿时记忆全部可以被唤醒。读着孩子的细腻言语，做妈妈的自然会明白一颗心正在成长，无论多么稚嫩、多么单纯，他都需要自己的一个成长空间。既然Ian会对两只默默被“遗忘”在房间角落4年的小乌龟都心存感念，那为何我还要担心他离开的3周里不把妈妈放在心上呢！

接下来的一个星期里我们聊个不停，Ian还为学校校报写了一篇小文“Of Memories and Reflections”（记忆与思考）。下面让我节选一段来分享：

> 去Interlochen夏令营前的那几周，我自己一直对是否要去念寄宿高中纠结非常。而这次夏令营的经历让我确信了一件事：寄宿没我想象得那么可怕！相反，寄宿会激励我去接受各种挑战。比如，在这次夏令营中，我第一次了解到了什么是“生活值日生”。在过去3个星期里，我正好被分配做“厕所值日生”。每天，我们都要擦厕所、洗便池，为了不去闻空气中消毒剂的“有毒废气”，我必须屏住呼吸强忍着。不巧的是，在第二周，我们宿舍有个同学拉肚子，我们不得不跪在地上收拾被搞得一塌糊涂的便池。这个经历实在太痛苦了，但正如人们常说的：“只要你没被打死，就会活得更坚强。”

我看得出Ian变坚强勇敢了。5个星期前我们一起离开上海时，他还坚决地“警告”我，他不要转学回美国，但现在他却郑重地、很有自信地向我“宣告”，他不仅要去寄宿，还要报考全美最优秀的高中。当我告知他这个学校的命中率（录取率）只有14%时，他说："妈妈，不用担心！我一定会考进的。"平时一向喜欢拖拖拉拉的Ian，这次却主动快速地完成了学校网上报名，还完成了SSAT网上考试注册。接下来，就看他在校的行动了。

进入新学期第五天，Ian回家后兴奋地说："妈妈，我有个好消息告诉你，我被选为本年度学校根与芽管理会主席。"（有关"根与芽"的详细内容请见第二章"有了楷模，孩子就会自己变优秀"部分）自从夏令营回来，Ian在整个新学年里都积极参与到公益环保的活动中去，这与他在夏令营中选修的"环境探索和研究"课有很大的关系。不出Ian对自己的"厚望"，在14岁那年，他考入了美国东部的寄宿高中。这一切的发生、发展到实现都起因于一次寄宿夏令营的实践。

哥哥往往是弟弟的榜样，但哥哥却不自知。就在Ian刚到寄宿夏令营，与营地老师交谈时，小Sean竟然把我拉到一边，在我耳边悄悄地说："妈妈，你能向老师介绍一下我吗？"当然，我立即领会到了弟弟的心意，郑重地向营地老师介绍，没想到小Sean等我话音刚落就一步上前，大声说道："等我长到8岁时，我也会来这里的！"

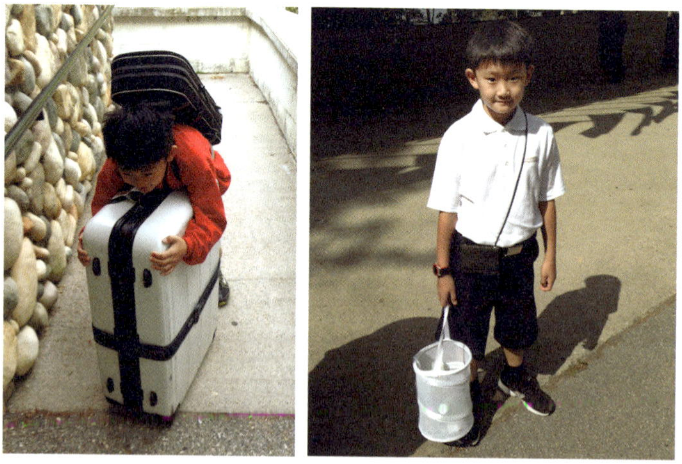

2013年终于到来了。望眼欲穿的小Sean以最低年龄踩着哥哥的脚印来到了因特劳肯营区。他执意自己推行李、打理洗漱用具，还专门要求妈妈为他买了一个营区专用的小钱包，斜挎着好把学生证牢牢地揣在自己的身上。

◀在创意写作课上，小Sean朗读自己的创意小诗。

◀2014年，小Sean又长了一岁。他自己抱着行李进入宿舍。妈妈对他除了信任和支持，还有一点点不舍。

左图：与小Sean玩在一起的有一位小伙伴叫利奥（Leo），他是从中国被领养至美国的孤儿，患有白化病。
右图：告别的时刻到了。小Sean与两位宿舍辅导员在密歇根湖畔留下了这张珍贵照片。

2014年，小Sean开始学习乐队课程，老师的教学方法灵活而生动。小Sean遇到了『知己』奥斯汀，俩人常常形影不离。

日子飞快地过去了两年，Sean终于8岁了，他勇敢地为自己报名，作为营区最年幼的孩子，他连续两年参加了因特劳肯夏令营。在第一次3个星期夏令营结束，我来到Sean的营房准备为他打包行李时，却发现他已经在辅导员的协助下把行李准备完毕，连一只袜子都没落下。小Sean参加集体生活的时间竟然比哥哥还早了5年。

孩子的成长都是由量变到质变的，漫长的暑假正是尝试新事物的好时机，让孩子在实践中去体验不一样的生活，从体验中发现不一样的自我。无论孩子给自己找到的下一个目标是什么，做母亲的都要伸出一双温暖的手，帮他们点燃心中的梦想。只要孩子的梦想炽热，他们就会在行动中成长、成熟，最后成就自己的一份追求。

暑假不是用来填充日子的，那样会亏了孩子的身心；暑假是用来丰富生活的，这样才能为孩子开拓出一个全新的自己。

附：Ian作文原文

Of Memories and Reflections

The weeks preceding my trip to Interlochen had been filled with many stressful debates whether or not a boarding high school was a good choice. However, the visit reassured me of one thing: boarding school was not as scary as I thought, rather encouraging me to meet challenges. For example, this visit introduced me to "capers" .They are basically chores we did around the cabin to keep it clean. In these three weeks, I was assigned to Bathroom Crew. Everyday we would scrub and mop the toilets, desperately trying not to breath in the "toxic waste" in the air. A kid in our cabin had diarrhea in the second week. We had to kneel down to clean the mess. It was painful. However, as they say， what doesn't kill you only makes you stronger.

远行，把世界“植入”孩子的心中

罗素说：“世界充满了神奇的东西，它们在耐心地等待我们变得更有智慧。”（The world is full of magical things patiently waiting for our wits to grow sharper.）闲暇教育的另一项重要职责就是让孩子对世界充满关爱和责任心，帮助孩子成为一个具有社会责任感的人。回想我自己在24岁那年告别家人，漂洋过海到美国求学，从此我的生命中开始出现不同的内容——社会责任感深深根植在我的心中。所以，我始终认为，孩子的世界里不应该只有父母、家庭、学业和学校，更不能只有自己。父母应该把世界带到孩子的面前，他们人小，但心却可以变大，他们对世界越负有使命感，他们的胸怀就会越宽广。在很多次采访时我被问道：“你想过要把孩子培养成什么样的人吗？” 我总是这样回答：“我想把我的孩子们培养成世界人，培养成有责任心的世界公民。因为未来世界需要更多架桥的人，在西方和东方之间，在过去和未来之间，在我们和他们之间。”为此，我一直在世界范围寻找一些青少年公益项目让孩子们加入进去。

2013年8月1日，我们母子三人一起跟随国际青少年志愿者组织Me To We[1] 进入非洲，开始一场公益式的旅行。随行的共有19位初中和高中生，Ian是19位志愿者中的一名。小Sean因为年纪太小只能算是编外人员，但他全程参加志愿者的劳作和各项公益活动，没有半点儿马虎。为了更好地再现那次改变了我们的了不起的10天旅程，我把当年的图文日志整理出来，并按日记形式呈现在下面。

1 世界最具影响力的青少年素质教育机构与发展平台，通过创新课程和社会实践注意培养学生交流、合作、创新、批判性思维和良好的素质。

年：2013 月：8 日：1～2

平凡与非凡——非洲妈妈给我们上的第一课

人们说，走出非洲的将不是原来的那个你！一点儿没错。马赛马拉草原上的那棵独立不倒的树已长进了我的心里，跟着我回到了中国大地。我相信还有20棵大小不一的树也长进了20位同行孩子的心中，由他们带向中国大地的四面八方。

在我心中，这棵非洲原野上的大树已深深植入了孩子们的心中。小Sean掌心的这粒陶珠正象征着每位母亲的力量，我们把一块泥土慢慢地『烧』成了一颗颗亮珠。

一块泥土，经历一个月的旅程，经过十多位非洲妈妈的手，可以变成一颗亮丽的陶珠，这是我们在肯尼亚接受的第一堂人生课。

趁大部队还没从上海抵达这里以前，我和孩子们偷得半天闲，去参观了一个陶珠厂，全体工人是年龄各异的妈妈。我们了解到，一块泥土必须经过一周的时间，在5个巨大的绿色铁罐筒（processors）中搅拌、浸泡、沉淀，然后再搅拌、再沉淀，才能成为非洲妈妈手里捏拿、塑造的陶泥，从原胚变出形状再变出图案和颜色，最后在1000℃的窑里烧10小时，再花3天冷却，烧过一次上釉再烧一次，越烧越亮。

这些非洲妈妈的生活就是日复一日地把原胚塑成一颗颗亮珠，平凡与非凡都在其中。这让我想到做父母的日日夜夜，孩子来时如陶泥一般原胚无型，我们用各种力量，有形无形地改变他们。我们会塑出怎样的孩子呢？就看我们怎么塑，如何用温度，如何用色了。这就是非洲泥土和非洲妈妈给我上的第一堂课。

年：2013 月：8 日：3

遇见少年心中的大英雄

19位初中、高中生从上海和世界各地抵达肯尼亚首都内罗毕，跟随国际青少年志愿者组织 Me To We 进入非洲，加入Free The Children国际公益组织[1]在博加尼（Bogani）部落村的社区建设项目。所有团员要参与建造学校，与村民一起背水，了解和推展纯净饮水项目，学习当地手工。我也开始在微博上每天勤勉地刊出日志，结果引来许多人质问：为何要带着孩子去那么遥远的地方“受教育”。我的回答是：让孩子走远，他们才能看到原本看不到的世界，看到了世界，他们才会更了解自己所属的那个小小世界。

中午时分，一架10人座小飞机从内罗毕起飞降落在Bogani草原沙漠里，跨出机舱的一刹那我感到真正踏上了非洲的热土。这里没有机场，更没有航空指挥塔，倒是不远处有一匹斑马在自顾自地闲晃。这时有一辆吉普车向我们开来，听说是来接我们去营地的。没想到，车上有一位年轻人让我感觉眼熟，我上前问他：“Are you Craig? ”（你是克雷格吗？）

答案竟然是肯定的。这位28岁的青年人就是Ian和无数青少年心中的大英雄克雷格。我在《改变自己，改变世界》这本书的107页读过他的事迹：12岁的克雷格在1995年4月19日《多伦多信报》上读到了巴基斯坦一名12岁童工惨遭杀害的新闻，于是他把报纸带到初二的班上，在得到老师允许后他把报道读给同学们听，并愤然在学校“举事”，发起了一个课余活动叫“解救孩子”（Free The Children，FTC），结果他得到了同校的12位同学的大力支持。时间过去了20年，“解救孩子”（FTC）已成为世界上最大的青少年帮助青少年的国际公益组织，在全世界45个发展中国家开展援建项目。参与援建的不是别人，正是一批批如同克雷格当年12载年华的青少年，他们来自世界各个国家，心中的理想是：改变自己，改变世界。这些让我感到非常自豪，因为我的两个孩子也加入了“青少年帮助青少年”的行列中。

1　加拿大规模最大的致力于青少年教育的非政府组织，旨在鼓励青年人通过参加社会志愿服务，挖掘青少年潜能，激励青少年改变现状，总部设在多伦多。

看到克雷格时，我心中的激动是难以言表的。当一位母亲看到一个从孩提时代就立志用自己微小力量凝聚世界的人时，她内心深处萌发的是感激、崇敬和随他一道去努力的决心。

年：2013　月：8　日：4

水是女孩的"宿命"

今天的体力活儿是为非洲妈妈爱丽丝（Alice）一家背水。在肯尼亚，背水是女人和女儿的事，只有妈妈或女儿才可以去河边背水。一桶水重40斤，如果女

Ian抢着尝试非洲妈妈们用头背水的方式，走不出10步、20步即要换下一位同学，因为一桶水重40斤。

孩子个头小，一天要来回背个5趟，每趟约步行2小时。为了背水，女孩子不能上学，这就是非洲女孩的“宿命”，也是一生逃不掉的辛劳。

在非洲，水是生存的命脉，但来自城市的孩子对这些早已淡漠。我们的孩子分成2～3人一组，一路轮流背水，像非洲妈妈一样用头来“背”，但一般走不出20步就支撑不住了，大家只能用搬石块时的“接力”方式来完成这次背水任务。最后爱丽丝妈妈感谢孩子们说：“这8桶水可以让我们全家用上一周啊！”就在这时，一位同学感叹道：“这就是为什么我们昨天的洗澡水要限量啊！”原来自打进入营地后，孩子们只能两天轮番洗澡一次。在营地大家实实在在地感受到了，一滴平凡的水能让人生活在两重天地。

除了建造学校和搬水的体力活儿，孩子们还有机会学习“解救孩子”组织如何为没有任何基础设施的村庄提供社区改造和优化的方案。首先，为了杜绝胃肠道病害，社区内必须建造纯净饮用水系统，否则痢疾将是这里最大的生命威胁。其次，改变村民的卫生习惯和健康意识，以前村民随地大小便，垃圾随处乱堆，衣服洗完了摊在地上晾干，导致各种皮肤疾病发生。“解救孩子”组织用了10年的时间建造了厕所和垃圾收集站，培训村民洗完餐具后要在太阳底下晾干才能拿进密不透风的土屋子里，衣服洗完后要挂着晾干才能穿，水必须喝过滤的纯净水。学校还把雨水接下来引入纯净水系统，让女学生放学时可以带一桶回家，这也是吸引当地家长把女孩送来上学的原因之一——上一天学可以带一桶纯净水回家。另外，还有两个原因让家长同意女孩上学，那就是吃一顿免费的午餐和免费享用每年两套校服。

左图：我抓拍到行走在沙漠里背水妈妈的身影，她们为了一家人的生活背了一辈子的水啊！
右图：我们的志愿者女同学分成两人一组，体验着人生的另一种存在方式。

了解完水资源与学校生存的关系之后，孩子们继续学习新概念——如何让村庄具备可持续发展的能力。只有让学生的父母有可依赖的生活来源，他们才不会逼女孩子们弃学早婚。我们去了马赛妈妈的作坊看他们做手工，这些特色手工品由Me to We的纪念品网站介绍到世界各地，50 %的收入将被回馈到社区建设中，这样就可以完成一个持续发展的循环：家里妈妈有了收入可以养家，社区里有了收入可以搞基础设施建设，教育改变孩子的人生，知识终将带来更大的变化。

年：2013　月：8　日：5

“孩子帮助孩子”就从这里开始

从今天开始，19位志愿者加上编外小队员Sean加入到“解救孩子”在肯尼亚推展的“收养村庄”（Adopted Village）计划中。我们的第一个工作就是帮助建造Kisaruni女子高中第四宿舍。5年前肯尼亚政府开始实施免费小学教育，当时有100万孩子无校舍。

劳动开始了。首先，孩子们学习用2/3沙子和上1/3水泥做成水泥，然后在非洲工人的带领下用水泥垒墙。而对体力要求最大的就是把山上的大石块从坡上搬下来，再把它们垒成墙。开始时，孩子们各自为政，一人抱一块石头来回跑，不久他们发现站成列队传递石头会更有效，于是互相协作起来。劳动磨炼身心，协作更是团队精神的体现。在传递石块的过程中，我观察到有些孩子显现出退缩情绪，觉得太重太苦了，他们慢慢地躲进了太阳晒不到的地方。我的心也随着阴暗下来，一个不见风雨、不闻疾苦的孩子在若干年之后实在很难做到有所担当的。

砌墙让孩子们学起了一门新手艺，砖与砖之间要留出均匀的空隙，然后用夹板夹住两边再往石头缝里灌水泥。这需要两个人的合作，一旦石头放得不平衡，砌得再高的墙也会在最后关头轰然倒塌。这与做人做事具有相同的道理，幸运的是孩子们亲身体验到了。

还有一项集体协作的任务，就是用铁丝拧紧钢筋架子，然后步调一致地把这个庞然大物扛上山。这是用来在山坡上开水渠的骨架，没有它，水就没法进入宿舍。孩子们有的活泼，呼喊鼓动；有的默默做工，悉心配合。有的力大无比；有的心灵手巧。

我们在Kisaruni 女子高中看到了破败的教室，大家自觉自愿地加入建造第四宿舍的劳动中。我们没完成的墙面会由下一批志愿者接着完成。中左图、下左图中为Ian；中右图中为小Sean；下右图中为我本人。

心灵辅导员瑞安，他身后的纪念牌上记载着他祖母的事迹。

瑞安（Ryan）是孩子们的心灵辅导员。我如此介绍这位年轻人是因为他不仅管理着19位团队成员的吃、住、行，更重要的是，他还会把人生的哲理化成实践，在短短的10天中传递给孩子们。他在美国读大学时主修环境和城市发展，刚毕业就决定来肯尼亚首都内罗毕为FTC工作两年，其中一项重要的工作就是带领孩子们从自己的内心出走，去感悟大地自然、体察“人间疾苦”，由此为自己带来变化。我趁午休的时间问他为何不在美国帮助穷人，而非要远行非洲来实践“救世”的理想？他说：“有人志在家乡，有人志在远方，大家都是在做一份贡献。志在远方的人在不同环境里会遇到不同思维和行事方法，再把新思想、新体验带回家乡也是一桩好事。”他说出了我带孩子们远行非洲的初衷。

瑞安随手指向一块钉在学校教导处门边的牌子，告诉我这牌子上刻着的就是她外祖母的名字，以感谢她早年来到这里为学校制定出教学大纲。有这样的家庭榜样，再来理解瑞安的人生选择就不是一件困难的事了。我真为孩子们能遇到这样的人生辅导员而感到十分幸运。瑞安还对我说：“Me To We引领孩子来非洲最大的意义不是造房背水的援建工程，更重要的是能把社区建设和青少年领导力的精神带回去，影响更多的人，改变更多的社区。”

就在我们进入Kisaruni高中的工地时，还看到了一群从美国、加拿大不同的学校加入进来的孩子。他们在这里已经待了3周，今天是劳作的最后一天。他们中间有个女孩身上穿的一件T恤衫特别引我注意，上边写着“Global Citizen”（世界公民）的字样。这个小团队共32人，除了FTC领队外，还有当地的非洲建筑师傅做指导。他们正在建造一个鸡棚，为学校供应午餐用的鸡肉和鸡蛋。“孩子帮助孩子”的概念让他们在做志愿工作时心里充满了自信和能量，并感觉到帮助他人的幸福感，同时也让孩子们在这个充满理想的年龄里，学习劳作的技能，同时建立起相互的友谊和苦中作乐的精神。

上左图、上右图、中图：搬山石考验着体力和协作精神，拧水渠的钢筋架由3个男生包办了。砌水渠的姑娘来自成都，不声不响却认真细致。

左图、右图：一群加拿大来的女高中生对我开怀大笑，她们身穿“世界公民”的T恤，浑身散发出朝气。

年：2013　月：8　日：6

人人都是梦想家

从地图上看，只要路到哪里，“解救孩子”组织就会去哪里建学校。在劳作的间隙，我们来到了Kisaruni女子寄宿高中的校区参观。我们看到，女孩子们自觉自愿地在早上5点起床学习，晚餐后夜修，没有电灯就用太阳能小灯。引导我们参观的有两个女孩，一个是喜欢英文和历史的高一学生米莉亚（Miria），另一个女孩的梦想是成为地理学家。在她们眼里写满了渴望和努力——我们要知识，我们要未来，我们学成之后要回到社区改变这里男尊女卑的现状。

从教室的课桌摆放方式可以看出，这里提倡团队合作。教室座位是六角形的，可以方便大家讨论，书架上的课本显然是被轮流使用的。自修室里，一张巨大的世界地图覆盖了整堵墙。这个教室里的孩子没有一个离开过这个村子，他们的学习动力就是为了有一天可以去到地图上标出的某个地方上学。我们的孩子为她们在地图上标出了自己的家乡，这是令我落泪的一刻，因为我们的孩子已经感受到距离带来的巨大不同，然而Kisaruni女中的孩子还无法想象世界的那头是什么样子的。尽管如此，家乡还是可以分享的。

下午，我们又被深深地感动了！礼堂里坐着全校的学生，对我们的到来热情欢呼。我们被请上台，每个人都为自己做一个简短的介绍。我看到几位刚抵达营区时还显得有些腼腆的孩子早已经不再拘束，他们都大声报出了自己的名字，并

左图：小Sean被女学生们簇拥着，我在一瞬间能感受到他的疑惑与不安，但很快他便适应了她们的热情。右图：高中生代表米莉亚为我们用英语声情并茂地讲解学校的发展史。墙上印着校训，如热爱社区，建设文明价值观等。在本书206～208页详细记录了米莉亚走出非洲，来到南京参加活动的情景。

上左图、上右图：高中生正在自习，她们的课本是轮流使用的。下左图、下右图：在礼堂里孩子们得到了自由交流的时间，大家互相提问，好奇各自的不同生活。

即兴告诉大家自己这几天来的感受。20位孩子中最矮也是年龄最小的编外队员小Sean，居然悄悄地站到了舞台的最中央，他大声地告诉大家：“我是Sean，来自上海和纽约，今年8岁。我在这里看到了从来没有看到的事情，我非常感动和高兴，希望有一天你们也可以来到我们的家乡，看到世界。”短短的几句话引来了全场的掌声。我站在队伍的最左边，心里默默地落泪，是激动、感动和感恩的泪，我在启程前从未想到，这一路上孩子们的心是如此快速地成长。

孩子们在女孩的无伴奏女声重唱中拉起了手，跳起了当地的舞蹈，这样的歌声和舞蹈实在美到了心里，再流出的就是我们对她们的感谢了。一位女生（即将毕业的高四学姐）做了10分钟激情的英文演讲，她说：“台下在座的同学们有一天将成为肯尼亚未来的女律师、女医生和女教师。”在这片荒芜的草原沙漠上，一个个本该对背水“宿命”低头的女孩，能生出这样的希望和力量，怎能叫我和孩子们不被触动到心底呢！

年：2013 月：8 日：8

让自然教给我们真谛

去远方还教会我们一件事：自然里面有真谛。落后可以追赶上，但狭隘的人心和没有勇气的担当会阻挡我们前行。今天晚上，孩子们在马赛马拉大草原围着篝火听马赛武士讲一个个意味深长的故事。

马赛武士是荣耀的职业和职责，但想要当一位马赛武士，必须先学习与自然和动物打交道，只有拥有了杀死一头狮子的成绩才可以晋升为武士。在攻打狮子时，一般是12个人一组围住狮子，聪明的狮子一眼就能看出12个人中谁最勇猛，谁最胆小。它会用凶狠的眼光和紧逼的步伐吓走那些胆小者，然后直接攻击最勇猛的武士。

在荒原里，我们还看到一头母狮对一头年轻公狮吼叫掌抓，原来公狮已成小伙子，妈妈要赶他出去闯荡，开辟自己的领地，然后保护自己的家园。

孩子们驰骋草原沙漠，自然为他们真实地展现出生命的本来面目，有生老病死的无奈，也有弱逝强胜的残酷。孩子们从祖辈那里了解远古的人类发展史，从非洲妈妈和马赛武士那里了解地域发展史，从自然和动物那里了解性情的本原。

我相信，自然里的真谛是孩子们在书本里鲜少可以感同身受的。

这个场景虽然触目惊心，但意义重大。自然用一种真实的面貌为我们呈现出弱肉强食的生存环境。勇气与智慧并存和并重，才能让我们成为强者。

年：2013 月：8 日：9

用尊重的态度体验贫穷

贫困不一定造就贪婪，富裕不一定懂得感恩。肯尼亚的孩子有一双会说话的眼睛，他们不会让你觉得陌生，他们热情，他们感恩“解救孩子”组织为他们带来的新生活。每次抵达学校，我们还没出车门就会看到孩子们雀跃着、歌唱着迎接我们；每每遇到路人，他们都会打招呼说“Jambo”（你好）的；每次见面会，每个人必定从容地介绍自己，直率而好客，这时我们的孩子也必定介绍自己和问候大家。这里虽然经济落后，但礼仪不缺，人心纯正。

Me to We 教导参与公益活动的孩子用尊重的态度体验贫穷，用感恩的心与当地村民和学生交往。大家首先要学习说两个词Jambo、Asante（感谢）。我们每个人拍照前必须先征得村民的同意方可拿出相机合影。虽然这里的孩子每个人都穿着来自世界各地捐赠的衣服和鞋子，但他们都有灿烂的笑容和闪亮的眼睛；我们和他们不能用语言交流，却可以用眼睛里流出来的微笑互相问候、打招呼。

今天，我们路过一棵巨大的树，树下有一群孩子在玩。这时开过来一辆车，从车上下来了一群中国游客，有人拿出了几颗糖逗十几个孩子来抢，还一边把糖扔在地上一边说：“呵呵，就像逗猴一样啊。”我的心抽紧起来，很想告诉这些可能也是家长或有一天会成为父母的游客，没有平等精神的“善举”就是一种无礼和侵犯。

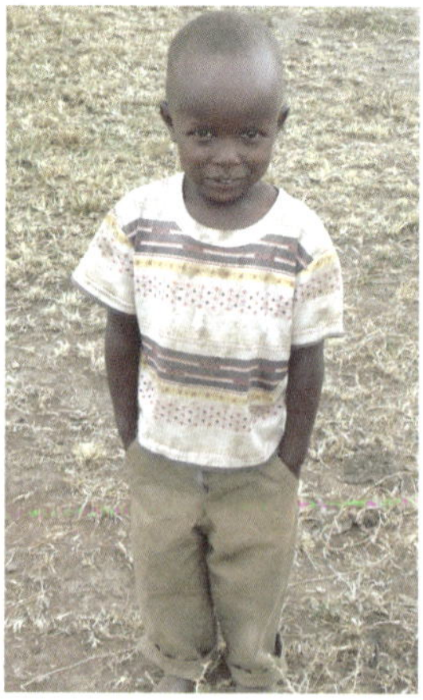

这组照片是我抓拍的，孩子们个个眼睛闪亮，始终微笑地竖起拇指向我示意。他们身上穿的衣服全部来自世界各地的捐助。

我走近这群孩子，他们眼睛闪光地望着我，我举起双手踮起脚对他们喊出Jambo。他们立即笑了起来，我指指照相机示意要拍照，他们向我竖起了大拇指，于是我留下了几张感人的孩子的脸。

这一周来的经历让我明白，给予不一定是有形的，更不一定是单向的，看看地球两端的孩子们相遇时眼睛里闪动的有什么相同和不同，就可以知道我们给予了什么，我们得到了什么。

附录：走出非洲的已不是原来那个你

在这里我想介绍一下参加过Me to We肯尼亚项目的三位同校孩子的后续故事。

第一位是依琳，在我们去肯尼亚前她已经参加过“解救孩子”夏令营了。回到学校后，她带领高中的同学们仔细研究了印度山区小学的免费午餐计划，在与老师讨论后她组织了一个全校游泳马拉松赛，成功为远在印度的免费午餐计划募得了第一批资金2500美元。之后，依琳又与同学们一起去学校周边的企业游说，募得第二批资金5000美元。最后，他们把“孩子帮助孩子”的计划呈报印度政府，不久竟然收到了来自德里的回信，印度政府拿出与孩子募得的7500美元相等的金额以示支持。就这样，依琳和她的小伙伴们成功募得了总额15000美元，为正在印度全国开展的免费午餐计划出了一份力。可以看到，Me to We从我做起的精神在走出非

依琳（左一）是一位在校园中拥有最多朋友的女生，拥有天生的领导力。她目前正在宾夕法尼亚大学读本科。

洲之后开始传递起来。

第二位是克里斯汀同学。他从非洲回到学校后成为“不为自己”（Non Sibi）学生俱乐部的负责人，在校园里推展各种公益理念和活动。依琳的学校游泳马拉松赛的创意就来自克里斯汀最初的倡议，他毕业时把这个项目交由依琳接棒，继续在校园里执行下去。进入哥伦比亚大学第二年，克里斯汀成功地“闯入”大学最具历史的校报《哥伦比亚每日语者》（Columbia Daily Spectator）。这份完全

COLUMBIA DAILY SPECTATOR

FOUNDED 1877 • INDEPENDENT SINCE 1962

Vol. CXXXVIII—No. 74 | Thursday, October 23, 2014 | columbiaspectator.com

Meeting with Bollinger

Prison Divest holds silent protest outside Bollinger's Freedom of Speech and Press class to push for meeting about Columbia's private prison investments and Manhattanville expansion

MADELINE LARSON FOR SPECTATOR

MEET WITH ME | Outside a Schermerhorn classroom, students Columbia Prison Divest handed Bollinger a piece of paper outlining why he should meet with the group.

BY ANGELA BENTLEY
Spectator Staff Writer

Members of Columbia Prison Divest held a protest and speak-out against the University's investments in private prisons for the National Day of Protest to Stop Police Brutality on Wednesday afternoon.

After gathering at the Intercultural Resource Center, around 25 students marched to University President Lee Bollinger's Freedom of Speech and Press class in Schermerhorn Hall and silently held signs outside the classroom.

As Bollinger walked into the building, students then unfurled a large banner saying "Columbia Prison Divest: Meet With Us." One student read aloud the names of people killed by police since CPD first demanded a meeting with the president in February.

"Columbia invests in a system where a black person is killed by police or security every 28 hours," another protester said.

According to protester Ella Every-Wortman, CC '16, before walking into the classroom, Bollinger first said, "You don't have to do this," and then that he would be willing to meet with CPD.

"Our specific demand is to get a meeting with President Bollinger, which we've been asking for for eight months now," said Asha Rosa, CC '16, one of the organizers of the protest and a member of CPD and Students Against Mass Incarceration, before the protest.

"We want to see Columbia divest from the private prison industry," Rosa said. "We've been

City Council sexual assault bill introduced with activists' input

BY CHRISTIAN ZHANG
Spectator Senior Staff Writer

Public Advocate Letitia James introduced a bill to the New York City Council on Wednesday that aims to improve the services and information available to victims of sexual assault to improve how city agencies respond to college sexual assaults.

"Now is the right time to expand resources and develop better standards to ensure that students have proper tools and education to address college sexual assaults," James said in a statement. "In the included language mandating colleges to report sex-crime statistics monthly or establishing an NYPD liaison to colleges.

The former means that for Columbia, little will change in how the University addresses sexual assault cases since the bill only addresses the city's working with larger, national organizations," she said. "On campuses, survivors and advocates have a very specific perspective ... so it was very important for us to be able to have those meetings with her team, and advocate for student survivors in that context."

very strongly advocating for them to move away from an approach centered on the NYPD."

After introducing the bill on Wednesday, the council referred it to next Monday's Committee on Higher Education hearing, where campus activists will testify in favor

克里斯汀（左一）今年大学毕业，经过了肯尼亚的志愿者服务、纽约市井人物的追踪报道之后，他选择去新加坡尝试一个全新领域，用经济分析来观察全球化发展。

由一群大学生自主掌控的校报，从内容到经费全部由学生自行负责运营。新闻主编之一的克里斯汀每周必须面对60小时的工作量！他的头版文章常常关注纽约市内的弱势群体。我去参观“报社”的当天，他的文章就刊登在头版，报道纽约市政府刚刚颁发的一项关于性侵的新法令。克里斯汀课余还选修肯尼亚斯瓦希里（Swahili）语。他立志要成为一个有话语权、对社会平等有推动力的人。

第三位就是Ian了。他在整个夏令营的旅途中，除了参加所有的劳动和活动之外，还担负起一项重任，就是用自己的摄影镜头把小伙伴们在马赛马拉的每一天记录下来。他希望通过一张张有深度的照片来展示生命和水的珍贵，来提醒大家这个世界上还有很多问题需要年轻人去解决。回国后Ian办了一个摄影展，取名为“肯尼亚·生命·水”，并于2013年的9月5日、6日在北京四中和五中共同举办的Me to We “明日领袖研讨会”期间展览，向北京的同学们介绍远行非洲的感动和人生的收获，以此鼓励更多中国同学加入到“解救孩子”的志愿者行动中。

Ian在志愿者旅途上还有一个任务就是担任随团摄影，记录下路上的点滴感人之处。通过举办“肯尼亚·生命·水”的摄影展，他领会到一张照片、一段文字也可以传递力量。他在以后的高中生活里始终相机不离手，用自己的报道来影响周遭的人、事、物，因此在毕业时得到了所在高中颁给的鼓励创意精神的大学奖学金。

回到学校后，Ian专注于用摄影和视频来报道校内外的公益活动，他还与另一位同学一起创立了校报的视频部分，把校报的内容扩展到社交媒体上去。2016年11月15日，Ian接到了著名的纽约大学电影和电视学院的录取通知，他将继续用自己独特的视角和镜头来记录和展现他眼中不一样的世界。

最后，我想以一个“奇迹”来结束本节的内容。

大家还记得前文提到的在Kisaruni女子高中接待我们的那个叫米莉亚的肯尼亚女学生吗？当年她14岁，她的梦想是去内罗毕念大学，可是在她的家乡，女孩9岁就必须嫁人，上大学是天大的奢望。当时我问过她：“你将如何支撑自己上大学？”她说政府给高中毕业成绩达到B–的女孩免费保送读大学的机会，而米莉亚是全A女生啊！她梦想学法律，成为女律师或女法官，因为她想改变家乡对女孩不公正的状况。

在离开肯尼亚回上海的路上，我一直想着米莉亚，不知下次何时才能再见到她。2014年8月，世界青少年奥林匹克运动会在南京举行，期间Me to We派出了一个少年队伍参加“世界青年体育、文化与和平论坛”，Ian和我都有幸被邀请了。会场上我们又遇到了米莉亚，她是代表Kisaruni女子高中来参加大会的。在江苏电视台的国际频道青奥转播厅里，孩子们在他们的精神领袖克雷格的带领下，经历

来南京参加论坛的米莉亚。

一群意志坚定的想改变世界的年轻人，在精神领袖克雷格的带领下又聚集在了中国南京。我作为志愿者母亲有幸加入他们，更高兴的是，见到了米莉亚（左一）和她的同学。这是她们第一次走出非洲，我相信，对她俩而言，走回非洲的也一定不是同一个她们了。

了有生以来第一次电视访谈。采访的题目很难，问的是什么是你的梦想？

米莉亚非常坚定地说："Be The Change!"（我要成为改变的力量！）

Ian的回答是这样的："我在很小的时候就喜欢帮助别人，自从加入Me to We后发现，在这个大家庭里，我与很多想帮助别人的小伙伴"搭"上了线，这些小伙伴的故事和经历正在影响和改变着我。我的梦想就是把这份改变传播出去，让更多人发生改变。"

当时我坐在观察室里听孩子们的访谈，被他们感动了一次又一次。到了与米莉亚告别的时候，我告诉她："我18岁去北京念大学，24岁去纽约留学，以当时中国的情况没有人知道离开了家乡什么时候才可以再回来，但梦想无止境！"这时，我看到米莉亚眼中闪出了泪光，我们拥抱在一起。

我非常确信，有一天肯尼亚会拥有一批杰出的女性，无论她们在做什么，她们都将是改变家乡的一代杰出的人。

曾经12岁的少年克雷格，在近20年的时间里，用自己的行动和理想带动了千千万万个少年的行动和理想。他的这项"改变自己改变世界"的伟大工程在张婕女士的带领下，正快速地在中国的许多城市和学校开展起来。与我一样，张婕原来也是Me to We 的一位志愿者妈妈，然后因为被克雷格的精神所感动，她毅然从加拿大回国，投身青少年领导力志愿者项目中。我能带领孩子们远行肯尼亚，正是受到这位志愿者妈妈的感化和感动。所以，妈妈有广阔的视野和舍我的精神，孩子才能走得远、飞得高，成为改变世界的一股力量。

让我欣慰的是『Me to We青年领袖力志愿者』项目已进入中国。在我的引荐下，每年暑期都有来自全国各地的初、高中生奔赴湖南的女书村，参与当地的学校建设。图为志愿者们在女书村的合影。

全章总结

1986年有一部风靡全球、荣获奥斯卡最佳影片等诸多奖项的美国电影叫《走出非洲》（Out of Africa），讲述丹麦女子卡伦（Karen）来到肯尼亚后的人生旅途。而1986年正好是我抵达纽约开始留学生涯的第一年，当时对电影中的人物和事迹都似懂非懂。30年前我也不曾弄明白为何卡伦在非洲待了一辈子，竟然还在晚年写了一本震撼世界的自传体小说叫《走出非洲》。直到 26年后，当我跟着孩子们走过了非洲才明白，原来走进非洲并不意味着什么，走出非洲才是真正改变的起点。我们是带着前所未有的许许多多感动、感怀和感恩离开非洲的，我们被改变了！

一场10天的旅程把一个庞大的世界带到了孩子和我的面前，让我们的内心发生了天翻地覆的变化。从6岁入小学至18岁进大学，我们与孩子将度过600多个周末、24个寒暑假。这些对孩子、对父母意味着什么呢？我们可以把这些日子当作最简单意义上的闲暇机会，用聚餐、补课的无限循环把它们“消费”完毕；我们也可以把它们当作闲暇教育的宝贵机会，从游戏、阅读、电影、榜样人物、夏令营和公益旅行着手，让每个假期为孩子们带来精神和心灵上的震撼、感动和蜕变，让每次蜕变推动孩子向着更高的人生境界攀爬奋进。

教育必须围绕着知识多维度展开，闲暇里的教育关乎学习的目的和动力，个人的价值和社会认同感，个人的爱好和人生的追求，这都是推动孩子成长的最强大的第三种力量。

我们的改变，就是要用自己的变化去影响更多的人发生改变。

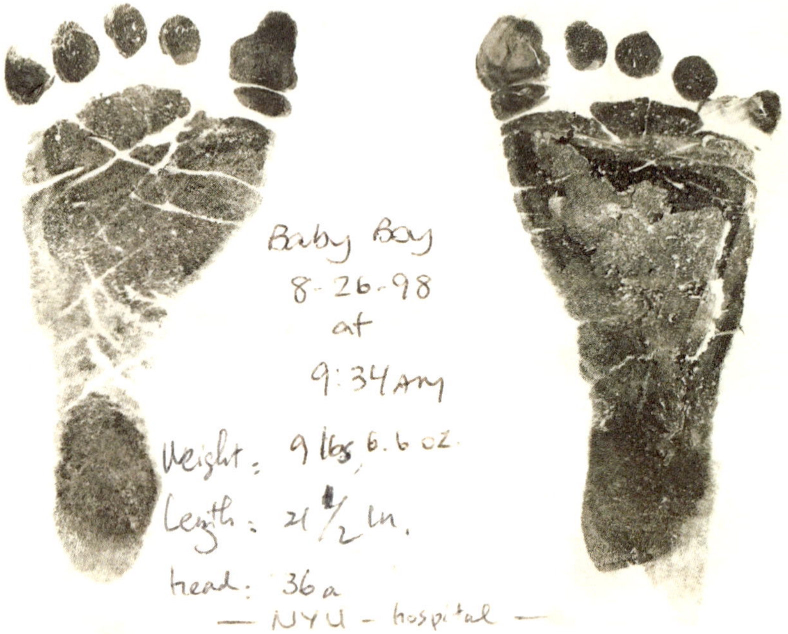

当这双小脚印第一次呈现在我面前时，我还没准备好当妈妈，更不清楚妈妈的责任有多么重大。然而，就是这双小脚印一天天、一年年地引领着我走到了今天。

第四章

CHAPTER 4

看懂孩子与生俱来的五大本能

孩子出生时随身带来了5项神奇的本能，从这5项本能中又生长出5大神奇的能力，然后孩子将无师自通地把这些能力一一展现给爸爸和妈妈。这5项能力分别是：哭，沟通的雏形；吃，最基本的生存能力；拉，与维持健康相关；睡，有助生长的能力；最后一项玩，非常重要的自我学习的能力。

围绕着孩子与生俱来的这5项超级能力，父母最大的挑战就是赶在孩子入园之前帮助他们建立起良好的生活规律和生活习惯。比如，孩子有什么要求应该用说的，而不是哭；吃饭自己来，不依靠喂；睡觉无须陪，独立入睡等。而在为孩子建立习惯的同时，父母也在学习如何与孩子相处、沟通和管教。本章主要聚焦在孩子的5大能力培养，为进入幼儿园和小学做好行为和习惯上的准备。

也许你的孩子已经大了，过了这5大能力形成的关键时期，即使如此，了解孩子与生俱来的5项超级能力对你依然有帮助，可以让你更好地理解孩子现在的表现。

哭，孩子学习沟通的必经之路

我见到好朋友蕾蕾时，她的宝贝刚刚6个月。蕾蕾脸上放光，完全没有其他新妈妈的焦虑，她自豪地对我说："我家宝贝从来不哭，一天哭不到两次。"

但这却让我焦虑了起来，一个不哭的小宝宝正常吗？

我环顾了一下宝贝的生活空间，婴儿房里没有安排可以让孩子自由、安全滚爬的空间。如果蕾蕾的孩子在过去几个月里，不趴、不爬，又不哭，那么你知道宝贝会出什么问题吗？答案是：宝宝与生俱来的运动需求被妈妈的"爱"抹掉了。

所以，孩子哭与不哭，其中的奥妙有很多。

"呱呱坠地"就是宝宝的第一声喊叫

有人猜想孩子出生时大哭，是因为婴儿离开母体独自来到陌生世界时害怕才大哭的。其实不然，这是婴儿在大声向我们喊叫："爸爸妈妈，我来了！"

婴儿出世前在妈妈的子宫里时鼻腔是不能呼吸的，因此肺内并没有空气，那时小小的肺就是一团结实的组织。记得儿科医生曾告诉过我，当孩子离开母体的一刹那，他的胸廓忽然伸展开来，胸腔也随之扩大，肺叶突然打开，于是婴儿自然地吸进了生命的第一口空气，同时又迫使进入肺内的空气向外流出，冲出来的气体"撞开"了声带，声带发生振动后传出了听起来类似哭的"号叫"，这就是成语"呱呱坠地"所描述的形象场面。所以说，孩子的第一声哭其实不是哭，而是喊，是叫。

妈妈，我不是在哭，而是在运动

从一开始，哭与呼吸运动就密切地联系在一起。我们不妨仔细观察一下，当孩子用力大哭时，其实他就是在一次次地做着深呼吸。新生儿的运动形式很特别，既不是我们想象中的奔跑跳跃，也不是翻身打滚，而恰恰是在吃喝拉撒等行为过程中的各种各样的“哭”。比如：

洗澡哭：边洗边哭，让鼻涕眼泪全部“哭”出来，做一次身体的“内物”大扫除。

换尿片哭：边换边哭，四脚朝天地做伸展运动，带动肺和其他各类脏器运动。

吃奶哭：吃奶前使出全身“吃奶的力”哭，这是孩子人生第一份“觅食工作”，是最好的身体运动和体能锻炼。

分龄读懂孩子哭声背后的秘密

既然哭有那么多好用场，那么为什么父母会害怕孩子哭呢？因为我们自己成人后忘了哭的最原始的生存意义，我们习惯了用大人的不安情绪和疼痛意识去理解孩子的哭声，以为孩子哭就是在受苦受难。于是，我花了一个下午的时间与蕾蕾聊孩子哭声背后的秘密。

3个月内的新生儿：别怕他哭

对新生儿来说，多哭就是多运动，只要孩子没有生病发热，能哭就让他哭一下。妈妈学习做对以下3件事就可以了。

忍住你的焦虑：让孩子哭一下，表达一点儿害怕是正常的，千万不要自乱阵脚，妈妈的情绪孩子会感应到的。

笃悠悠地给孩子换尿片：把室温调到26℃左右，用眼睛望着孩子的眼睛，每次换尿片时唱个相同的小曲，或讲个相同的故事，捏捏孩子的小手对他笑了再笑。于是，孩子会明白：这个脱衣换尿片的时间是一段会重复到来的“身体解放”，是接受妈妈爱抚的快乐时光。

让孩子感受洗澡的快乐：可以在孩子身上铺块暖暖的纱巾，把水慢慢地泼在纱巾上；让孩子半躺在铺有温暖浴巾的浴盆垫上，这会比用手抱着给孩子洗澡让他感到更多安全感。做每个洗浴动作时，对孩子讲解下一个动作，他虽听不懂，却能感受到。

总之，你做你的，他哭他的，时不时地送上一个小亲吻。只要让孩子感受到你在关爱他、保护他，孩子哭的时间就是一段小小的运动时光。

为何新生宝宝洗澡、换尿片时爱哭？

考考你

这是因为小婴儿的身体对外界温度极度敏感，他习惯了在妈妈子宫里温暖的被包裹感，突然被人扒掉衣服，实在可怕。此外，他们在妈妈子宫里是弯曲身体、弓背含胸的，现在突然让他们大字形仰卧，这让他们误以为天要塌在他们身上了。妈妈的应对方法就是温柔地多做几次，孩子会喜欢上这个感觉，还会对你笑呢！

3～6个月的宝宝：猜准他们为何哭

从这个阶段开始，孩子会越来越爱哭，只是不会集中在洗澡、换尿片和睡眠时间了。因为孩子想要表达的需求越来越多，问题是他们还不会讲话，也不会打手势，所以自然开始用“哭”这个最重要的婴儿沟通方式了。

从这时起，爸妈的智商开始被严重挑战，因为孩子时不时地会用哭来“逼迫”你猜谜语。

我孤独，要抱抱

孩子睡醒后哭了，先与他讲讲话，告诉他你听见他叫你了。然后，你会发现只要抱起他，哭声就停了，原来他在告诉你：我感到孤独了，想要回味一下在母亲子宫里无时不在的“拥挤”感。对于久哭不停的孩子，最有效的办法就是用婴儿背袋背上孩子走动，当孩子的脸紧贴在妈妈胸前，听到了妈妈的心跳，闻到了妈妈的体味，他就会神奇地安静下来。

我饿了，要吃奶了

只要望见孩子小嘴一收一缩的，那准是饿了。你是想按需喂奶还是按时喂奶呢？这是长期在各大社区里打得火热的标题，我觉得都可以吧，你觉得怎么方便就怎么来，孩子怎么喜欢就怎么做，没有对和错。我自己是先按需喂奶，3个月后开始逐步训练孩子按时吃奶。

我冷了，我热了

婴儿的房间过冷过热，孩子都会抗议。室温在26℃最适宜。被子不宜厚重，有包裹感的睡袋或包巾最让孩子有安全感。爸妈想当然地让宝宝少穿衣、多盖被的做法是错误的，那样睡觉还需要等上很长一段时间。

我屁屁不舒服，我尿尿了

孩子尿湿了或拉粑粑了，都会使劲儿哭，因为他们的小屁屁特别敏感，不舒服就要哭着让你知道。

我不喜欢被摆弄，我紧张

孩子不喜欢脱衣服，这会使他们感到紧张。因此需要为孩子准备好易脱、易穿的贴身衣服。换衣前做好准备，动作尽量快，边换边用说话、讲故事、放音乐来转移他们的注意力。

我被打扰了，我烦

小婴儿需要睡很长时间，吃喝拉撒必须极有规律，大人不经意地逗弄他们，随意改变作息都会打扰到他们。所以，有一件最糟糕的事大家别做：让孩子跟着我们的作息生活！这样的孩子始终在哭闹和兴奋之间波动，不哭才怪呢！

我被吓到了，我害怕

孩子受到突然的光线、声音、物品的刺激会感到极度不安，于是会用哭来表达恐惧、求救，甚至抗议。这时要抱起孩子，用他们熟悉的声音、笑容和抚摸来安顿他们被搅动起来的害怕。

我感到疼痛，我求救

疼痛会使孩子突然地、激动地大哭不止。这时妈妈要紧紧地抱着孩子，找到疼痛的原因，必要时立即带他去看医生。

我生病了，我要帮助

孩子不舒服，除了哭还不爱吃，精神不好。孩子生病会有一系列小症状，妈妈注意观察，不大意也不过度反应，该看病的尽快看医生，该护理的就安心在家护理。

宝宝吃奶该按需还是按时？

考考你

吃奶这事，月子里基本是宝宝说了算，此后则由妈妈说了算。

按需喂奶：孩子想吃时妈妈就喂。一般月子里的孩子基本如此，因为吃奶的规律尚未建立起来。

按时喂奶：妈妈按照既定时间来喂奶，如固定3～4小时喂一次奶。

建议：一般出了月子，慢慢向按时喂奶过渡，以培养孩子规律的吃、睡作息。

6个月开始：用语言和手势来减少孩子哭

现在的你，当妈妈已经有了一段时间，对孩子的各种哭声也都摸索清楚了。从4～6周的时候，宝宝会开始微笑，之后是大笑。在接下来的几个月中，他们会学着你的话语来发声，并且开始模仿一些环境里听到的声音和看到的动作。在宝宝真正说话之前，他们就已经明白了许多词汇。所以，从现在开始，你要想办法帮助孩子表达，以此减少他们用哭来引起注意的倾向。

◆尽量多和孩子说话，说话时多用表情和手势。

◆多用问句，然后说“对吗？对就跟妈妈点点头”，以此引导孩子用手势和肢体语言来表达需求。

◆孩子哭时妈妈不能表现出烦躁，相反需要耐心地询问，像解谜语似的一点点帮助孩子把自己的意图显现出来。这样做妈妈的确会觉得很累，但有一个永久的好处，那就是孩子下意识里弄明白了妈妈正在帮助自己讲出心里话，不是因为自己哭得凶妈妈才关注自己，恰恰是因为自己能告诉妈妈想要什么，妈妈才会帮助自己。慢慢地，孩子会用语言和表情来更精确地表达自己的愿望，从而忘了用穷哭乱闹这一招来要挟父母。

1岁开始：练习活话剧台本

学说话是孩子发育过程中的一个里程碑，在亲子关系上更是一个崭新的起点。当孩子会说话后，哭的时间和愿望就会相对减少。所以为了训练宝宝不哭，妈妈首先要鼓励他说出自己的意图。

“告诉我，你是想要喝水，还是吃饭？”

“请重复一遍：我要喝水。”

“想走过去和小朋友玩吗？如果你说是，妈妈就会帮你一把哦。”

这就像在演活话剧，妈妈心中要有足够的台本，每天都用一场场实地“排练”来帮孩子演习生活中的台词。孩子口中的台词越丰富，他的表达就会越顺畅；当孩子表达顺畅了，妈妈就需要更快速、及时地回应孩子的话。这样自然而然就会引导孩子发现一个秘密：原来说话比哭更能让妈妈理解自己要什么，因此孩子会减少哭闹，说话的习惯便可以建立起来了。

2岁开始：建立规则，不让宝宝“狠”过妈

2岁到了，孩子开始明白“我”与“妈妈”不是一体的，我要“狠”过妈妈和

周围的人，才能让他们围着我团团转。这种想法没有错，这意味着孩子的自我意识萌发，他开始用各种“耍赖”的方式对大人们说“不”，其中包括撒手锏式的哭闹节目：哭！大哭，不停地哭，哭得喘不过气来，哭得在地上打滚，专拣人多的地方暴哭，在客人面前哭……身经百战的孩子会聪明地总结出一条经验：“我一闹他们就会给我的……”这时，妈妈要学习做对3件事：

调整好心态。首先知道这时的孩子就是“闹腾”的，他最需要的就是妈妈的耐心。

管理好自己的情绪。妈妈着急，孩子更会闹，因为他们似懂非懂、似听非听，妈妈可以模仿孩子的语调和形象化的手势来与他沟通，用自己的好情绪来中和他的坏情绪。

巧用孩子的感受。对这个年龄段的孩子讲道理还是太早了，不是他不愿意听话，而是他们对因果关系仍不太清楚，所以妈妈最好利用孩子的自身感受来让他体会你要教他的道理。比如，他爱咬人，你就让他咬一口后，“演”给他看你有多痛，然后告诉他你也想咬他一口，让他感觉一下被咬的滋味，来回这么两次他便明白：哇，被妈妈咬好痛！其实，此时的孩子就像一个可爱的小动物，需要用物化的办法来启蒙他们的认知，训练他们的行为举止，为他们建立规则。

为何说建立规则重要？

考考你

如果在孩子2～3岁时，妈妈没能用“智慧”颠覆孩子用哭来得到一切的“黄金定律”，那么在之后很长一段时间里，孩子将体验不到规则，尝不到被管束的感觉。等到孩子性情养成再让孩子体验“被管束”，就如同等孩子的脚长大了再给他穿小时候的鞋子一样不合适。所以，2～3岁开始引入规则的概念很重要。

3岁开始：故擒欲纵让孩子哭出来

这个阶段到了孩子要走出家门去上幼儿园的时候了，因此强化已建立起来的一些规则很重要。比如，吃饭洗手，收拾自己的玩具，睡觉前和家中的其他成员说再见，不无故大哭等。

同时，因为孩子已拥有较好的说话能力和活动能力，我们需要为孩子进入小集体做准备。适时多引见一些小朋友来家里或去公园玩，让孩子体验与他人在一起碰撞后的喜怒哀乐的情感层次，明白自己有原因的哭也是可以被家长接受的，比如让自己情绪放松下来，也可以当作求救的信号。

然而，由于孩子解决问题能力和表述能力离完善还差很远，因此我们可以鼓励他选择用哭来表达害怕、不满和愤怒等情绪。我们要理解孩子的情绪是流动的，流过来了再帮助它流出去，若大人不让孩子哭，反而是阻止了孩子情绪的正常宣泄。

会用嘴“告状”的孩子哭得少

哭得多的孩子除了性格问题之外，大多是因为他们的表达能力没有培养好。我的两个孩子小时候不太哭闹，因为他们被我鼓励得超爱说话。他们知道，只有不哭的嘴巴才可以空出来讲话，他们讲话讲清楚了，妈妈才能够聆听到他们的要求。妈妈聆听孩子的过程越长，问题就会解决得越快，因为等孩子讲完他们长长的“故事”之后，一般都已经忘了要哭的事。其实，孩子也只不过想要告诉父母一些他们心里认为“公平与不公平的事”，这是Ian和小Sean经常挂在嘴边的话。所以，让孩子学讲话，学告妈妈的“状”，告爸爸的“状”，告身边任何人的“状”，只要不顺心时就可以找妈妈、爸爸或老师“告状”，只要大人不把他们当“小人儿”看，耐心听完他们用九牛二虎之力告的“状”，那么很快孩子们就会选择不哭，而是用说来引起注意，来“赢”得自己的 “告状”。

“不许哭！你怎么这么不懂事？”

最可怕的场景就是妈妈对着孩子大叫：“不许哭！你怎么这么不懂事？”“不懂事”三个字对孩子来说不是一个行为引导，也不能给孩子一个可供模仿的对象，恰恰相反它给了孩子一个抱怨、一个评判，甚至是批评。

孩子会觉得自己没有被妈妈重视和接纳，这可是天大的“冤情”，妈妈的吼叫只会让孩子感到更深的挫败，更想哭，想一直哭下去。时间一长，孩子便会迷失方向，不知道用什么方式才可以得到自己想要的东西，用什么方式才可以表达自己不喜欢的事，用什么方式才可以引起大人的注意……“你们只叫我不要哭，可没有告诉我不哭以后可以做什么。”孩子在心里一定不断地反复着这个念头。

最后孩子自己也不相信自己了，会变得认为只有靠闹情绪来“虚张声势”才能解决问题。到了这个时候，各种心理问题和习惯问题就会出现，孩子的“2岁叛逆期”就可能会无期限地延长，只要一遇到困难或不如意的事就哭闹。这样的行为和情感表达方式在许多年轻人身上都有，就是因为小时候被吼多了，忘了“说”的能力，却记着“哭”的情绪。

因此，婴幼儿早期学习讲话，即用语言来做沟通的能力与他们哭的频率有极其重大的关系。多哭的孩子学习用语言表达的机会会相对减少，开口讲话就可能会晚，性格上也会表现出不自信，不喜欢社交等；反之，哭得少的孩子张嘴练习讲话的机会就会增多，表述能力也会增强，沟通能力强的孩子自然喜欢与人交朋友。

3岁前如果孩子使用语言的意愿、能力和习惯没有得到鼓励和强化，那么他们的情绪就容易波动，会更倾向于沿用“可怕的2岁”的哭闹伎俩来应付日益复杂的成长问题，等到进入幼儿园，就会出现害怕说话、过分内向、无法融入集体等状况，最典型的例子就是“在家一条龙，在园一条虫”。所以作为父母，我们正确应对和处理婴幼儿时期的哭其实是在训练孩子未来的语言能力、沟通能力和社交能力。

Ask Jane

问题1：如何对待宝宝假哭？

我家儿子快8个月了，以前很爱笑，除了饿以外几乎没见过他哭。可是从7个月开始，孩子变得很爱哭闹，有时候明显就是假哭，有时候也会哭出眼泪来，一有什么没满足要求的，他张嘴就哭，搞得我有时好烦躁。凶他吧，哭得更伤心，不知道怎么办才好？

Jane答

当孩子还没学会说话之前，他最常用的表情语言就是笑和哭，以此来向大人表露自己的情绪。7个月的宝宝已在牙牙学语，对周围事物的感知比新生儿时期敏感许多。你的孩子很聪明，他已经知道用“假哭”来“整”你这个妈妈了。对于明显的假哭，妈妈要处理得当，否则一不小心就会掉进孩子的“圈套”，一直被他控制着、牵着走。

传统的做法一般会对这种无理的哭闹置之不理，认为强硬的态度会传递一种正确的信息“我们不理睬你”。而现在我们却更多主张，以人性化的养育方式来满足孩子的心理需要：孩子之所以会真哭或假哭，很多时候还是希望得到父母的注意，想从妈妈那里得到些许安抚。这时不要吝啬你温暖的怀抱，抱抱他、亲亲他，让他知道妈妈爱他。现代心理学研究证明，婴儿时期得到的满足越多，孩子长大成人后越自信，越乐观，也越愿意接受各种挑战。但父母也不能滥用自己的“怀抱”，所以问题关键在于父母必须细心解读宝宝哭闹背后的原因，并去理性地解决问题。

帮助孩子培养良好的行为习惯是最难的。用打骂或“凶他”的方式来回应孩子的哭闹，一方面会对孩子的心理成长造成负面影响，另一方面可能会固化他的不良行为。随着孩子的成长，他可能会下意识地觉得，即使得到的是负面关注，也比父母不理我好，久而久之，父母会经常看到孩子用哭不停来与自己“对峙”。归根结底父母应理解，哭是沟通的一种方式，所以要从沟通的角度去解决。

问题2：宝宝不顺心就哭闹怎么办？

我的孩子现在4岁，好喜欢哭，平时只要说她一句，她就哭；也好喜欢发脾气，一不顺她的意，嘴巴就噘起来。我很讨厌小孩这样，面对她这种状况，我束手无策，急的时候我就打她。请问我该如何教育呢？

Jane答

父母常常对孩子的哭闹没辙，而孩子通常也很容易用哭闹达到他的目的，于是孩子一不顺心就用哭闹来抗议。因此，父母改变孩子爱哭的习惯，就要做对三件事：第一，让孩子明白哭闹并不能让他达到目的；第二，父母要改变自己应对孩子哭闹的态度；第三，绝对不可以用武力。

首先，父母必须改变自己对孩子哭闹的反应方式。孩子哭闹是情绪发泄，这时妈妈该冷静，用理智来应对，不要因为孩子哭闹而失去耐心，任由孩子的情绪“绑架”妈妈的情绪，甚至开始动手打人。（不打孩子的原因请看第五章）正确的应对方式应该先以平静的态度让孩子停止哭泣，讲出哭泣的理由，然后立即而且认真地处理孩子告诉你的问题或要求，用实际行动告诉孩子：只要用语言来表达自己的意见或要求，也就是“用说的”而不是“用哭的”模式，那么妈妈就会立即帮助解决问题或满足要求；反之，一旦“用哭的”，妈妈就不能帮忙了。这个逻辑必须在“可怕的2岁”阶段就植入孩子的脑中，并在生活中不断练习和演习，直到孩子完全理解并形成习惯。我们常说“习惯成自然”，所以有了“用说的”习惯，孩子就不会再“用哭的”来闹事了。

如果“用说的”习惯还没有培养起来，妈妈可以对宝宝的哭泣采取冷处理方式。因为4岁的孩子一般都有点“说不起”的心理，在孩子脾气上来时，妈妈无须用太多负面语言来评价孩子的不当行为，也无须急于讲道理来纠正孩子的错误；相反，可以启动“感情”模式，抱抱孩子，说一些理解的话语，表示关怀和关注。如果“感情”模式不管用，就要启用“暂停”模式，把孩子引到没人的环境里安静一会儿，暂停一下。如“暂停”模式还不管用，那么就让孩子尽情地哭一会儿，释放一下情绪也没有问题。

最后，即使妈妈希望让步，也必须找到一个好的理由来让孩子明白是自己的改变让妈妈同意了要求，这叫“让步”模式。比如，孩子哭了很久还是不能平复，那么妈妈可以这样来“圆场”：“妈妈现在可以先同意你的要求中的一部分，但你必须告诉妈妈你选择哪个要求先实现呢？”只要孩子中招，他就会停下来与你讨价还价，于是沟通就开始了。只要妈妈能巧妙地轮换使用“感情”模式、“暂停”模式和“让步”模式，那么孩子的沟通好习惯就会水到渠成。

问题3：宝宝被吓哭怎么办?

我家孩子10个半月，前几天带他去自然科技馆，大概看到恐龙骨架和其他动物标本吓坏了，这几天每天晚上哭闹，不肯入睡，而且不肯自己睡小床，要和我们睡大床，请问有什么办法吗？他哭的时候我都抱他，和他说“妈妈在”，可是好像不管用。

Jane答

首先，我要批评妈妈的无准备。10个半月的孩子完全不适合看那么具象而且体积那么大的东西。妈妈现在可以找些幼儿适合看的恐龙图画书来，指着解释给他听，哪怕孩子不完全听得懂，他也能看懂，再自编点儿好玩的恐龙故事来逗他，以解除他心中积存的巨大恐惧感。记得我大儿子Ian四五岁时去纽约自然历史博物馆，突然看到大恐龙站在那里时，掉头狂跑，那时他已经读了好多关于恐龙的绘本和故事，但还是没法想象什么叫“巨大”。

这个年纪的小朋友虽然很好奇，但对周围环境的领悟力还不够完善和充分，如果爸爸妈妈准备带他去博物馆、动物园的话，建议避开大型、凶猛的动物，先带孩子看一些小型的可爱动物，如会发声的鸟类、小兔和小鸭等。待孩子认知能力更强时再带他去看体积大的动物。

如果在现场孩子大哭的话，妈妈应该立即启动“暂停”模式，抱他离开令他恐怖的现场；然后开始“感情”模式，安慰他的同时也让孩子再哭一会儿，感到“舒服”点儿，等情绪平复后，再蹲下来。我和孩子的习惯动作是这样的：我左腿跪在地上，右腿向前伸出，形成一个弓步，孩子坐在我的右腿上，我从侧面搂着他的腰，然后说：“宝贝好害怕哦，妈妈知道，我和你在一起。现在哭一会儿，你是否舒服点儿了……”此时的关键是引导孩子表达出情绪，千万不能责备孩子“胆小”“没用”等。

孩子不敢自己睡，这是因为他的安全感被破坏了，所以妈妈要有耐心从头开始做起，先帮助孩子消除对恐龙的害怕，再消除对夜晚的害怕，慢慢让孩子重新回到以前的“大无畏”状态。

独立吃饭，孩子学习自我生存的一门技能

吃的最原始理由是什么？是为了生存，所以新生儿一落地就找妈妈的原因不是别的，就是为了找一口赖以生存的奶吃。做妈妈的都知道，小婴儿没人教却能自然地、以一触即发的状态吮吸母乳。

讲个真实的故事，美国有个女孩，她生下来就被丢在了荒原里。这时正好来了一个狼群，其中有条母狼刚生下的小狼崽死了。母狼正在为涨奶而倍感疼痛时，听到了女婴的哭声，它循声而来。黑暗中母狼的身体碰触到了小婴儿的脸，女婴在闻到母狼的奶味的一刹那便自然地把小嘴贴上了奶头，一鼓作气地把母狼的一腔热奶吸干了。母狼立即感到舒畅无比，天然的母爱被激发起来，母狼变成了小女婴的狼妈，把孩子叼回狼窝抚养长大到少年。

吃母乳、喝奶是吃饭的前奏，那么喜爱吃奶的孩子怎么会到了吃饭的年龄却开始 “退化”而不爱吃饭呢？其实这不是退化，只是孩子“吃”的能力没有按期、按规律“进化”罢了。很多孩子需要大人喂饭，需要在强压之下才能勉强咽下口中的“美食”，进了幼儿园更无法自己吃完一顿完整的午餐，变得越来越挑食、偏食，这些都是因为父母在孩子出生的头两三年做错了许多事而导致的恶果。

数数我们这些年一直在犯的错

第一错：过早给宝宝喂辅食

世界卫生组织建议在宝宝满6个月时开始添加辅食。然而在吃的问题上，有些父母赶早不赶晚，没有很好地遵守辅食喂养法则，恨不得孩子一出生就喂营养食

物，比如蛋黄、海鲜、蛋白质等。由于孩子的胃肠道尚未发育完全，身体很可能会将原本不过敏的食物也当作外来入侵者而分泌一种抗体。当宝宝再次吃到这些食物时，抗体就会通知身体的免疫系统：又来“外来入侵者”了！身体立即释放一种叫作组织胺的物质来抵抗，于是会出现荨麻疹、肿胀、慢性湿疹或呼吸问题等过敏症状，严重的话，孩子长大后可能再也不能吃这种食物了。而小宝宝只要吃了某种食物感觉不舒服或严重过敏，他自己也会下意识地拒绝再尝试同一种味道和食物。久而久之，孩子对吃变得越来越谨慎，越来越抵触。所以，过早喂辅食是有风险的。

第二错：吃流质或泥状食物时间太长

辅食喂养是从流质开始，然后过渡到半固体和固体食物，而停留在流质喂养的时间过长会影响孩子的咀嚼能力。由于每个孩子的生长发育速度不同，父母应根据孩子的表现来判断何时可以开始添加辅食，添加的时间不早于4个月、不晚于8个月。 然而更重要的一个“进化”原理是：8个月以后，必须逐渐添加半固体食物，以锻炼宝宝的咀嚼能力。

有些父母会以为，没见孩子长牙，所以不能喂硬的食物，于是顿顿烂糊面、菜粥、肉酱等，让孩子没有机会打磨牙床，导致牙齿萌出缓慢，宝宝也因此会更加感到出牙的痒痛和各种不适，渐渐失去啃咬咀嚼食物的兴趣，以至于不肯吃饭。同时为了解除出牙期的痛痒和焦虑感，孩子开始咬手指、啃餐具或玩具等。其实，孩子只是在自己帮自己解决牙痛的问题，大人不给他硬的食物啃咬，他只能自己去想办法应对了。如果不信，妈妈用手去摸摸孩子的牙龈，那可是能咬痛你的硬度啊！

TIPS 自主进食的阶段性参考目标

- 3个月：尝试用舌头舔勺
- 4个月：自己捧奶瓶喝奶
- 5～6个月：练习握住婴儿专用勺
- 7～8个月：开始坐餐椅练习
- 15个月：可以自己用匙子从碗中吃完一半的餐量
- 2岁：半小时内独立用匙子吃完一餐饭，并可以开始学习用幼儿专用的训练筷子

第三错：1岁来了，辅食做错了

在吃饭时，孩子看起来不肯咀嚼食物，而是长时间把食物含在嘴里，这是聪明的孩子在“偷懒”。他想把食物用口水泡软，然后用舌头碾磨弄碎，再吞咽下去。而有的父母却以为孩子是吃饭速度慢，或者不爱吃饭。

造成这个状况的原因多是家长没有按孩子生长发育的进度适时为他添加固体和富含纤维的食物。比如，习以为常地首选喂粥，却不给馒头片嚼；吃烂面片，却不给烤面包块啃；吃肉泥，却不给鸡丝咬食；吃菜泥，却不给蒸熟的西蓝花啃嚼。这些都直接造成孩子的咀嚼能力差，不习惯吃较硬而多纤维的食物。只要遇到一点儿纤维质的肉类和蔬菜，就会咀嚼不了，“一吐方休”。

第四错：2岁来了，辅食选错了

孩子对某些食物表现出严重敏感症状，经常出现各类皮肤或呼吸道过敏症，如一碰鱼就腹泻，一吃鸡蛋就吐，吃完某些食物就身上莫名地起包，湿疹发了一次又一次；食物送到嘴边，小家伙用舌头坚决地推出来，再喂再吐…… 除了家族遗传因素外，重要原因不外乎以下两点：

无母乳喂养或过早停止母乳喂养

研究发现，纯母乳喂哺超过4个月的孩子，不仅短期内患各类过敏的比例明显低于代母乳的孩子，长大后发生过敏性呼吸疾病的机会也是配方奶喂哺孩子的一半。

没严格按月龄添加合适的辅食

◆ 月龄未到不能随意添加辅食。世界卫生组织建议，应在婴儿满6个月时添加辅食。有些妈妈总想给宝宝早一些添加辅食，似乎早一些添加辅食宝宝就会越吃越壮。其实过早添加辅食对宝宝有诸多坏处，比如容易引发消化不良，导致腹胀、腹泻；因舌头的挺舌反射尚未消失，而拒绝妈妈用勺喂食固体食物。此外，还容易引起食物过敏等。

◆ 月龄到，需及时添加辅食。美国儿科学会和中国营养学会都不建议推迟添加易过敏的食物来预防过敏。建议家长从6月龄开始逐渐引入不同种类的食物，尽早丰富宝宝辅食的种类；每种食物从少量开始，每次只添加一种新的食物，并仔细观察有无不良反应，尤其对有家族过敏史的宝宝更要小心。

◆ 用营养价值相同的食物替代过敏食物。一旦发现宝宝对某种食物过敏，近阶段就不要给宝宝吃某种食物，可以用其他营养价值相同的食物来替代这部分营养，避免营养不均衡。妈妈完全没有必要纠结在宝宝过敏的一两种食物上。

◆ 随着成长发育，可再次尝试添加过敏食物。宝宝现阶段对某些食物过敏，但随着成长发育，到一定时期可能对有一些食物就不过敏了。或者经过医生及时的治疗，在宝宝的症状消退后，有些过敏性的限制食物可以逐步再添加。

每个宝宝的体质不同，对某些食物过敏程度也各有不同，我们需要做的并不是让宝宝远离一切有可能致敏的食物，而是用持续、灵活的态度严肃对待宝宝添加辅食事宜。

考考你

如何科学地为宝宝添加辅食?

4～6个月，开始添加泥状辅食，最安全的第一种辅食是强化米粉，约每4～7天添加一种新辅食，观察无不良反应后再添下一种。

7～9个月前，不喂鱼虾、全蛋、小麦和豆制品。

12个月前，不喂全脂牛奶、蜂蜜。

24个月前，不喂巧克力。

36个月前，不喂花生、核桃等坚果。

第五错：3岁来了，放任孩子边吃边玩

孩子的想法开始变多，吃饭时“心不在饭”，心思很容易跟着玩具或其他好玩的跑走。所以我们经常看到孩子“吃一口换一个地方”的情景，大人则追在后边护驾，以保证喂饱。其实，爸爸妈妈想过没有，如果我们吃晚饭时也像西方人一样端着碗盘，晃悠着、站着吃自助餐，那我们的胃口能像平日坐在桌前那么好吗?

所以，孩子需要有一把自己专用的就餐椅，封闭式地把爱动的孩子固定在餐椅上，防止孩子从成人式的、开放式的椅子上一跃而下，去抱抱小熊，去开开小火车，满屋子乱跑。同时，也不让孩子把玩具带上餐桌。

第六错：让孩子对吃饭失去了兴趣

3岁孩子已有自己明确的口味喜好，而且喜欢参与到很多事情里来。但父母在为孩子做饭前，有没有与孩子讨论过吃什么？有没有给孩子看过饭菜做好以前长

什么样？是什么颜色？曾生长在哪里？当我们一味注重食物的营养而每天想着法子搞“营养餐”时，我们恰恰忘了孩子会很享受和妈妈一起动手的乐趣。我们为了做饭的效率，把孩子对食物的好奇心给慢慢地掩埋掉了。

第七错：放任零食把孩子的胃填满

“我不饿！干吗要我吃？”

这是孩子天经地义的反抗！白天孩子哭了、闹了、馋了，没辙的父母往往找出万能的零食和甜饮料，把它们当作奖励、哄骗和宠爱来暂时搞定孩子。父母还会给孩子一个绝美的昵称，叫“小吃货”，弄得孩子事理不明，以为做吃货是何等的荣耀。

第八错：没为孩子建立固定的用餐时间

孩子的作息不能乱。孩子年龄越小，其作息规律就越不能被打乱。如果父母没有为孩子建立固定的作息规律和饮食时间，随着大人随意地作息：昨天12点吃午饭，今天11点吃午饭，明天1点钟吃午饭。孩子看在眼里，对定时、定点吃饭当然没有概念。

第九错：没让孩子爱上蔬菜

吃奶是天性，然而能否爱上吃蔬菜可是需要后天培养的。如果开始添加辅食时，妈妈没有注意蔬菜泥的补充，那么孩子自然会对蔬菜的味道感到陌生。孩子不喜欢吃蔬菜的另一个原因可能是因为很多蔬菜的膳食纤维含量高，如果孩子咀嚼能力从小没有培养好，自然就会疏远蔬菜。

建议先从优质的品牌蔬菜泥开始喂起，因为成品菜泥已去掉了大纤维和蔬菜特有的涩味，在营养的平衡和烹制的清洁度上有很好的保证。等孩子熟悉了细腻的蔬菜泥后，就可以考虑自己制作较粗一点儿的蔬菜泥了，然后再过渡到蒸熟或烫熟的整颗花椰菜，等菜放凉了让孩子自己拿着吃就好啦。

第十错：没让孩子用手“玩”食物

允许孩子用手“玩”食物，是让他学习自己吃饭的前奏。当孩子不满1岁时，大人可以配合喂饭，但同时应该鼓励孩子尽早主动用手抓、拿、捏条状和块状的食物，以练习自己吃食物的动作协调性。一些较难以自己吃的食物，如面条，则可以由妈妈来喂。等孩子能够自如地用手拿块状食物后，就可以引导他用餐具舀食了。

第十一错：强迫孩子吃他不喜欢的食物

孩子吃什么饭菜由孩子做主，保证孩子对吃饭拥有对美食般的期待才是引导他想吃饭的逻辑。如果孩子不喜欢某种食物，千万不要因为有营养而逼迫他，父母可以用含有同样营养成分的其他食物代替。孩子现在不喜欢的蔬菜可能两年后就喜欢了，因为许多食物的味道是需要孩子的味蕾发育到一定程度才能“品味”的。所以，妈妈不用着急，逼迫容易让宝宝逆反，以后再也不会吃这种食物了，顺其自然反而能成就一个“美食家”。

第十二错：不重视运动，不喝白水

运动有很多好处，对年幼的孩子来说更是重要。添加了较硬较干的辅食之后，宝宝可能会出现暂时性肠胃不适应，引起便秘等。这时要多喝白水、多运动才能增强肠胃蠕动，促进食物代谢，让营养更好地吸收、消化。孩子的身体很敏感，如果便秘，就会影响食欲，没了胃口吃不好，睡眠也会不安。

考考你

什么运动最适合2～3岁的孩子？

孩子的运动可以从最简单的奔跑开始，因为人的下肢发育最早，而且也最强壮。可以每天带孩子去空旷的地面上追球、踢球，只要孩子能每天上午、下午两次奔跑到出汗的程度就非常好了。

听小学校长告诉我：决不能喂饭

讲到让孩子自主吃饭这个话题，我不得不讲一个在我家发生的事。当时我们还住在纽约，大儿子Ian刚进入小学的预备班，大约5岁，每天下学由一位来自马来西亚的阿姨珍妮（Jenny）从学校接回家。有一天，我突然接到校长的电话，告诉我她看见珍妮在学校的走廊里喂Ian吃东西。校长说：“Jane，对不起，我们学校有严格的规矩，无论孩子多大，大人是不能在校园里喂食的。即使家长允许在家喂饭，我们也不能允许这种事在校园里发生，因为这会给其他孩子带来非常不好的影响。”我明白不能喂孩子吃饭的道理，在家里也一直叮嘱每个人不能给Ian喂饭，但哪知珍妮却喂到学校去了。

回家后我非常耐心地把原委告诉了珍妮，她说当时看Ian手脏，于是就没让他用手自己吃了，但她答应不会再喂饭了。过了两个星期，校长又来电话了，她说珍妮还在喂饭。这下我纳闷了，立即找来珍妮。她居然回复我说：“我没在学校喂啊。

我看Ian吃得实在太慢了，我帮他省点时间。”“那你在哪儿喂Ian的？”她说：“我们一起坐在校门外的台阶上吃东西，难道在学校外边喂Ian也要受到学校管制吗？”

这真让我哭笑不得。珍妮完全误解了问题的所在。我们不让她喂孩子吃东西，是因为这不符合孩子成长中学习独立自主的需求，而善良的她却以为只要不在学校就可以去做“错误”的事，究其实质还是因为珍妮始终不能理解喂孩子吃饭是一件对孩子极有害的事。

在以后的4年学习中，这位美国校长从未因为孩子的功课或在校的表现而亲自打电话给我，为何她竟然不厌其烦地为了阿姨喂饭一事找我呢？我想她可能是因为不希望别的同学有样学样，希望督促家长不做错误的引导，她给了我一个非常重要的提示——自主吃饭实在不是一件小事，因为靠人喂饭会助长孩子的依赖性。试想，如果我们都像珍妮阿姨那样看不得孩子手脏，接受不了孩子吃饭慢而执意要喂饭的话，那么以下不良后果值得大家提前思考：

- 孩子失去了探索食物的权利，久而久之，吃饭变成是家长做主的事，孩子对饿与不饿变得越来越被动，越来越没兴趣。

- 下意识里形成了对大人的依赖感，这个意识会非常自然地被“移植”到生活的各方面，碰到其他问题孩子也会丧失自我探索的精神，完全没有主动解决问题的意愿。

- 在生活和学习技能的掌握上会相对缓慢，因为孩子本身的应有功能逐步退化，自主发展和与生俱来的学习探究愿望被遏制。

- 导致孩子触觉和自我掌控感发展滞后。当孩子用手拿、捏和抓食物时，手指的神经细胞会接受充分而全面的刺激，这不仅能够促进孩子手部操作能力的提高，同时也能促进孩子身体的协调能力。

做对6件事让孩子自己吃

孩子学习自己吃饭能为成长带来重要的内在发展。在探索吃饭的过程中，孩子开始练习手、口、眼的协调能力，使大脑相关工作模式得到训练；逐渐增强解决问题的能力，一旦发现自己能把食物放进嘴里，能握住勺子喂妈妈吃饭，孩子的自信就会不断增强，继续学习更多生活技能；饿了会主动要吃的，因而懂得了控制自己的饥饱，使吃的本能得以保持。如果你家也有一位需要你来喂饭的宝宝，那么你应该明白自己做错了。请立即行动起来，做对以下6件事：

固定用餐地点，使用专用餐椅

坚决、严格地让孩子坐下来吃饭，把他固定在餐椅里，让他习惯用餐时不能随便离开餐桌。

固定开饭时间

把吃饭当仪式来做。时间一到，全家人一同坐在餐桌前用餐。如果父母因故不能按时用餐，可以让孩子按时先吃饭。

营造有趣的就餐环境

犹如成人世界，用餐对孩子来说是件有趣、好玩的事。如果能把孩子吃饭的工具变成可爱的“玩具”，让孩子在吃饭前就有个“念想”，勾起他们对“用餐”这个过程的渴望，那么原本让他觉得枯燥的吃饭，也会变得乐趣无穷。你家有没有孩子专属的餐具？那些普通的金属餐具不仅不方便孩子使用，还容易打翻，古板的长相更是难以提起孩子的兴致。带孩子去挑一些他喜欢的碗盆勺筷，专属餐具的意义在于，当孩子看到自己挑的餐具时，便立刻知道是自己的食粮来了。记住，餐具是心理暗示，更是营造吃饭乐趣的重要工具。因为一旦没了兴趣，这个年龄段的孩子还能乖乖地听妈妈的话吃饭吗？除非他实在饿了。

准备好用餐话题

饭桌上的谈话可以是有主题的，如选择一些轻松短小的故事，讨论一些好玩的事，并允诺吃完饭后和孩子一起动手做。那么孩子会知道吃饭的时间就是和父母聊天、讨论有趣的事，当孩子开始享受与父母同桌的乐趣，他就会喜欢上吃饭。

不强迫孩了吃某种食物

相信孩子有自己的选择和好恶，不因为营养好坏而强迫孩子进食某种他不爱吃的食物。等待孩子自然产生对这些食物的认知和兴趣，可以用各种无压力的方式引导尝试新食物，强迫只会让孩子一辈子不愿再碰这类食物。

接受孩子自我探索的“漫长”过程

不少妈妈担忧，如果让孩子自己吃饭，他一会儿用手抓，一会儿用勺子舀，弄得满身、满地都是。但如果仔细观察，你会发现，其实孩子不是在玩儿，而是在探索，他会通过各种方式，不断尝试把食物放进嘴里。从最初的用手抓，到尝试使用工具；单手抓不到勺子，会试着用双手抓，熟练后再尝试更好的动作，如此逐渐完成自我进食的探索。

孩子学吃饭也分期

吃饭萌芽期：10个月左右

孩子对餐具表现出浓厚的兴趣，喜欢摆弄餐具，喂饭时喜欢抢夺大人手中的餐具，这是训练孩子自己进餐的好时机。

◆准备两把勺子，一把给孩子，让他练习拿着比画，另一把大人拿着给孩子喂饭。此时孩子还不会用勺子挖碗里的食物，而是高兴地敲敲打打，对食物表现出极大兴趣。

◆做一些能够用手拿着吃的食物，比如面包干、馒头片等，教孩子用拇指和食指拿着自己吃。

学吃饭黄金期：12～18个月

◆把孩子的小手洗干净，让他用手抓食物吃，甚至可以让他“玩”食物，如厚米糊、蔬菜块、土豆条等，有利于孩子形成良好的进食习惯。

◆将食物切成适合孩子抓的块状，每次给予的食物量不要太多，也可以让孩子自己试着用勺子进餐。

◆给孩子准备些摔不坏的专属碟子、碗和杯子，围上围兜，并在餐桌上加餐垫，以便于清洗；在孩子座位周围的地板上铺设地垫，便于收拾。

◆餐后和孩子聊聊天，问问他喜欢吃的是什么，不喜欢吃的是什么，第二天他想吃什么。让孩子参与进来，对自己的饭菜有期待和发言权。

学吃饭巩固期：2～3岁

◆进一步培养孩子对食物的兴趣和好感，可以带他一起去买菜，让他看看食物本来的样子，尽量引起他旺盛的食欲。

◆固定好就餐座位，让孩子坐在安静不受干扰的地方，以免吃饭时分散注意力。

◆不要在孩子面前议论对食物的喜好，以免造成孩子对食物的偏爱。

◆就餐气氛要轻松愉悦，切忌责骂孩子、唠叨不停，以免引起孩子反感而不肯吃饭。

◆孩子进餐时间不宜过长，吃完饭后才可以离开饭桌，让他明白吃和玩是两回事，要分开来做。

◆让孩子根据饥饿感来吃饭，而不是生怕饿着孩子而强迫他吃，这样会使他对食物产生抵触。

◆允许孩子对食物有不同的要求，尽量根据孩子的胃口来准备他的食物。比如，当孩子想吃鸡蛋时，就不要硬塞肉；当孩子提出想吃肉时，只要条件允许就应该给他肉吃，否则孩子会因为自己的需求得不到重视和满足而产生厌食感。

吃奶不用学，是本能所趋；自己吃饭却是后天的技能，需要学习。虽然每个人迟早都会拿起碗筷自己吃饭，但是在孩子生命的最初6年里，他们学习吃饭的方式和方法却不简单，弄不好可能会演变成孩子成长过程中的一系列性格和学习的障碍。同时值得一提的是，不会自己吃饭的孩子在入园后较容易产生“厌学”的情绪，吃不好的孩子一定不开心，于是导致不愿上幼儿园，加剧“分离焦虑”。（此问题详见第五章）

Ask Jane

问题1：宝宝早餐只喝奶怎么办？

宝宝1岁半了，早餐就是一顿奶，今早才做的体检，体重和身高都是中上等，对于我这等“懒癌”妈妈来说，超级满意这个结果。

Jane答

这位妈妈，对自己的早餐偷个懒是可以理解的，早上嘛，我们都是手忙脚乱的，但是对于1岁半的孩子来说，早餐可马虎不得。听完以下解释，你可能就不敢这么“偷懒”了。

1岁半的孩子的平均体重约为10千克，一般每500克体重需要热量50千卡，所以每日对热量的需求约是1000千卡，约为成年人的3倍（按单位体重计算）。需要这么多的热量是因为幼儿生长速度非常快，所以一定要给这个阶段的孩子补足一天所需的能量，并且还必须顿顿均衡地吃。我的好友美国营养学专家白小良教授提醒我们，每日三餐的摄入量应该是早餐：约30%；午餐：约40%；晚餐：约30%。所以孩子的这1000千卡应该分成3顿正餐和两顿点心来吃。

此外，孩子通过一夜睡眠，上午精力充足，运动量也大，仅靠1瓶奶食量是不够的。让宝宝吃饱喝足，才能精力更充沛。

再来看看1～3岁的孩子能吃点什么。

1岁半至2岁的孩子乳牙逐渐长齐，咀嚼和消化功能快速增强，所以应该已从半流质食物（泥糊状）过渡到半固体食物（软面、粥等）的阶段，进入全固体食物的训练阶段，比如可以锻炼咀嚼面包片、馒头和软饭等主食，切碎的肉和菜，小饺子、小馄饨、蒸熟的蔬菜等，这些都会为孩子到3岁后基本与成人饮食接轨打好基础，但必须注意食物和饭菜中不用或少用盐、糖和油，口味清淡为宜。

最后还有两个提醒：

1. 由于孩子的肠胃发育还未完全到达成人的水平，所以要循序渐进地喂辅食，每餐以辅食为主，乳类为辅，添加适量的辅食。
2. 这个年龄段的孩子饮食习惯多变，一天中每顿的食量不一定能保证固定的量，所以早上这一餐就显得更重要了。

问题2：怎样改掉宝宝吃饭喝水的习惯？

请问我的小孩每次吃饭时不管是否有汤，都要喝饮料，而且不喝白开水。我以前看到书上说吃饭时喝水对身体不好，怎样才能改掉这种坏习惯？

Jane答

小朋友喜欢喝流质是正常的，因为他们的进食过程都是从流质逐渐过渡到半流质，最后才接受固体食物。所以，要孩子甩掉对“流质”食物的钟爱需要一步步来，量要慢慢递减。首先，妈妈要注意正餐与流质的配比，尽量让孩子以吃饭为主，搭配少量的流质，而且孩子小的时候不适合喝汤，因为肠胃小，喝了汤，摄入固体食物的量就会减少，营养均衡就达不到，而且也不利消化。其次，宝宝喝白开水的习惯必须从小养成，任何碳酸饮料或高糖饮料都对孩子的健康非常不利，属于流质的“垃圾食物”，应该禁止。我的两个儿子从小时起饭桌上只提供白水或牛奶，家中不备饮料，大人也不喝碳酸饮料，这个习惯一直保持至今。即使孩子现在大了，可乐等碳酸饮料也只有在周末外出聚餐时才能喝一点儿。

如果妈妈想纠正孩子吃饭不喝白水的坏习惯，就要先从家庭环境中做起，吃饭时爸爸妈妈都不能喝不健康的饮料，家里的冰箱也不能储备含糖量高的饮料。一开始，孩子肯定会不习惯也不接受这种做法，妈妈可以用“替代法”，找一些含糖量低的饮料，比如淡味的酸奶饮料，帮助孩子慢慢适应和过渡。孩子看不见饮料，就不会有这方面的视觉刺激。孩子的好习惯从来都是从父母的模范作用开始，再由环境影响来延续。

问题3：孩子该不该吃零食？

儿子今年3岁，家中老人太过溺爱他，只要孩子想吃什么零食就给什么零食，结果一日三餐都不好好吃，吃零食硬是吃出一个轻度肥胖，加营养不良。我几次跟老人们说，绝不能再给孩子吃零食，但一切都是白费，怎么办？

Jane答

孩子活泼好动，而且胃肠容积小，一吃就饱，一玩就饿，所以仅靠一日三餐往往不能满足他们的能量和营养的需要。但有些爱孙辈的老人常常会把零食当成点心，无限度地给孩子吃，让孩子养成吃零食的不良习惯。

首先，我们要和老人一起学习食品营养知识，严格区分点心与零食。

- 点心通常是指孩子在两餐之间吃的现做或新鲜的点心餐，可以是：不含或少含油、盐、糖的面包、蛋糕、馒头等主食，水果、酸奶等，选择的原则以新鲜、天然、营养丰富为主。
- 零食通常是指孩子不饿但为了满足口食欲而吃的小零嘴儿，一般多是市场上买来的包装精巧，含有很多添加剂、防腐剂的食物，比如薯片、膨化食物、糖果等。

其次，合理安排吃点心的时间。

- 不应安排在正餐前吃点心，这样到吃正餐时自然没有食欲。
- 点心应安排在正餐前2小时，比如早餐后、午餐前或午睡后、晚餐前。
- 最好不要在睡前吃点心，食物残渣留在牙缝中，容易发生龋齿，而且还会增加胃肠道的负担，夜间出现磨牙，影响睡眠质量。
- 适当控制点心的量和次数。不到吃点心的时刻，家中不能有点心的影子，当然零食绝不能进家门。

在与老人沟通的过程中，一要科普营养常识，二要帮助他们一起订立吃点心的时间规则，三就是杜绝或控制购买零食的可能。

自己大小便，孩子成长的一个重大里程碑

与吃一样，“拉撒”也是刚出生宝宝的本能，更是孩子的主要成长任务。如果妈妈未能在适当的时候对孩子进行大小便训练，那么在不远的将来就会影响孩子的行为习惯、自我约束能力和自我控制能力的养成。我从上万条网上留言中挑出了3位妈妈关于大小便的提问。

@林儿壹壹：

我家宝宝快16个月了。现在知道小便要蹲下来，不过他每次小便都要分成几次在不同地方尿，还边尿边乐，不知怎么纠正。

@梦阳he小米的家：

求助！我家妞已经2岁半了，还不肯自己去厕所，每次说去厕所都大哭，大小便都要大人把，如果不把她，她就自己拉在地上，怎么办啊？我实在把很多方法都用上了，黄老师你教教我怎么办吧！谢谢！

@莲花山爬客：

儿子15个月，最近开始穿开裆裤，喜欢玩自己的小鸡鸡，怎么应对啊？

以上3条问题虽短，但涉及的成长问题却很大。一个16个月的孩子随地大小便；一个2 岁半的孩子被把惯了尿，已经失去自控大小便的能力；一个15个月的宝宝被很无辜地穿上了开裆裤，无辜地用手玩自己的身体。父母为何会犯这么大的错误，却不知道问题在哪儿。

孩子天生就会大小便

胎宝宝如何排泄

在妈妈肚子里时，胎儿是通过脐带与母亲相连。脐带相当于一条血管，把营养传输给胎儿，再把胎儿产生的废物通过血液循环排到母亲体内，经母亲的排泄系统排出体外。

宝宝胎便长什么样

正常情况下，新生儿出生后24小时内排出的棕褐色或者墨绿色黏稠的大便，医学上称为“胎便”。胎便中含有胎儿时期的肠黏液腺分泌物、脱落的上皮细胞、毳毛、皮脂、胆色素等，这种肠腔中的混合液并非是肠道出血，父母完全不必担心。如果新生儿出生36小时后尚无大便排出，应该请医生检查是否患有先天性消化道畸形。

新生儿能自己排小便

新生儿可在分娩中或出生后立即排小便，尿液色黄透明，开始量较少，一周后排尿次数增多，每日可达20余次。如果新生儿出生后24小时尚无小便排出，应该请医生检查是否患有先天性泌尿道畸形。

训练孩子大小便，你有谱吗

不少父母都希望孩子能早点学会自己大小便，原因很多，比如想节省尿布钱，以为可以避免尿布疹，对孩子好……实际上，对刚出生的婴儿来说，排便通常是一种下意识的条件反射，只要膀胱充盈了、有便意了，自然就会排出，这个时候去训练孩子实在是过早。然而，当孩子到了18～24个月大时，基本能听懂父母发出的指令，自己走路也较稳健了，这时他的大脑神经系统已经发育成熟到一个新的阶段，开始对充盈的膀胱、直肠有良好的感觉，即使有了便意自己也能够尝试控制，这时训练如厕才能有效。

训练如厕是个较长的学习过程，就如走路说话，有的孩子先掌握，有的孩子后掌握，没有一个掐表看的标准时间。在西方，适合训练上厕所的孩子年龄通常在12个月到3岁左右。这个年龄跨度很大，也说明了西方父母注重孩子和家庭的实际状况，而非单纯地按时间来要求孩子达标。如果你的孩子现在2岁半或者3岁，还需要用纸尿裤，其实这属于正常的范围。

你会给宝宝穿开裆裤吗

大儿子Ian出生前，我的纽约朋友为我举办了一次欢迎宝宝降生的派对，西方人称为“Baby Shower”。有趣的是，为了给即将迎新的爸妈不添麻烦，“Baby Shower”的地点必须安排在朋友家或其他地方，邀请客人的繁重事务、准备食物和接待的全部开销都必须由朋友来张罗和承担。当天，我只负责把自己打扮得美美的，出现在朋友们的眼前。因为这是喜庆的时刻，大家都要陪着我挨个儿地打开大家送宝宝的礼物。看着这些小宝贝的各式用品，真好似还在肚子里的孩子已经快要到家门口了。

记得美国的朋友大多送连体衣裤、小包巾、小用品、小布书等，而中国朋友爱送宝宝金手链、金项链等。在众多的衣物里我发现了一条来自中国的开裆裤，因为它的裁剪与众不同，让许多美国朋友好奇，问我为何小宝宝裤子的腿部不加纽扣或按钮。把宝宝的小屁屁露在外边有什么特别的理由。当时，我没多想，直接就说这样方便换尿布吧。

很快Ian出生有6个月了，趁着过年我们带他回长沙看望爷爷奶奶。因为刚开始吃辅食，所以大便有点颜色，量也比较多，爱孙心切的奶奶立即着急了。她建议少用尿不湿，多把尿，还要天天晾小屁屁。有一天中午，趁我出门时，奶奶把孩子的尿布解开，隔着玻璃窗让小屁股晒太阳。因为是冬天，被突然解衣松绑的Ian从肚脐以下的部位全部开放，可能受了点凉就一直打喷嚏。从那时起，我开始意识到，一块尿布、一条开裆裤很可能成中西文化和家中两代人育儿方式上的差异。

为此，我开始研究起开裆裤的缘由。我们的祖先最早让婴儿穿开裆裤是为了能方便把尿把屎，那时还没有纸尿裤，家家户户都还用布做的尿布。因为兜不住水，宝宝一泡尿长一点的就立即“水没金山”了，所以老人家们习惯把尿，以免尿湿一片。为了少洗尿布，把尿是个技术活，求准（时）、狠（吹口哨、抖腿抖屁股）、久（不把到屎尿不收手）。等孩子开始可以自己开步走动后，大人们会继续让他们穿儿童开裆裤，即使寒冬腊月也有开裆式的棉裤卖。这样的“设计”主要是为了方便孩子可以随地解决大小便，不用自己解裤子，往下一蹲即可方便自如，把握得好的孩子还不会弄湿裤子。 由此，我们可以看明白其实开裆裤由来已久的最大原因就是，一方面方便了大人照顾孩子的拉撒行为，另一方面放任了孩子大小便的需求。

你会给宝宝把尿吗

心理学家弗洛伊德在他著名的人格发展阶段理论中指出，人类从出生到青春期，可以分为5个阶段：口腔期、肛门期、性器期、潜伏期与生殖期。婴幼儿期的经历和生活经验对一个人的人格形成和发展有着重要影响。那孩子用来吃的嘴巴和用来拉的屁屁，在他的性格成长中会起到什么样的角色作用呢？

◆婴儿生长的口唇期。这一时期，婴儿的快乐大多来自嘴部刺激，所以从新生儿至1岁半有强烈的吮吸欲。如果这个时期吮吸欲得不到适当满足，或进食过度（父母误以为宝宝想吮吸就是饿了而过度喂养），就可能形成口唇期人格特质。到成人阶段后，这部分人群可能更易表现出啃咬指甲、暴饮暴食、吸烟嗜酒等不良生活方式。所以西方父母非常注重婴幼儿期对口唇欲的满足，从而发明了始终让中国父母不太放心使用的安抚奶嘴。反之，若口腔期婴儿在吮吸、吞咽等口腔活动中获得满足，长大后会有正面的口腔性格（oral character），比如乐观、开朗，易沟通、交往。

◆幼儿生长的肛门期。在1.5～3岁，由于幼儿对粪便排泄时解除内急压力所得到的快感经验，而对肛门的活动产生特别兴趣，并由此获得生理上的快乐和满足。所以在这个阶段如能科学地训练宝宝自主上厕所（potty training），就是在教导和培训孩子自我控制能力，比如不允许自己随时随地大小便，通过自我控制便意的锻炼，学会如何在满足自己欲望的同时，顾及环境、卫生和他人，同时也是个人隐私的意识建立，这恰恰是社会公共文明意识和个人礼仪教育的开始。相反，如果父母训练过严，又与儿童的意愿发生冲突，则会导致在西方心理学上被称作肛门性格（anal character）的一系列特征。为此，弗洛伊德特别强调父母应注意儿童大小便的训练，尤其不宜过早、过严地训练。

什么是肛门性格？

考考你

肛门期—排泄型人格（anal-expulsive character），会让成人表现为邋遢、浪费、无条理、放肆、凶暴等性格；

肛门期—便秘型性格（anal-retentive character），会让成人表现为过分干净、过分注意条理和小节、固执、小气、忍耐等。

国民意识，从家庭教育开始

我们的经济已经连续腾飞了几十年，关于国家软实力的讨论也已经开展了很久。什么是软实力？在纽约时代广场的霓虹灯群塔上，我看到了众多的中华精英占据了绝对显眼的位置，呈现着从经济到体育、从艺术到人文的一个个传奇。但与此同时，我在美国的机场继续看到国人吐痰，随地扔垃圾；在巴黎的卢浮宫前，听到成群结队的家乡人推着装满抢购来的化妆品旅行袋，肆无忌惮地大喊：“领队，买东西来不及了，我们不想看展览了。”

在我看来，国家软实力的最重要部分就是社会价值观，而家庭教育正贯穿于一个人的价值观的漫长建立之中。千万个家庭生活中的点滴渗透恰恰造就出一代人的价值观和这代人的群体人格。国人无视公共秩序、公共卫生、公共形象与让孩子穿开裆裤、随意大小便、随便暴露私处、不尊重个人独立人格和隐私有相当大的关联。因为以小见大，从小的随便、随意和随性为长大后漠视公共秩序、公共卫生、公共形象打下了“扎实”的心理和行为基础。

所以，硬给孩子把尿、穿开裆裤其实不只是卫生习惯问题，还暗藏着许多让人意想不到的危害。

不利于培养性别意识

儿童在3～5岁时，认识到两性之间在解剖学上的差异和自己的性别，性器官成了儿童获得性满足的重要刺激。其表现为这个时期的儿童喜欢抚摸生殖器，显露生殖器以及性幻想。而让孩子光屁股、穿开裆裤都会助长孩子玩弄生殖器，影响孩子性别意识的建立和发展。

不利于私密处的保护

光屁股会使孩子的屁股、生殖器官长时间暴露在外，而孩子月龄较小时的基本形体动作不是坐在地上就是匍匐爬行，身体暴露在外的敏感部位容易受环境的侵染，可能会患上尿道炎、膀胱炎、泌尿系统感染等，更可能引发蛲虫病等疾病，还容易被锐器扎伤，无意中被磕碰而受伤等。

不利于接受如厕训练

一直光着屁股的孩子已习惯随时随地大小便，缺乏自我控制训练，没有如厕的意识，所以训练起来会加倍不容易。

不利于建立羞耻感和自尊心

父母应尽早把“大小便是私密的一部分”的信号传递给孩子，因为0～3岁宝宝的心理活动和行为表现也应该受到社会道德规范和行为准则的影响，父母就是把这个影响带给孩子的第一人。如果正面的价值观熏陶和习惯培养缺失，以后就会影响孩子的社会适应性，长大了很可能就如以上所描述的人群，随地吐痰、大小便，无视公共秩序却不自知。

所以，一条开裆裤、一块纸尿裤应该被提高到家庭教育、社会公德的层面来审视。

- 让孩子随地大小便的家庭内部往往缺少基本礼仪的氛围和熏陶，家长自己也是不太顾全公共秩序的一族。

- 强行把尿会影响父母子女之间的尊重，无意间让长辈们觉得对孩子可以行使任何权力，这种强迫可以扩展到强迫吃饭、睡觉、做事等。仔细观察一下，给孩子穿开裆裤的父母身后大多有一群强势的外婆或奶奶，他们的养育观念老旧，养育方式更是传统的“我说你做”的模式，这非常不利于孩子独立人格的建立。

- 在不尊重个体的家庭环境下成长起来的孩子，长大后很难懂得尊重他人，爱护集体。对于这些家庭，我们可以想象出一个系列情景剧：孩子从出生开始就由祖辈不分昼夜地把尿；等孩子蹒跚学步后，开始被追着强行喂奶、喂饭；到了上学的年龄时，溺爱无尽的父母开始回归、介入到孩子的生活中来，对学业高标准严要求，其中不乏用辱骂和暴打来强压孩子学习。这种教养模式会竖向代代相传，横向蔓延到一个人的社会行为和性格态度中去。

有自尊地训练孩子自己“方便”

给予孩子自尊人格的第一步，就是以有尊严的方式开展如厕训练，也就是根据孩子的接受程度、进步速度和表现出来的兴趣偏好来逐步训练。这个阶段大概需要3～6个月的时间。

随孩子的心情

每个孩子的脾气和性格都不相同，妈妈在训练时先要抓准时机：一天中孩子的心情什么时候最好，什么时候最能够与他人配合，就在那个时段开展训练。

避开身体不适或环境变化时

千万不要在孩子生病或者不舒服的时候训练，最好也不要在孩子的生活有“重大改变”的时候开始训练（如搬家、换保姆、刚上托儿所等）。

带孩子挑一个他中意的坐便器

让孩子自己去选一款舒适而又好玩的马桶，可以是他喜欢的卡通人物，可以是会发出音乐的坐便器，还可以买好多可爱的贴纸，只要宝宝成功坐在坐便器上5分钟，就可以在马桶盖上贴一张贴纸。自己创意各种好玩的游戏，循序渐进地玩游戏，在游戏中让孩子熟悉他的新“玩具”——坐便器。

不强迫孩子上厕所

妈妈要让孩子自己掌握大小便的时间，千万不要给孩子太多压力，甚至责骂，这样会让他因为害怕而憋住大小便。

利用孩子自己的意识

一旦有大小便弄脏衣物的情况发生，不能责骂，而是利用好这个机会。不要立即换衣裤，和孩子一起讨论一下他不舒服的感受，慢慢地他自己会明白掌握如厕技巧不是为了妈妈，而是为了自己。

及时称赞孩子的进步

孩子知道自己尿尿了，妈妈要及时称赞，以增强孩子的信心。最好找一些孩子喜欢的书啊、玩具啊，和他一起制定目标，达到目标就有奖励。

配备穿训练裤

纸尿裤会让孩子有“尿就尿，无所谓，尿了再换”的想法，训练自己大小便就会很困难。妈妈可以给孩子穿一种布质的训练裤，尿了会有微湿感，以此提醒孩子尿湿了，不舒服之后会想到请妈妈帮助更换内裤，逐渐培养起上厕所的意识。一般训练裤有透气性好的防水层，即使孩子觉得尿湿了，基本也不会弄脏外裤。

别给孩子穿复杂的裤子

不要给孩子穿复杂的裤子（特别是背带裤、连身裤），刚开始孩子还不能够很好地控制排便，你会因为来不及给他脱而搞得手忙脚乱。

白天可以自控后再训练夜间把控

先进行白天的练习，只有当白天的如厕习惯养成后才开始夜里的训练。不要为了上厕所而强行叫醒孩子，孩子夜间充足的睡眠比起如厕训练要重要得多。夜间训练开始后，可以适当减少睡前喝水，注意提醒孩子在睡前排空，慢慢建立夜间控制排便的习惯。

不打骂不责怪

停用尿布时可以在床上铺一床尿垫，万一尿床情况也不会太糟糕。尿床了不要责怪孩子，可以温和地告诉孩子没关系，也可以幽默地告诉他妈妈小时候的一些尿床趣事。孩子越放松心情，如厕训练越顺利。

我家宝贝们的美好记忆

能陪伴孩子们接受他们成长过程中的一个个挑战，并带着自信跨过一个个地雷区，这实在是我最珍贵的人生记忆。

Ian刚开始走路后，我就带他去选了一款蓝绿色的坐便器，回家后我们一起“办家家”。他把他心爱的小老虎放在坐便器上为它“把尿”，我则假装上厕所，坐在大人的马桶上。我们聊天、讲故事。直到有一天他说，他也可以像妈妈一样坐着上厕所了。事情就是这么简单，他真的做到了，一天天地游戏加演习，一天天地演变加进步，Ian就在一天天中自如地完成了如厕训练。

到了小Sean的年代，那个陪伴他学习如厕的人从妈妈变成了哥哥，我光荣地“退休”到一边去了。有一天我对哥哥说：“Ian，小时候妈妈带着你训练你的老虎上厕所，现在你可以带着弟弟上厕所，示范给他就可以了。”很快Ian就把弟弟带上了正道，小Sean开始自己上厕所了。

关于尿床，我们也有些美好的记忆。Sean在长大的过程中从来没有尿过一次床，而教会他如厕的哥哥却有过很多次尿床的经历。为了不让Ian在弟弟面前有压力，我把中国式的尿床昵称引荐给了小哥儿俩，我告诉他们尿床不可怕，那叫“画地图”。记得Ian哥哥小时候非常体谅别人，晚上尿了床就一夜硬睡在湿漉漉的床单上。熬到天亮，他会裹着被子，笑眯眯地站在我的床前，突然大叫一声：“妈妈，我画地图了！”于是，我们大家开心地大笑起来，起哄家里有人画地图了。我有时还会幽默地问：“昨晚Ian画了哪国的地图啊？”

孩子生活技能的学习、身心的成长一定是困难重重的，但父母教给孩子克服困难的方法必须是愉悦的，是激发孩子自信的，是培养孩子自我责任感的。父母不应该拿一个良好目的作为借口，使用负面的言语、行为和不尊重的训教方式，对孩子行使错误的教养。穿开裆裤和把尿就是一个错误的教养观所带来的一系列错误教养方法。此外，教孩子文明如厕也是在为孩子进入幼儿园，融入小朋友的“社交圈”而营建良好的生活习惯和个人尊严。

Ask Jane

问题1：孩子为什么不愿上“蹲厕”？

我女儿3岁半了，很活泼开朗，但最让我头疼的是她不愿上蹲厕。在国内很多公共厕所是蹲厕，可她就是不愿去上，只坐马桶。每次她都宁可憋着，实在忍不住有好几次就尿到裤子里。她特别紧张，只要走到厕所边上就大哭大喊着跑开。我们给她解释这是安全的，大家都是这样上厕所的，可是仍然没有说服她。请教专家，我们该怎么办呢？因为她年龄大了，我们也不可能让她在公共场所随地大小便。

Jane答

孩子不肯上蹲厕，这其实是孩子对“蹲厕”有一种暂时性的心理障碍。妈妈无须对此过分担心，因为每个孩子在不同的成长阶段都会对某一事物产生莫名的恐惧，只要不加剧这种心理恐惧，随着时间的推移，恐惧会慢慢淡化，甚至消失。有一阵我给小Sean看一部世界钢琴名曲的DVD，每首曲子都配上了具有原创色彩的卡通动画片。前几段乐曲孩子看得兴致盎然，可当画面出现黑白的海浪时，4岁的Sean立即大叫：“妈妈关掉，快关掉。”对黑白海浪莫名的害怕是小Sean那个时候的“心理障碍”，就如你的女儿不愿上蹲厕一样。作为妈妈对于宝宝的这种莫名的“抗拒”，切忌“强行改变”，可以采取潜移默化的方式来等待改变。在宝宝还不能接受蹲厕前，我建议妈妈这样做：

❶ 外出活动时间控制在2小时内，尽量避免带孩子在公共场所待太久，以免她尿急或憋尿。

❷ 出门前提醒孩子上厕所，同时在目的地附近预先了解好哪里有坐厕设备的厕所。各类准备做得越周全，孩子的心理压力就会越小；孩子的恐惧心理越小，接受改变的可能就会越大。

③活动当天的食物吃得清淡些，外出时尽量减少孩子的饮水量，以控制尿量。

问题2：在幼儿园不让用尿布怎么办？

我的女儿快3岁2个月了，有一些事让我感到很困惑，比如午睡是否用尿布的问题，我的女儿在家里还是一直用的，而且尿床的概率很高。但幼儿园老师不太高兴用尿布，用他们的话来讲是希望孩子早点独立尿尿。可是明明孩子睡着了，她根本就不知道，这不是说不用尿布就可以让孩子独立起来的。我希望还是要尊重孩子生理发展的自然规律。因为不用尿布，导致孩子在幼儿园好几次都尿湿床铺，但作为父母也需要处理好与幼儿园老师的关系，所以目前我该怎么做呢？

Jane答

你在留言中提到孩子在幼儿园里，因为老师不让用尿布，午睡时常尿床。我很理解你为此感到的困扰，但同时我也想说明：一般孩子上幼儿园前，老师都会要求家长完成对孩子某些生活技能的训练，如自己吃饭、上厕所等，以便让他们更好地适应幼儿园的集体生活。所以幼儿园老师不希望入园后的孩子使用尿布，这一点父母应该多多理解。

你还提到训练孩子如厕应按“孩子生理发展的自然规律”来进行，这是很好的观念。但对婴幼儿行为研究结果证明，一般孩子在18个月到2岁左右，已逐步具备了自己上厕所的生理和认知能力。此时，父母应多鼓励、多引导孩子，让他们逐步脱离尿片，独立上厕所。你的女儿现在已经38个月了，按照她的生理发展规律，的确已到了学会自己上厕所的时候了。而过晚教孩子上厕所与过早逼孩子学上厕所同样都不利于孩子的心智发育和成长。

与幼儿园老师积极沟通也很重要。你顾虑的“要和老师搞好关系”有一定的道理，但积极正面的如实沟通更有必要，这可以让老师对孩子平时在家的情况以及家长的想法更加了解，这样老师在与宝宝互动中才能给他们更有针对性的帮助和指导。

问题3：孩子在幼儿园经常尿床、憋便便怎么办？

我家宝宝3岁7个月，男孩，上幼儿园小班。在这之前已经上过一个学期托班，我觉得他对于幼儿园应该不感到陌生了。可是第一天午睡时尿床，第二天又在睡觉前把臭臭拉在了裤子上。而且孩子反映他害怕教室的自动冲水，轰轰响而且有水溅到他身上。其实孩子还算开朗，在家什么话都会说，在外面和小朋友玩得也不错，但是老师反映他在幼儿园不活跃，性格偏胆小，不太主动跟老师说话。我急切地请教您，我家孩子这种情况该怎么改善呢？

Jane答

虽然孩子上过托班，但在进入一个新环境时还是会有陌生感和胆怯感。这个环境不仅仅指实体的，也包括由不同小朋友和老师造成的新环境对孩子的某些压力，因此尿床、憋便便都可能是因为怕去厕所，或怕找老师帮忙而憋着造成的。应对方法主要有几个要点：

不可打骂、不可称孩子笨或无用

接受目前孩子成长所带来的一点小问题，绝不能让生活技能的学习和适应的问题变成一道心理阴影。

立即去约见老师，寻求帮助

让老师在午睡前提醒并陪伴孩子上厕所，老师温和的态度和鼓励的神情会让孩子慢慢放松心情。怕抽水马桶，只是对整个新环境不适应的一个表象。其实孩子的适应能力很强，只要有老师的悉心照顾和引导，不出几个星期就会融入集体中去的。

尽量调整孩子上大号的时间

让孩子慢慢调整到早上上学前把臭臭拉完或调到在下午放学后或睡前。孩子的作息规律性很强，一旦建立就会很准时，妈妈耐心试试看。

多准备一床被褥和换洗衣服在学校

只要孩子对一切觉得稀松平常了，心理的压力或障碍就会自然消除，那么问题自然就解决了。

分床睡，孩子离开妈妈的“独立宣言”

Ian还没出生前，我就去了传说中很酷的一家开在纽约下城的犹太人婴儿用品店。走进小店发现，它的确酷得有其独特的风格。小店开在一座老房子的底楼，所有用品不像超市那样分门别类地摆放整齐，相反所有商品都是无规则、无头绪地陈列着。我感觉像踏进了一户养着十多个孩子的家庭车库，好不欢喜。我这里摸摸，那里碰碰，一个上午就没了。犹太店主温而不热，决不兜售你任何东西。他只是淡淡地你问我答，但交谈没几分钟便知道这可是位绝对的母婴用品行家买手。18年过去了，我已不记得当天买了满车满柜的都是些什么物品，但唯独有一件他推荐的小物件让我难忘，因为它帮我度过了艰难的新生儿哄睡的前3个月。

这是一个长四五十厘米的小布床，犹太店主介绍说这是专供新生儿睡觉用的，基本可以用到孩子4个月大。一旦孩子自己学会翻身了，小床的作用就结束了。小床中间可以折叠，两头一搭起来便聚合成一个布质的小提包，内部可以放尿片、毯子等，随身携带，随时打开随时用。床头上还有一个用电磁的小夜灯，方便妈妈晚上查看宝宝。说到这里，你是否已猜到这个小布床该放在哪里？该怎么用了呢？

时间很快到了可以用这个小床的日子。我把它放在我的大床上，紧挨着我的枕头，小布床靠头部的位置有一层非常低的“围栏”，可以起到空间阻隔和保护孩子头部的作用，以防睡在孩子身边的大人因不慎而压到孩子。这个小床既为Ian隔出了一个相对独立的睡觉空间，又不妨碍他感受到妈妈时刻在他身旁的缕缕气息；既方便了我随时抱起Ian喂奶，还可以不下地就为他换尿片。更重要的是，从Ian一出生，我就在母子之间建立起一个相对独立的睡眠空间，为不久的未来他可以自己独睡做好身心的准备。

为何小婴儿爱与妈妈睡

满足嗅觉记忆

刚出生后，虽然婴儿还看不见但嗅觉却很灵敏，他能闻到妈妈的味道。靠着嗅觉超好的小鼻子，宝宝可以判断：妈妈的味道就在身边，那么就会有奶吃，有了奶吃，我就安全了。

满足温度和触觉记忆

新生宝宝很聪明，他还记着在妈妈的子宫里那份热乎乎、被包裹的安全感，所以他本能地希望可以再“钻进”妈妈的怀抱，多多重复被温暖、被包裹的美好触感。

满足听觉记忆

孩子还记得被子宫羊水包围时听了9个月的混杂声音，其中有妈妈的心跳声、呼吸声、肠胃蠕动声，还有让他心安的妈妈和爸爸的话语声。睡在妈妈身边，就能听到妈妈的好多气息。

正是这些由嗅觉、触觉和听觉组合起来的“环境记忆”让孩子在还不能看到妈妈的样子前就可以找到妈妈。只要能与妈妈在一起，孩子就会感到安心、放松和快乐。

新生宝宝是妈妈的“梦魇”

照顾新生儿是一项艰巨的工作，在以后很长的一段时间里妈妈会在喂奶和哄睡之间疲于奔命。

新生宝宝能睡多长

新生宝宝每天睡眠在16～18小时，通常持续睡眠可以在1～4小时。而医学上对婴儿晚上睡整觉的定义则是连续睡眠最多5个小时；如果是母乳喂养，会比人工喂养持续睡的时间更短一些，所以纯母乳喂养妈妈是很辛苦的。

新生儿为何容易惊醒

与成年人入睡快不同，婴儿入睡慢，还需要在父母的辅助下，经由20分钟甚至更长的浅睡状态，然后再进入熟睡阶段。很多时候妈妈刚刚哄睡成功，宝宝看似已睡香了，但一放下宝宝即会惊醒。这个让许多妈妈气馁的现象是因为宝宝浅睡眠时间多，在还没有进入深度睡眠时较容易被惊醒。一旦惊醒，则需要妈妈花更长的时间来陪伴和哄拍，入睡的循环模式又要重新来一次，再从浅睡状态进入深睡状态。这个过程是新手父母感觉最难应对的一个关卡。

为何小宝宝不懂昼夜有别

与孩子天生就拥有的吃和拉的本能不同，晚上睡觉、白天活动的能力是需要后天培养的。刚脱离了母体的婴儿，就像被人从一个密封罐子里拉到光天化日之下，让他忘却过去的黑暗、适应今天的光明是需要很长一段时间的。科学的哄睡观念就是创造一个全新的、能给予安全感的睡眠环境，将睡眠模式逐渐导入孩子的意识之中。如何为孩子建立睡眠模式正是每个新手父母需要提前学习的技巧，然后通过实践，边操作边摸索边找出自己的成功经验。

儿童睡眠主要有哪些问题？

考考你

0～1岁，入睡困难，持续睡眠时间短，没有稳定的睡眠规律，浅睡易醒。

2～3岁，较常出现夜惊、说梦话或梦游等症状。

4～10岁，孩子会频繁打鼾、磨牙、做噩梦。

开启新生宝宝的睡眠模式

与建立喂奶规律相同，为宝宝形成睡眠规律又是一桩大难事！原因是胎儿在妈妈子宫里可没有昼夜之分，当妈妈开始走动，胎儿就想睡了，因为身体的摇晃让胎儿犹如在摇篮里，安心睡去。当妈妈吃饭、喝水、说话，胎儿便会活跃起来，因为他听到动静了，所以一般胎动较激烈的时候是妈妈吃完饭以后的半小时。因此，有效地哄睡的第一步就是帮助胎儿开启日、夜睡眠的周期，尽快教会胎儿认知晚上是用来睡觉的，白天才是用来玩的。

为婴儿设立白天“该醒”时间段

白天去户外：除了按时喂奶、换尿片之外，白天必须早、晚两次用背带或婴儿车带孩子出去晒太阳，而且必须风雨无阻。你会发现新生儿一出门就睡，因为空气新鲜，周围环境的“白色噪声”（低沉、规律的声音）会让他感觉舒服。在户外即使宝宝睡着了，他还是会慢慢地把白天存到他的记忆中，渐渐地到了这个固定的时间，他就会启动想出门的记忆。

白天在家里：把一天的作息时间严格固定起来，按时喂奶，按时放音乐（被动式的兴奋），按时换尿片（被动式的运动），按时与宝宝讲话（被动式的聆听），按时洗澡（又是被动式的运动）。总之，只要是在你为宝宝设计的“该醒”时间段里，妈妈就必须多花点时间来设计各类项目，刺激宝宝的兴奋点，让他保持活跃度。

白天喂奶：宝宝吃完奶经常昏昏睡去，这时应该用手掌托着他的臀部把他竖起来，头靠在前肩上拍奶，尽量让他在喂奶后保持一段时间的清醒，这样会帮助孩子入睡后不会因为吐奶而惊醒。白天只有到了你设计的“该睡”时间段才慢慢让孩子安静下来，进入睡眠状态。

为婴儿设立夜晚“该睡”时间段

天黑后，还是要按照你设计的“该睡”时间段来安排宝宝的活动。比如先洗澡、按摩，然后喂奶。喂奶时房间的灯光保持昏暗，说点“甜言蜜语”，放些催眠曲，这样可以让宝宝了解到白天是有趣的，现在到了晚上，应该是安静的、少活动的。慢慢地，宝宝自然会觉得晚上是“无活动”的，是用来睡觉的。

TIPS 如何哄睡

- 白天给宝宝喂奶和宝宝睡觉时不拉窗帘、不关灯，暗示宝宝这是白天模式。
- 慢慢延长给宝宝洗澡的时间，让他尽情摆动身体，发出清脆的笑声，促进运动，保持宝宝良好的心情和兴奋点。
- 睡前固定放同一支催眠曲，让宝宝听到音乐就能辨识“我要睡觉了”。
- 如宝宝闹腾，无法入睡，则不要强求，可以用背带背着他来回走动。当他贴在妈妈胸口上听到了妈妈的心跳后，就会慢慢安静下来的。
- 短时间地给孩子使用安抚奶嘴，让他建立起自我安抚的能力。
- 在环境中刻意制造一些“白色噪声”，比如吹风机的中挡声音、吸尘器的低挡声音、空气净化器的声音等。这些低度的噪声会唤醒宝宝对妈妈子宫里的混沌噪声的回忆，让他感到安全。

◆有时候妈妈实在困了、恼了，按捺不住自己的情绪时，就不要硬撑，可以把孩子交给爸爸或其他亲人来接手一会儿，自己去一边小憩一下。因为妈妈焦虑的情绪会传递给敏感的宝宝，结果是妈妈越急着哄睡，宝宝越发吵闹不停。

孩子最爱的床却是最危险的地方

很多妈妈认为，和孩子同床睡既方便哺乳、给孩子更多安全感，还能更好地培养亲子关系。其实不然，短时间来看，这样做的确可以方便父母照顾孩子，但从长远来评估，孩子与父母同床睡会睡出一堆大问题。

可能造成婴儿窒息

大人与婴儿同床睡，熟睡后父母翻身或伸展四肢，容易惊醒孩子。还可能将孩子压在身下或勒住孩子脖子，或将孩子挤到狭窄处或硬物上，严重的造成孩子窒息。英国纽卡斯尔维多利亚医院的博士克里斯·赖特曾研究了发生在2008年至2009年之间的15个婴儿突然死亡案例，证实其中7个婴儿是与父母同睡在床上时死亡，2个婴儿与父母同睡沙发时死亡。另有数据显示，伦敦地区2005年至2008年间，共有173个婴儿突然死亡，其中85个婴儿与成人同睡时死亡。医学专家认为，窒息可能是导致婴儿与父母同睡时死亡的最主要原因。因此，英国专家警告初为父母者，对新生儿来说最安全的地方是婴儿床，而不是父母的大床。

不利孩子健康，不利父母休息

现代科学和医学已证实，在狭小的卧室空间里，大人呼出的二氧化碳等废气容易被孩子呼入，这会影响孩子的健康，也可能诱发婴儿猝死综合征。而对父母来说，因为害怕压到孩子，更是无法放松睡去。

一旦生病，易引发交叉感染

如果父母或者孩子患有感冒等疾病，就会引起交叉感染。试着想想，如果你家宝宝已养成黏着你睡的习惯，而你却不幸感冒了，那你怎么“甩掉”这个小不点，保他不被传染上呢?

不利培养孩子独立

从小习惯与大人同床睡的孩子，内心容易养成依赖性，具体表现为必须由父母陪伴方能入睡，孩子年龄越大，独立入睡的训练越难。同床睡还会导致孩子无法顺利地进入幼儿园，无法适应集体午睡。

不利妈妈的自我重建

妈妈的心被突然降生的宝宝占据了100%，但还是应该把主卧大床还给丈夫和自己。一个黏着妈妈睡的孩子背后，一定站着一位离不开孩子的妈妈。母爱不加控制会变成毒药，让家庭变味，让自己乏味。

所以，无论是出于孩子安全考虑，还是为了自己的情绪、精神和生活平衡的重新建构，父母都应该尽早让孩子与大人分床睡。

与孩子不弃不离，也要分隔有度

我翻看了过去6年父母们在网上给我的留言，关于睡眠的问题特别多，基本可以分为两大方面：第一个方面，哄睡难；第二个方面，孩子大了还赖在妈妈的床上不肯走。而很多妈妈还会认为，黏着妈妈是孩子爱妈妈的表现，有的还非常得意地把爸爸赶去客厅，一睡就是许多年。不分床睡看似是母子、母女的一场依恋之情，其实背后可能隐藏着各种心理问题和性格养成问题。这恰恰让我更深刻地体会到小布床教给我的做母亲的智慧：与孩子不弃不离，也要分隔有度。

记得在Ian添加辅食前，每个晚上我都需要喂奶多次，前面提到的小布床就起到了很大的作用，它让我可以与Ian同床却不同被；我守护在他身边，让他感觉到我的气息和体温，却能做到不搂睡，不抱睡，更不奶睡。为了应付晚上Ian哭闹，我和外婆轮流值班，我管上半夜至12点，外婆接手下半夜，好让我能休息4~5个小时，待第二天一早起来继续做“奶牛”。于是，在一个晚上，这个小床带着Ian会从我的床头移到外婆的床头，无论在哪个床头，Ian始终认准自己的这个小“窝”。

很多年后我竟然还发现了一个美国妈妈发明的哄睡产品，那是一只布做的假手臂连着一只假手掌。它与我们真人手臂比例完全相同，内部装着细细的圆粒物，重量也与一只手相仿。乍一看挺吓人的，但细想一下还真佩服这位妈妈。她把布手掌放在孩子的背上或胸前，让孩子误以为那是妈妈的手在安抚他或支撑他。说明书上建议妈妈可以预备好两只手，一只用来垫在宝宝的侧身，另一只手用来放在他的侧背，妈妈无须搂抱宝宝，只要坐在一旁哼一会儿，孩子就会慢慢睡去。

无论是小布床还是假手臂都在告诉我们一个道理：哄睡不容易，但靠智慧我们能让孩子快乐地学习自我入眠，同时避免妈妈和孩子过度互相依恋，过度互相干扰。

TIPS 循序渐进分床法

◆0～3个月，孩子睡在小布床里，把床放在我或外婆的身边。

◆3个月开始，早上和下午的小睡时间，Ian睡在小布床里，但我把小布床放入大的婴儿床里，让Ian开始熟悉他自己未来的婴儿床。

◆白天有几个时段，我把Ian直接放在婴儿床里玩，让他听音乐，看挂在床头的转转乐，我陪在一边和他说话，或在婴儿床里换尿片，让他对小床产生归属感，为习惯独自睡在小床里做好准备。

◆4～5个月，开始去掉小布床，把Ian移入婴儿床；小床保留三面围栏，把和大床挨着的那一头栏杆卸下，小床的高度调节到与大床一般高，这样Ian既看得见我，又有自己的空间。晚上关了灯，我拉拉他的手，讲讲话，拍拍他，他便放心地睡去了。

◆6个月后，渐渐把小床与大床的距离拉大。

◆平时与Ian说话时，经常重复“你的床”“我的床”，在他的床里放上他喜欢的玩具，让他知道他的小伙伴都“住”在小床里。

◆只要分床成功，分房不用急。开始时，我把Ian的床固定放在了卧室最靠里的角落，与大床分居一室的两头。稳定了一段时间后，我把床移入了另一间卧房，但两个相邻的房门都打开，互相可以说话，能听得见、看得见。这样Ian虽然独睡，却没有孤独感或被遗弃感。

时光飞转，到了小Sean睡眠训练时，我已经不用太费心了，哥俩互为同伴一间房住了很久，而老外婆也变成了“故事婆婆”。她每周末来看外孙，必定要准备十来个故事，讲完一个又一个。等大哥哥去远方念书了，小Sean与外婆的“周末故事会”仍然继续。为了能让这对老少贴得近点，我特别去宜家买了一个带轱辘的地铺床，平时放在小Sean的床铺底下。为了方便外婆上下床，Sean每周末都会主动把自己的床让给外婆睡，自己乖乖地睡到地铺床上去。

回想起来，孩子与父母的缘分就如独睡训练一样，先近后渐远，一旦放手，孩子渐远后又会迎来独立后的再次靠近，这份欢喜就是成长的欢喜。

Ask Jane

问题1：宝宝睡觉昼夜颠倒怎么办？

Jane，你好！我的宝宝今年2岁了，他每天要到早上六七点才睡觉，睡到下午两三点。晚上八九点睡到11点左右醒，然后又是玩到早上六七点才睡，搞得大人很累，真的不知道该怎么办了！是他缺少什么微量元素还是别的什么原因呢？

Jane答

首先，我觉得你家孩子这种“把黑夜当白日用”的特性不像是由于体内缺少某种微量元素造成的，而应该是在新生儿期没有养成正确的睡眠习惯。所以，如果要彻底扭转这种情况，我建议把宝宝当成新生儿来重新“调教”一次。

以午觉为轴心，推后孩子睡觉的时间

你家孩子每段睡眠的时长其实是符合这个年龄的特点的，只是把白天当晚上睡了。妈妈要做的就是先拖后他晚上入睡的时间，从9点延迟到10点甚至11点以后，相应地让他清早醒来的时间也逐渐向后推移，慢慢地把他的生物钟调至正常。

加强孩子上午的活动量，让他忘却睡意

2岁的孩子活动欲很强，妈妈可以利用这一点，早上醒来后带孩子进行户外活动，如踢球、滑滑梯等。用一切他感兴趣的运动来吸引他，当孩子感到累了，自然有欲望想休息，可以安排上午1～2小时的小睡时间。然后下午再安排户外活动以及1～2小时的下午小睡时间。这样，可以让他在晚上有精力支撑到10点左右。

加强夜晚的有兴趣的活动，尽量推迟睡眠时间

当晚上孩子活动力变弱时，妈妈可以利用生动有趣的立体书、孩子爱看的卡通片或其他幼童玩具、游戏来调动起孩子的兴致，打消宝宝的睡意，尽管让他10点再入睡。

合理睡眠的时间建议是：晚7：30～8：00上床，早上5：00～6：00点起床；下午小睡2～3小时，或上午、下午各睡一次。

问题2：孩子晚上睡不踏实怎么办？

Jane你好，自从看了你在湖南卫视的节目后，心中对你的敬佩真的不能用言语表达，我真的觉得你是一位伟大的母亲！你的育儿方法让我觉得特棒！现在我遇到了问题，真心希望你能够帮助我。我家宝宝6个多月了，最近几天白天一切正常，但是晚上不像以前那样睡得香香的，总是睡不实，闭着眼睛翻来覆去的，不知道怎么回事，帮忙解答一下吧！我知道对于宝宝来说，沉睡是金啊！

Jane答

婴幼儿在6个月进入新的生长阶段，你的孩子可能已经会用手支着坐起来，开始尝试着翻滚爬行；虽然乳牙还未长出，但牙龈已开始发痒；对周围环境变化会产生意识，如父母离开时会害怕、恐惧，高兴时会笑，不称心时会发脾气。所以，你的孩子晚上睡眠开始有变化也是正常的，可能有许多原因。

孩子白天活动量过多或过少

因为6个月的孩子活动能力大增，好奇心超强，如果白天活动量过多会造成孩子过于兴奋而难以入睡；如果活动量过少又会让孩子精力过剩，无法进入深层睡眠。所以你要对孩子白天的活动量做适量安排，既要避免孩子过于“劳累”，又要安排孩子充分运动，使他精力充分发泄。要注意避免睡前玩得太疯，他太兴奋也会造成难以入眠或睡眠不踏实。

保证孩子正常的午睡时间

如果孩子白天午睡过多或在下午两三点后才睡午觉，也会造成孩子晚上难以入睡或半夜睡不实。

注意孩子是否牙龈痒、痛

大多数孩子都是在4个月到10个月时长出第一颗牙齿，在这段时间，孩子会有牙龈痒、痛，甚至发热、倒胃口等现象，这些也会让孩子无法入眠或睡不踏实。缓解牙龈痒痛最直接的方法就是让孩子啃咬专为婴幼儿设计的牙胶，以缓解长牙阶段的牙龈痒、痛感，促进孩子牙齿尽快萌出。

安抚陪伴新观念

你的孩子睡眠习惯是否发生了一些变化？比如以前与父母同床，现在独自入睡等，习惯上的变化会引起他的不安情绪。美国心理学家Daniel N. Stern博士和英国著名精神分析专家John Bowlby都提出了人的依恋理论，对婴儿安抚问题做了深刻研究，并得出结论，婴儿对亲人有着自然的依恋行为，尤其当他觉得自己不安全时他们会本能地用某些方式来试探父母亲人，以确定自己的需求和情感会得到重视和回应。所以，当孩子出现一些新问题时，父母首先应及时给予孩子安抚，以满足他的依恋心理。从我来说，我不但自己陪伴，还为小Sean做了个安抚小熊，从小培养他自我安抚的习惯和能力，在他出牙时就啃咬小熊来缓解牙龈痒、痛；去医院时他也会抱着小熊来安慰自己；到了晚上，他会让小熊陪伴他入睡。即使我短暂不在身边的时候，小熊也可以给他心理上极大的安抚。

自己玩，孩子主动学习的开始

妈妈们有没有发现，一没了玩具，孩子就会吵闹不休，因为他们自己不会发掘身边好玩的东西；给孩子一个新玩具，没有你在左右陪玩，他就不会自己玩；你带几个新朋友让他见见，他会缩在你的背后，不愿露出自己的小脸，因为他不知道该如何与不认识的小朋友一起玩儿。“不会自己玩”是孩子心智发育不健全的重要表现，目前已成为城市孩子，尤其是独生孩子的一个通病了。其原因当然应该从父母身上去找。那么，先让我们来看看父母看待“玩”的最常见的3种观点吧！

3种父母，3种态度

“强硬派”父母：“玩”就是不务正业

“强硬派”父母认为，“玩”是不务正业的行为，常常伴随着孩子不受管教的出格举动，更会浪费学习的时间，从而影响前途和人生。所以他们的态度是，小孩子不会玩不重要，会读书就好了。他们通常在孩子刚有认知和学习能力时，就强行减少孩子“玩”的时间，同时花重金、舍老本，送刚满三四岁的孩子去学科类的早教学习班，背唐诗、学写字、练算术、弹钢琴等。他们完全忽视孩子首先应该具备“玩”的能力，才能在“玩”中开始各类兴趣的学习。

“功利派”父母：“玩”就是为了学习

“功利派”父母并不真正认可“玩”在孩子成长过程中的重要意义，但也不全盘否定孩子需要玩的机会。他们聪明地采取折中迂回法，允许孩子玩，同时也给“玩”设定界限——“玩”一定要建构在对知识和学科学习有直接帮助的基础上，任何对学习没有好处的、纯粹的玩乐是不被允许的。他们会偏爱为孩子买早教类的漫画、拼图，音乐类的玩具等，但却会忽略像“办家家”这样的角色扮演玩具。

“放任派”父母：随便你怎样“玩”

“放任派”父母在思想上认可“玩”是孩子的自然天性，在行动上普遍表现为“你玩你的”再好不过，这可以让自己省很多心。所以，他们会毫不吝啬地帮宝贝“买玩具”，之后的事基本听之任之，或交由长辈、阿姨去打理。“瞧，他们自己搭搭积木，摆弄玩偶，不是很开心吗。”由于爸爸妈妈缺席参与，不给予适时的引导，导致孩子很难在玩乐过程中逐渐培养起一份连贯的兴趣和习惯。

“玩是孩子的天性”，这句话我们常说，但始终不愿百分之百地去执行，这才造成以上3种父母的错误心态。事实上，“孩子与玩”的辩证关系就像“先有鸡还是先有蛋”一样，只有把“孩子与玩”看作一种纯粹的与生俱来的“自然”关系时，才能解释孩子对“玩”的初始情结。

孩子的大脑早已被植入“玩”的程序

当孩子还处于胚胎期时，大脑基因就已经被植入了“玩”的程序， 所以孩子真正的学习必定先在“玩”中实现。很简单的例子就是：孩子在摆弄他的小脚时学会了怎样去控制自己的身体；通过在地上做爬行游戏，孩子发现原来爬是可以改变方向的，改变了方向自己便看到了不同的玩具，也就是说换了方向就可以变换视角的；拿着玩偶时，孩子常常会“自言自语”，以虚拟的身份和玩偶对话，这其实就是孩子在玩角色游戏时模仿他人说话，学习表达；孩子喜欢用“办家家”的道具来模仿自己看到的成人世界中的生活场景，这是他学习社交与他人交流的开始。所以，大凡家中有孩子的必定充斥着各式玩具、各种图书和数不清的卡片，因为玩具是孩子成长的好伙伴。但令父母们头痛的是，无论你买了多少玩具，孩子好像从来都嫌不够。刚到手的新货，他就扔一边去了；刚刚还喜欢极了的样子，一会儿又不感兴趣了。其实，孩子对玩具“一过性”的新鲜感并不是什么特别的事，每个孩子都会经历这个问题，这与孩子的注意力有关。

孩子的注意力到底有多长？

考考你

2岁以下：以无意注意为主导。

2岁：约7分钟。

3岁：9分钟。

4岁：12分钟。

5～6岁：15分钟。

6岁以上：逐步由15分钟过渡到30分钟或更长。

当孩子从“学爬期”进入 “学步期”后，他的“运动时代”就到来了。孩子开始通过自己身体的移动、挪动、翻动去感知身边的一切，去触碰以前无法触及的东西。因此在这个阶段，孩子的兴趣点非常多变，对新鲜事物的注意力持续也极短。因此，父母过早要求孩子注意力集中，长时间守着若干个玩具不停地玩，是不符合孩子生长规律的。

孩子都是“三心二意”地玩

孩子是兜着圈子玩的

孩子在每个玩具上逗留的时间都很短，他们是兜着圈子玩的，拿着一个玩具，看着下一个玩具；玩这个不久，又扔下去玩刚才那个。这时妈妈需要准备多组不同种类的玩具，以满足孩子“兜圈子”的玩法。比如，啃咬类的硅胶玩具，能发声的乐器类玩具，可以滚动的球类玩具，不怕撕扯的布书。

孩子需要自己的小地盘

妈妈可以在家中专门画出一个小区域，铺上地垫，围一圈安全围栏，把几组不同类的玩具放在其中，让孩子习惯在属于自己的小地盘里“兜圈子”玩。开始父母可以坐在圈内一起玩；逐渐可以“逃离”出来，坐在圈外看他玩；再后来可以从孩子的视线里离开几分钟再回来，慢慢拉长他独自在圈内的时间。

孩子是慢成长的

孩子在一个玩具上停留一小段时间，然后移去玩另一个玩具。慢慢地，他独立玩的时间从5分钟延长到10分钟，甚至到半小时。虽然孩子这时说话还不利索，但他已经喜欢吆喝大人了，所以父母可以离他远点，但不能听不到他的声音，要让他看到你就在不远的地方。最好的互动模式就是他玩他的，你做你的，他吆喝了，你就回复一下。这样有来有往，慢慢拉大孩子与你的“距离”，让他安心自己玩，同时理解妈妈与自己不在一起，却没有离开，也不会消失。

孩子喜欢“动”的游戏

在幼儿期，“动”的游戏要比“静”的游戏对他们更有吸引力，甚至更有益身心发育。比如一个能够发声、可以滚动的彩色小球，会让孩子好奇心大发，去主动追着小球跑，学习用脚踢它、踩它，用手传它、滚它、扔它和拍它，一个小球也可以变换出“动”和“静”的不同玩法。

TIPS 玩具也有保鲜期

玩具是孩子的最爱，但却有寿命长短。在和Ian与Sean斗智斗勇的18年岁月里，我自己找到了一些“玩具循环使用”的妙招。

- 全部替代法：收纳起全部旧玩具，换成全新玩具。
- 部分替代法：玩几天后收纳起一半的新玩具，放入一半玩过的旧玩具。
- 发现新的玩法：在不同的年龄段，孩子对同样的玩具会发现不同的新玩法。比如同样一个球，孩子第一次拿到它时，可能只会追在球后面跑；可是过了一个月，再把球给他，他可能就会玩扔球接球了；又过了一个月，孩子居然会用手击球了；再过一个月，孩子开始学会踢球啦！
- 玩具集合法：把不同的玩具集合起来玩“办家家”。
- 换玩具：和朋友的孩子换玩具玩，当然这个得双方孩子愿意和认可。一般情况下，孩子不会太愿意，但如果是从小的玩伴，而且趣味相投，那么他们自己还会偷着做“交易”呢！

父母“放低”自己，才能看懂孩子的玩

在了解了孩子天生就爱玩之后，我们也来看看自己应该如何建立对待“小玩家”的良好心态。几年前有个英国的电视卡通节目叫《花园宝宝》，引进中国后特别流行。一位朋友送了我一套节目的DVD，说是给小Sean看的。可他又有点不

放心的样子对我解释说："周围的许多家长都认为《花园宝宝》中的人物都长得人不人，鬼不鬼，'难看'透了，而且这群花园宝宝小人不会讲人话，整天吱吱呀呀叫个不停，大人们怎么看都不懂他们究竟在'玩'些啥。"

于是我用了整整一个周日下午来陪小Sean看片子。只看了头两集就不能继续往下看了，因为小Sean 竟然每集都重复看3遍。过了几天后的一个晚上，小Sean在饭桌上很神秘地当众"宣布"，他要弹一首新曲子给我们听。这可是他毛遂自荐式的第一次哦，因为他还没学过钢琴！小Sean坐上琴凳，用一只手指在钢琴上"敲"出了一段动听的音符。饭桌上没有一个人知道那是一首从哪里学来的音乐，我却激动地大喊："这是《花园宝宝》片子里的音乐啊！"小Sean眼中闪着光芒，然后急着问我："妈妈，吃完饭，我可以再看一遍《花园宝宝》吗？"

为什么一个让小孩子爱得如此发狂的剧目，却让那些大人认为很难看呢？我带着这个疑惑去问了一位朋友，她的孩子与小Sean同龄。

"你家儿子这个暑假有做些什么好玩的事？"我问道。

朋友说："我儿子最近特别爱看《花园宝宝》。央视晚上放映时间太晚，幸好我家有数码电视，第二天可以重放。"

"啊！我朋友也刚送我《花园宝宝》DVD了。你觉得好看吗？"

"我也说不清，没有太多的话，总在吱吱呀呀的。但我儿子爱看，就让他看呗。"

这位朋友道出了大部分家长的心态：虽然我们做大人的不太理解这个节目，但因为孩子喜欢看，我们也就顺其自然了。其实，要真正懂孩子说难其实也简单，只要爸爸妈妈们做到3个"放低"，就能看懂许多原本看不懂却深深吸引着孩子们的东西了。

"放低"视线：用孩子的眼睛看世界

有个真实的故事已被引用了无数次，说是一位台湾的节目主持人曾发现他的女儿最不爱逛琳琅满目的商店，每次领她去，总是哭闹着不愿进去。他很难理解，爱新奇的女儿为什么就不爱琳琅满目的商店呢？一天，他照样领着女儿在商店里逛，女儿的鞋带开了，他蹲下来帮女儿系。就在那一瞬间，他发现眼前的景象是多么可怕，从女儿的视角看出去，看到的不是琳琅满目的商品，而是大人们的一条条大腿和一只只大手，还时不时地磕碰着孩子的脸和弱小的身体。当下，他就立刻把孩子扛上肩头准备离去，孩子却突然间又不走了，原来她看见了高高摆放着的玩具。

这个女孩和爸爸的故事道出了一个真理：爸爸妈妈要想真正进入宝宝的世界，就必须蹲下身去。只要站到与孩子同一视线水平面上，父母就会发现，在孩子的眼里，天空实在太高了，但小小的蚂蚁却很是亲近。这其实就是《花园宝宝》吸引孩子的秘诀之一：在美丽的花园里，花儿永远是强烈的亮色系，因为孩子眼里的世界就应该是鲜艳的；高悬的太阳永远是明媚耀眼的，因为只有晴空万里时，孩子才能有机会在大自然中放肆玩耍；即便夜晚降临，花园里的灯光依旧夺目，这是因为孩子都怕黑，花园宝宝们也不喜欢在还未入睡时周围变得一片漆黑，所以小人儿依古・比古总爱在船头悬一盏小灯，香香地睡去。我不得不佩服剧组人员的创意和制作理念，他们确实比我们更懂得孩子，更愿意从孩子的兴趣出发来找到孩子最喜欢的内容，并采取3～6岁孩子可以理解的那种只用吱吱呀呀的“无实质性对白”来交流，来与孩子互动。

“放低”身价：和孩子一起玩他们喜爱的

也许童年已经远离我们太久了，做了父母之后除了对孩子呵护备至外，总有一份新的角色在控制着我们——作为孩子的监护人，我们要让孩子“赢在起跑线上”。妈妈帮宝宝买玩具，首先想的是“能不能开发智力”，而不是“孩子会不会喜欢”；妈妈替孩子选兴趣班时，基本是“我觉得这对孩子有益”，而非“孩子会对此感兴趣”。所以，妈妈买的玩具操作上可能会超前，早过孩子的年龄段，而且会有许多指定玩法，且零件配备复杂，没有父母的陪伴孩子就“不会玩”了。兴趣班亦然，孩子们在妈妈们指定的兴趣班里总是兴趣不高，有的甚至出现罢学情绪。还有，在孩子们倾心于玩耍并强烈渴望父母共同参与时，很多父母总是用“我太忙了”“实在没时间”来搪塞。其实，究其深层原因就是父母觉得孩子的游戏太幼稚、无聊，不值得大人多花时间。

记得那一阵子，小Sean和我一直喜欢一起看《花园宝宝》，片头总是会有一双大手在宝宝的手心里画圈圈，然后娓娓叙述出一个发生在夜花园里的快乐故事。每次看到这个开头，我的眼睛就会湿润，因为我就好似是站在这只大手背后的人，和小Sean一起用片中吱吱呀呀的语言对话，他扮依古・比古（Iggle Piggle），我扮唔西・迪西（Upsy Daisy）。每当我看到他天真无邪、快乐、放肆地大笑时，就深深地被自己打动，因为我感觉越了解孩子的喜欢，我与他的关系就越亲密、越感人。

“放低”眼光：扔掉一切具象的思维

当年凡接触过《花园宝宝》的成年人，都觉得那花园里的小人们是一群小鬼，连根头发也不长，是个啥东西？可小Sean一看到玛卡·巴卡（Makka Pakka）就笑，只要玛卡·巴卡一动身体、一扭屁股他更是笑得收不住。

这其实就是我们“大人”与他们“小人”所拥有的不同的“眼光”造成的问题。幼儿的脑子是非逻辑性的，太过具象的东西会限制他们玩耍时的想象。而大人却喜欢具象，因为觉得太抽象的东西看不懂，没有美感，而且也让大人对孩子讲不出个实实在在的道理。

然而，在孩子的眼里，一切不具象的东西却具有更多的可“变”性、可“玩”性和可“爱”性。就像他们不喜欢做得坚挺有型的中国熊猫一样。我曾经送过很多咱们的国宝“熊猫”玩偶给外国小朋友，他们都把它作为一个纪念品，高高地“供”在了父母的书橱的最高位置，因为熊猫做得太具象了，反而让孩子不能把它想象成自己的伙伴，不能在心里认同它的角色，不能揉着抱着。相反，我给小Sean做的抱抱小熊，虽然只有一个熊模样的头，其他部位就是布料一块，但却让小Sean爱不释手，晚上陪着睡觉，旅行拎着上飞机。因为孩子不需要逼真，却需要亲近和想象。

“玩”不只关乎玩具

鼓励动手的游戏是促进孩子成长的基础，也是早期开发智力的好办法。我陪着小Sean看15分钟《花园宝宝》，然后我们会一起同步玩花园宝宝贴纸、涂色、拼图，充分调动孩子因兴趣所带来的学习能动性。有一天下班回家，我看见小Sean在黑板上画了个不长头发的“东西”，一看就知道是玛卡·巴卡，于是我们又演了一遍剧中的角色。

不简单地认为“玩”就是玩具的同义词

用心思为孩子设计各类有“品质”的活动，比如需要动手的DIY游戏，需要动嘴动脑的角色扮演游戏，需要协作的户外游戏，这样的玩法虽然大人累点儿，可对孩子而言，却能够比单纯从玩具中获得更多的乐趣和收益。

孩子的注意力需要被“占领”

多蹲下来，用双眼平视孩子，拉着他的手经常问一句：“宝贝，告诉妈妈想玩什么呀？”让大地、沙坑、花草和各类体育项目成为“活”的玩具，丰富宝宝的生命，填充宝宝的好奇心。

玩具必须适合年龄

不选拔苗助长式的“智力开发”玩具，比如4岁以内不玩电动玩具，这类还会抑制孩子想象力的发展。好玩具的标准很简单：需要孩子手眼结合，锻炼大小肌肉的各项协调能力，比如搭积木；能做角色扮演的游戏，刺激情感和社交能力发展，比如玩“办家家”的各式道具；能让孩子安全DIY的材料玩具，促进孩子自己解决问题和发展动手能力，比如百变百搭的橡皮泥、折纸等；能让孩子发挥自由想象的活动，比如玩沙、玩水、玩捉迷藏等。

儿童视频节目谨慎选择

不建议给6岁之前的孩子看情节性太强、连续剧式的少儿节目，那会让孩子跌入情节，每天被情节牵着走，但又理解不了故事中的原委。建议寻找故事内容简单，每集有各自的主题，可以任意来回跳着看的节目。这样，孩子不易迷失在情景故事中，而淡漠其他兴趣。

收纳玩具也是玩

不要将收纳玩具变成单一的体力劳动，其实收纳也可以变成有趣的玩。叫上孩子，采用有趣的方式，比如边唱歌，边假装玩“办家家”小游戏来收拾房间。当小Sean还迷恋于地上玩具时，我买了与他一般高的小书架，然后专门配了4个颜色鲜艳的小筐，每次游戏结束时我们就一起收拾玩具，边收拾边唱一首家喻户晓的英文歌谣：

Clean up， clean up.

It's time to clean up.

每当我们唱起这首歌的时候，小Sean就会意识到要和玩具告别了。然后我们就会一起玩“把玩具送回家”的游戏：

- 球类：让它们“滚”回绿色的家（绿筐）。

- 木质的玩具：让它们排排坐在书架上。
- 布书：下雨了，让它们快快回到红色的房子里（红筐）。
- 恐龙队伍：打雷了，让它们排队去蓝色的山洞（篮筐）。

收纳玩具的游戏培养孩子自己的事自己做，自己玩过的玩具自己收，管好自己才能不给他人添麻烦。这些小小的“游戏规则”也是将来做人的规矩，如果我们能在3岁前通过玩具和游戏为孩子建立起好习惯、好认知，那么孩子进入幼儿园时就会成为尊重他人、爱护集体的小朋友；反之，就可能会成为人见人怕或人见人厌的“熊孩子”。

哪天你若遇到一位妈妈告诉你“我的孩子不贪玩”时，你可要留心观察一下这个“不贪玩”的孩子，看他是否已变得“不会玩”，就好像在笼子里被关久了的小老虎，已不会捕食。我相信，会玩的孩子才有学的热情，能玩的孩子才有学的力量。而最好的玩具就在日常生活里，一个勺子可以击出节奏，一块小手帕可以玩躲猫猫，一堆废纸可以折出一朵纸花，一盆水可以玩出音乐，一地沙可以堆出孩子的所想所爱。

玩是人的天性，玩是孩子最自然的成长历程，所以我们不能阻止孩子们玩，我们还应该加入他们一起玩。无论我们年龄多大，无论孩子年龄多小，一起玩就是一起学习，一起成长。

Ask Jane

问题1：父母恨铁不成钢：孩子为什么总贪玩不爱学习？

Jane，我发现别人家的孩子都养得很好，学习好，性格也好，情绪也稳定。我的孩子5岁半了，但脾气很倔，动不动就耍赖，除了玩游戏，学任何一样东西都不能集中注意力。因为我和他爸爸对他寄予比较大的希望，所以会严格要求他，可是他的表现却常常让我们感觉恨铁不成钢。我到底应该怎么养孩子呢？请问，我哪里做错了？

Jane答

你的问题不是个案，几乎每个父母都有这个疑问，希望立刻解决孩子某一方面的问题，比如“如何解决孩子贪玩的问题”或“孩子脾气很倔怎么办”。从我的理解看，父母们都在孜孜追求教子的“技术”问题，而其实养孩子、教孩子不光讲究“技术”，更多的是观念、方向问题，也就是父母的着眼点和着力点放在哪里。

着眼点是观念，着力点是方向

如果父母的着眼点是希望孩子身心健康，有内在动力去发现和学习新东西，能有与众不同的追求，那么我们的着力点就是鼓励孩子循着自己内心的兴趣和热情去发现新事物，去现实生活中参与各种体验，帮助孩子找到自己的精神楷模，成为有丰富感情、责任担当和更大世界观的人。

如果父母着眼点首先是孩子的升学、成绩、考级和各项学习层面的硬指标，那么父母的着力点就是为孩子找到更好的老师、更好的学习方法和更好的学习环境。我加了“更好”，就是因为家长都相信更好的外在力量一定会带来更好的孩子。

这两个不同的着眼点并不矛盾，但育儿方向却大不同，也因此在不同的家庭指南针下孩子走的路是不一样的。前者的孩子会有自己的动力，去为自己心中的目标激动和奋发；后者的孩子也会有自己的动力，但往往是短期的、外力所致的动力，一旦目标或指标达成，孩子就会停顿，失去动力。

先找到内在动力，再制订阶段目标

最优的教育方式就是，先帮助孩子发现自己的热爱和长处，再围绕核心力量制订阶段性的小目标，其中可能包括学业成绩等硬指标。那么对一个贪玩的孩子来说，首先要解决的是发现有什么比“玩”更有吸引力，比如小Sean喜欢音乐，他可以坐在电脑前“玩”一个晚上，听的、读的、看的竟然都与音乐相关，至于我当然不会阻止他“玩”音乐，前提是他每天把作业先完成。一个没有发现自己兴趣、没有爱好投入的孩子就会在广泛的感官刺激中寻找乐子，只要把时间消磨了，把玩的感觉填满了，日子就过得很开心。

那么如何找到孩子的兴趣？我建议阅读本书的第二章和第三章，这两章都是关于用环境的力量引导孩子去发现自己的力量。仔细想一想，你赞赏的孩子是不是都是有高度自觉性、高度自控力和良好情绪的孩子。如果是，那么归根结底，他是一个为了某个目标而对自己有要求的孩子。

问题2：孩子老爱看电视，对其他没兴趣，怎么改变？

我儿子今年4岁半，平时特别爱看电视，每天无聊了就提出来要看电视，而且要等动画片放完了才肯关电视，怎么样才能让孩子少看电视？平时爸妈带得少，爷爷奶奶带得多。

Jane答

家庭生活中的一些细节往往会影响到孩子，造成孩子过分沉溺于电视。比如：

家庭环境影响

孩子生活空间里总有电视，尤其老人喜欢把电视当生活的背景，电视整天开着，响着。

家长没有时间和孩子在一起

孩子日常活动安排很单一，家长又没时间陪孩子，所以就把看电视当作带孩子的便捷之道。久而久之，孩子就容易沉溺于看电视。

缺少户外活动

由老人带养的孩子看电视的习惯会更顽固，看电视时间会更长。因为老人喜欢看电视，而且老人体力有限，户外活动时间缺少。

对孩子的教育没辙

除了把孩子交给学校和功课，家长和长辈基本不知道孩子还有什么需求，只要有东西可以打发孩子的时间就可以了。

想要改变任何一种上瘾的事都很难，更何况如果家中有老人居住。我想提几个改变和控制环境的办法：

把电视移出客厅

孩子常待的房间里不能有电视。大人看电视要去比较私密的卧室，或专门在孩子不去的房间设电视机。

安排丰富多变的日常生活

减少孩子对电视的注意，白天安排上、下午出门两次，可以去公园和小伙伴玩，去图书馆看书，参加社区里孩子的活动，比如画画、搭积木等。

用“游戏”改变孩子已有的状态

- 用好玩的定时器分段控制看电视时间。年幼的孩子对于时间缺乏具体的概念，外观有趣、价格便宜的定时器可以给孩子具体的感受。家长可以定时20分钟，让孩子看合适的电视节目，待定时器响起的时候提醒孩子“还有5分钟”。孩子看满25分钟之后，就告诉孩子该休息一段时间了，并彻底关掉电视机。

◆制作“电视卡”，全家“刷卡看电视”。用卡纸制作一些“电视卡”，和孩子一起商量确定，每天发放15分钟或30分钟的电视卡2～3张，由孩子自行安排看电视的时间，“电视卡”用完后就不能再看。这项游戏最好大人和孩子一视同仁，全家都可以“刷卡看电视”，大家每天得到的卡也差不多。这样不仅能够公平游戏，还能锻炼孩子的“规则意识”。

◆家人陪同一起看电视。如果确定要看电视，建议家长和孩子一起看节目，这样还能和孩子一起探讨感兴趣的话题，一起分享电视带来的快乐。这样能增强孩子的理解水平和提高鉴赏力，加深父母和孩子的感情。

教育类的节目也要注意

另外需要提醒的是，有的妈妈想通过早教性质的电视节目开发孩子的智力，或通过英语节目让孩子学习英语，但有研究表明其作用并不明显。语言能力的发展并不依赖于简单内容的不断重复，而必须以逻辑推理等思考能力为基础。最好的学习方式是在情景中与人实际互动地学习，而不是对着一个电视画面被动地学习。

全章总结

本章讲述了5项与生俱来的能力，它们从孩提时代的本能发展到成人时代的习惯、习性和能力。

对于培养优质人，父母最应该下功夫的地方就是创造各种可能让孩子看到自己的能力，发现自己的热爱，看重自己的价值，因为内心强大的感受力和自信力才是孩子成长的内在依托。

对于培养孩子成才，我们要忍住自己的功利心，因为露水再微小，每一滴也都能折射出太阳的光芒！

对于培养好习惯，我们要坚持坚持再坚持，耐心耐心再耐心。

小Sean属鸡，生在凌晨，『雄鸡一唱天下白』，我们为他取名『晌』。所以，小Sean也特别喜欢画引颈高唱的雄鸡。

哥俩一个好视觉，一个爱音乐，这让他们各自找到生命中不可缺少的兴趣和热爱，也让他们的青少年时代多了许多快乐，自我疏解压力的能力也强了许多。母亲不能陪他们一辈子，却衷心希望孩子们长大成人后有一种自得其乐的能力，一种从孩提时代浸泡出来的能力！

第五章

CHAPTER5

亲子好关系，从化解“五根利刺”做起

在孩子成长的过程中，绝大多数父母都曾有过“失职”的表现，比如因为化解不了孩子童年时期的暴躁情绪，便用打骂和威逼来教训他；因为读不懂青少年岁月里孩子的冷漠和疏离，所以严加看管，结果损坏了亲子关系。经过为人母的18年“长征”，我明白了一件事，每个小天使在来到我们身边时，他们的身体里已掩埋着数根“利刺”，随着孩子的年龄渐长，有些悄悄露出了尖角，或刺痛孩子自己，或划伤了父母的心。如果我们能提前找出这些隐藏的利刺，那么我们读懂孩子的能力就会大大增强。读懂了，我们就有能力沟通、应对和化解。

分离焦虑，我们被逼着学习告别

孩子在幼儿期与妈妈分开当然会害怕和焦虑，妈妈与孩子分离也会产生许多担心和顾虑，这是婴幼儿时期常见的心理问题，也是父母普遍遇到的育儿心理问题。轻度时，会引起孩子和母亲的情绪不安或不愉快；深度时，还会产生伤心、痛苦，长久的情绪不稳和低落，导致孩子吃饭和睡眠等问题，引起妈妈因思念而至忧虑。如果在婴幼儿期家长对分离焦虑处理不当，那么日后可能会对孩子的人际互动与生活适应造成负面影响；如果母亲长期对自己的负面情绪不加控制，久而久之就会导致亲子关系难题。因此，父母应掌握科学、正确的育儿态度和方法，陪伴孩子一起走过分离焦虑的阶段。

认识孩子分离焦虑的3个情绪转换

对分离强烈反抗，测试父母底线

孩子用号啕大哭、又踢又闹来表达愤怒、恐惧和依恋，希望能通过哭闹来留住妈妈，改变大人的决定，同时也在测试父母的底线，看自己能“闹”到些什么。最容易看到这个场景是在妈妈休完产假去上班的头几个星期，因为长期地、无时无刻地与妈妈黏在一起，孩子有了强烈的依附感和依赖感，绝对不能容许妈妈轻易离开。

对分离感到失望，开始思考

孩子已经基本接受妈妈离开的事实，但仍然断断续续地哭泣，吵闹的动作开始减少，会选择“自闭”一会儿，不理睬他人，表情有时会停顿在自己的世界里不愿出来。其实他是在思考，妈妈为何要离开我，妈妈还会回来吗？现在没了妈妈我该干什么呢？

对分离超脱，启动自我保护机制

孩子从理智上接受了妈妈离开的现实，情绪稳定下来，开始接受其他人的照料，开始该干什么就干什么，正常吃东西、玩玩具，沉浸在自己的世界里，这是孩子启动的自我保护机制。然而当妈妈一出现，他又开始启动情绪记忆模式，想着妈妈怎么可以离开自己，可能会哭，但这时的哭多半是好情绪，是对妈妈依恋的一种再次肯定的表达。

看明白以上3个情绪的转变和互换，父母就可以比较理智地告诫自己，不要被孩子的哭声左右。如果能有效控制自己的情绪，便可以有效引导孩子从拒绝分离过渡到超脱分离，这个过程是可以被训练的。

“分离焦虑”第一期：妈妈产假结束要上班了

这时的孩子还是婴儿，他对妈妈的认知和依恋与母乳、体味和声音密切相关，而且完全不能理解妈妈离开和回来的原因，也不会判断离开时间的长短，只要失去了某种让他感到安宁和舒适的感觉，他就会用哭闹来“报警”。在这个阶段到来之前，越早训练孩子与妈妈“分身”就越有效，孩子受的刺激也越小。

方法1：让孩子习惯离开妈妈的怀抱

母乳是孩子与妈妈最亲密的接触，母乳不仅让孩子消除饥饿，还传递给孩子被爱、被呵护的强烈安全感。在妈妈决定了上班的日期后，必须提早1～2个月来帮助孩子接受妈妈乳房之外的喂养形式，如把母乳放在奶瓶里由妈妈或爸爸，或孩子最熟悉的人来瓶喂母乳。只要孩子能够离开妈妈的怀抱，接受瓶喂，与妈妈分离的第一步就成功了。

世界母乳协会提倡，母乳喂养至少到1岁，最好到2岁，但是妈妈的产假只有4个月，所以喂养问题是母子或母女分离必须跨过的第一大步。无论妈妈母乳喂养到何时，一定要在上班以前让孩子有时间从亲喂顺利过渡到瓶喂。有些妈妈马上就要上班了，孩子却拒绝奶瓶，妈妈就容易产生强烈的焦虑感，不知所措。只要孩子接受了瓶喂，妈妈就可以用吸奶器按时吸储母乳，按时喂奶。

方法2：尽早引入妈妈的“替身”

在休产假陪伴孩子的日子里，妈妈应一边专注孩子的吃喝拉撒，一边腾出精力着手训练孩子接触和熟悉妈妈之外的照顾者。比如，妈妈上班后准备让外婆来照顾孩子，那么外婆就要提前出现，加入到孩子喂养、陪玩和哄睡的活动中来。每天上午和下午妈妈“消失”一小段时间，由未来的妈妈“替身”来照顾孩子。我发现孩子黏妈妈最严重的时间是吃和睡的时间，不会太在乎谁推他出门玩，所以陪玩是“替身”开始进入宝宝视线的最好切入点。只要孩子的世界里有一个到两个妈妈的“替身”轮换着照顾宝宝，母子分离的第二步就成功了。

方法3：每天制造机会与孩子道别

妈妈每天都要制造一些机会，让妈妈的“替身”与孩子单独外出，走前明确和孩子道别，哪怕就是去楼下小区逛逛也可以，千万别偷偷溜走，道别是训练孩子理智接受没有妈妈时段的基础。

方法4：让孩子习惯“消失”和“回来”的新概念

3岁前的孩子对时间长短的概念不是很清楚，比如一整天不见与一小时不见没有太大的量上的区别。所以，只要解除孩子的恐惧感，也就是担心爸爸妈妈走了不再回来就可以了。建议从玩“躲猫猫”游戏开始，让孩子理解消失的东西和人都是可以再回来的。一旦理解了，他就不会再恐惧“走开”这个概念。

方法5：建立道别次序——上班前道别，下班一定先抱抱

妈妈正式上班以后，每天让孩子送别，下班前让妈妈“替身”带孩子接妈妈。妈妈回来后，要体谅孩子思念妈妈的情绪，多陪孩子玩，这样可以向孩子证明“妈妈离开后对宝宝的爱是不变的”。当然，在分开的初期孩子容易哭闹，这就需要父母理解前文解释的3个分离情绪的转换，相信孩子可以从“强烈反抗”情绪过渡到“失望”情绪，最后顺利抵达“超脱”的良好情绪。

“分离焦虑”第二期：孩子上早教兴趣班

分离第一期主要是解决从妈妈身边离开的问题，第二期的分离难题是说服孩子短暂进入一个陌生的环境，如参加早教班、兴趣活动或独自进入游乐场地等。这些都是引导孩子进入幼儿园的前期准备。

我总结出让孩子慢慢离开你的4个步骤：

第一步：找到孩子最喜欢的游戏

为孩子挑选的第一个早教班或兴趣活动必须是孩子最感兴趣的，一定不要直

奔以单纯“学习”为目的的活动。我见过一个妈妈拉着一个从未参加过集体活动的孩子上英语早教，孩子不但被新环境吓怕了，还被听不懂的话给弄懵了，孩子怎么受得了这“双重打击”啊。我为小Sean找的第一个早教班是打击乐，他在地上爬着乱敲乱打，开心无比时早就忘了“黏妈妈”这回事。

第二步：找到一个小伙伴

最好拉上一个熟悉的小伙伴一起去参加活动，他们会互相壮胆，互相依伴，不感到孤单就是融入的开始。有了小伙伴，孩子就会渐渐地放开妈妈的手。

第三步：护航孩子良好的体验

上早教班或兴趣课，主要是为了让孩子学习与他人相处，交到小朋友，而学习知识为次要目的。所以回家后，爸爸妈妈不要急于盘问上课结果，不要逼迫做课堂作业，不给孩子增加心理负担，以免孩子抗拒再去等。

第四步：接受孩子的所有情绪

把孩子的时间安排得宽松些，早点到教室，可以让孩子先在环境里玩玩，熟悉老师和小伙伴。课程结束时，可以安排孩子多停留一会儿，比如可以去图书角看看书。一旦孩子哭闹，不硬逼着孩子上课或离去，可以与他商量离开或留下，总之让孩子感受到他有选择的权利。孩子知道自己可以有选择时，就不会以随便哭闹来发泄情绪了。

“分离焦虑”第三期：孩子入园入托后

当孩子快乐地从妈妈身边走开，当他被吸引着短暂地进入一个全新的环境去交朋友，接下来就到了入园入托了。这个阶段的主要任务就是帮助孩子消除对未知的恐惧和对自己能力的建设。

我是这样帮助两个孩子开心上学的。

妙招1：让孩子对幼儿园好奇

还没有入园前，我就时不时地带着小Sean路过幼儿园，在篱笆外往墙内“窥视”，而我假装路过的时间都是在上午或下午幼儿园“放风”的时段，就是想让小Sean看到一群群孩子开心奔跑玩耍的样子。有一天，他忍不住问我：“妈妈，我可以进去玩一玩吗？”我望着他充满好奇的眼神，心里暗暗高兴，但嘴上却说：“这个不是公园，这个是幼儿园。我们得去报名，然后见老师，看他们是否能接受我们。”小Sean立即拉着我说：“我想去报名。”这时，我告诉他，他的年龄还没到，要再长高一点儿。于是，他每天回家都去身高尺前站一站，看看自己有没有长高。

入园前，父母应该经常和孩子说说幼儿园的事，告诉他在幼儿园一天大致的活动安排、可能碰到的情况，孩子心里有数了，就不会因为不了解情况而产生恐惧。父母还可以多讲一些正面的、有趣的话题，以激发孩子对幼儿园的向往。若是幼儿园允许，可以带孩子到幼儿园参观，帮助孩子熟悉幼儿园的环境。

妙招2：培养孩子自信心

自信心不是平白无故就会从孩子的心里长出来的，这与孩子的能力和表现有关。父母在孩子上幼儿园前，应该有目的地培养孩子良好的自理能力和生活习惯，这样到了幼儿园，孩子就会显得“成熟”，照料自己的同时还可以帮助别的小伙伴，所以教孩子学会下面这4件事很重要。

- 大小便：当有小便或大便的信号时，会及时讲出来，请求老师帮助。
- 吃饭：自己可以独立吃饭，不挑食，喂饱了自己的胃，心情才会好。
- 午睡：可以独自午睡，这是孩子拥有安全感和稳定感的良好标志。
- 作息时间：提早让孩子按幼儿园的作息来安排白天的时间，比如午饭时间、午睡时间等。

妙招3：与同班小朋友多交往

与同班小朋友交好能帮助孩子更快地适应幼儿园环境。所以，我一般都会在新学年的开始去参加各种学校活动，为孩子“物色”好伙伴，只要他表现出亲近的孩子，我都会尝试去找孩子的家长聊聊，看是否可以邀请他们来家中玩，或安排放学后去其他地方再单独玩一会儿。有了小伙伴做“后盾”，孩子一天的日子会开心很多，而且每天早晨都会期待去学校开始玩乐的一天。

妙招4：让孩子带个安慰物

分离初期可以考虑给孩子一个安慰物，它可以是孩子喜欢的玩具、妈妈的围巾、孩子的枕头、小毛毯、妈妈与孩子的相片本……任何他能够接受的物品都可以。甚至可以每天亲手写一句话或画张小图让孩子揣在他的小兜里，告诉他，想妈妈时，看看、摸摸这些东西就不会难过了。有了这些铺垫，孩子就可以找到一个排解分离焦虑的方法，并展开想象，从与妈妈发生关联的事物中靠自己获得心理上的安慰与支持。一旦孩子拥有了自我安抚的能力，分离焦虑就会减少，直至消失。

为孩子打开快乐记忆的“开关”

有的孩子有严重的分离焦虑，而有的孩子却可以很快过渡。我在幼儿园门口经常听到父母对孩子讲的一句话就是：“我跟你说过几遍了，幼儿园里有玩具，有小朋友一起玩，妈妈很快就会来接你的。”可是，很少有孩子会听从妈妈的“劝告”，自顾自地继续苦着脸。于是妈妈又会补上这么一句经典的话：“你怎么这么不听话？”然后小朋友开始委屈地哭闹，妈妈开始失去耐心……

在下一节“‘可怕的2岁’，我们用智慧应付小恶魔”中，大家将读到美国科罗拉多大学的宗像裕子（Munakata Yuko）教授的研究结果，她告诉我们，3岁的孩子既不会为未来考虑，也不会思考当下的状况，也就是说，他们没有因果关系的理解，不会因为妈妈说什么他们就轻易地被说服。正确的方法是，引导孩子回到记忆中去找寻快乐的线索，孩子的快乐记忆一旦接上了，他就会自动向往回到快乐的场景中去。这就解释了为何妈妈苦口婆心的“讲道理”对孩子们没有太多效力。

小Sean上幼儿园时，我每周会有2～3次送他去。一天到了校门口的大厅，我蹲下来亲了一下小Sean后正准备告别，他却抢先一步说：“妈妈，我要去教室了。”说完他自己拎着小书包走上通向二楼的楼梯。望着他的背影，我开始猜想他的小脑子里正在想些什么。突然，他回过身来对我说：“妈妈，下午你来接我哦！”在听到我的肯定允诺后，他便坚定地走向自己的储物柜，脱下外衣，换上室内的鞋，放好书包，很快消失在教室的大门后边。

这时，一直站在一旁观察我们母子俩的班主任埃斯达老师走过来对我说：“Jane，我很好奇，你来送Sean时，他的表现与阿姨送来时的表现很不一样噢。”

“真的？怎么不一样了？”我好奇地问。

埃斯达老师想了一会儿说：“Sean看起来更独立、更自主（self-assured），但阿姨带他来时，他会撒娇，有时还会小闹一下才肯分开去教室。”

到了办公室后，我一直在思考这个有趣的现象，为何不同的人送Sean，他与大人告别时的表现会不一样呢？我开始仔细回忆在送Sean去幼儿园的路上，我与他的对话。前一天我恰巧应学校邀请去旁观了一堂课，家长们可以待在一间与教室相连的观察室里，通过单面透视镜来观察教室里孩子们的一举一动。因为孩子看不到镜面后的家长，所以一切活动都是在自然状态中进行。我看到了许多有趣的场景，于是第二天在送Sean上学的路上，与他聊了起来：“Sean，昨天妈妈看到你做‘工作’了，还记得你做的是什么工作吗？”

Sean瞪大眼睛说：“我擦玻璃镜台了。”

我直夸他：“Sean，妈妈看见你擦得真干净噢，还会用海绵刷横刷刷、竖擦擦的呢！”

Sean听完，脸笑得像花朵一样的甜美。

我又问：“你昨天和谁一起写数字啊？”

他想了想说：“Jenny啊，她写得比我慢多了……”好强的孩子总要显摆一下自己的能力。

“你和谁抢扫帚了？”

“Ben！我们全班只有一把扫帚！”

Sean完全没有意识到我为何会知道那么多关于他在教室里做的事，他一直开心地讲述着、回忆着。在到达学校之前，我看得出他的心已经飞进了教室，巴不得可以立即与Jenny和Ben一起再来玩一次擦玻璃窗、抢扫帚的游戏，再比赛一下谁写字快。

孩子的思维是很直观的，我在无意中打开了一个“开关”，这个主管小Sean在学校的快乐记忆的“开关”，让他在与我的对话中重温了许多美好的场景，让他从依恋妈妈的“失落”模式自然切换到了游戏时抢扫帚的“快乐”模式，而其中的那个桥梁就是他对快乐的许许多多的记忆。孩子是身随兴趣走的，因此在10分钟的上学路上我们母子重温了他昨天经历的快乐时段，于是他立即快乐地喊出：“妈妈，我要去教室了。”

真要感谢埃斯达老师的一个小提问，让我找到了一个重要的答案：3岁孩子对因果没有理解，但对经历过的快乐场景却记忆深刻。如果要让孩子听你的话，就要用心去找那一个个记忆的“开关”，一旦孩子开启了他的快乐记忆 “开关”，他就不会对分离再有半点焦虑和忧郁。

玩多久不重要，重要的是玩什么

我在养育Ian和Sean的18年岁月里发现，事实上，三四岁以内的婴幼儿对玩的时间长度没有太好的理解，而他们的注意力和记忆力往往更多地落在某些他们特别喜欢的活动上，因此妈妈与他们在一起玩了多久不重要，重要的是在一起做了什么。

我的小秘诀就是，尽量想办法把一天中最可能和孩子在一起的时间固定留出来，用孩子最喜欢的活动去丰富它，并且不间断地原地原事重复，以加强孩子对这项活动的感受和记忆。久而久之，每天哪怕只有半小时，只要巧用这半小时，它就会成为孩子每天快乐的期盼。我和Ian的“快乐时光”是一起玩“Chu Chu Train”嘟嘟车的游戏：他在前边爬，我在后面跟，每天重复，乐此不疲，于是他并不在乎我白天不在家的事实，相反我白天的空缺倒是给了他独立与其他小朋友玩的时间和空间。他明白，虽然今天我和妈妈的“快乐时光”到这里结束了，但明天在相同的时间，妈妈和这个“快乐时光”还会再回到自己这里来。

所以，克服“分离焦虑”的最好办法就是为孩子建立起一套自我认知、自我安抚和自我快乐的机制，巧用孩子内心的安抚力量和外部环境中的吸引力量，来帮助孩子跨出独立的一大步。

Ask Jane

问题1：分离期我要做些什么才能和孩子的关系更好？

黄老师，我和孩子分开两个月了。虽然每周回去看他，但我还是会对这样的状态感到焦虑。孩子会不会也和妈妈一样内心充满焦虑呢？每周去看望孩子，他的各方面状态应该说还行，周日分开的时候，孩子也能接受，能平静地和我挥手示意再见。我需要做点什么让分离的亲子关系更好呢？

Jane答

我明白妈妈与孩子分开是万不得已，但可喜的是，看来孩子已经认同妈妈离开，也就是进入我们说的“分离超脱期”了，但我仍希望妈妈能做好下面这

3件事。

让孩子明白为何要离开

不是解释一次就好，而是每次分开前都要重复说明，而且说定时间回来就要守约。孩子其实不太在乎离开，只要明白妈妈爱他，只是因为某个原因才必须离开就够了，如果还能准时回来就是最好的爱的表示。

创造各种机会让孩子看到、听到妈妈

可以借助电话、视频来与孩子通话或“见面”。如果孩子每日生活充实快乐，他也不会太计较与妈妈分离时间的长短，倒是更在乎妈妈每天是否记挂着自己，是否还爱着自己，这是个安全感的问题。

即使不能每天照顾孩子，你还是妈妈

孩子的妈妈只有一个，虽然周一到周五孩子不在身边，但孩子的各项活动妈妈要参与安排，要把关，要让周围的人，尤其是孩子知道：妈妈不在孩子身边，但妈妈只是请人照管他，而不是请人代做母亲，这里有很大的区别。妈妈与孩子在一起的时间可以由他人“替代”，但妈妈的身份不能被替代。

问题2：孩子总爱黏着妈妈，怎么办？

我儿子1岁9个月，性格比较开朗，但是感觉胆子很小。虽然我带他的时间不多，就下班后和双休日，但只要我在家里，他就基本上黏着我，出去也是，不像其他小朋友可以独自玩玩具。我想请教如何锻炼他的独立性。

Jane答

1岁9个月大的孩子胆子一般都不大，也都较喜欢黏着妈妈，这是小宝宝的天性，所以不用太过担心。但应该开始训练孩子的独立性了。

孩子黏妈妈，是与生俱来的依恋需求

一般婴儿出生后五六个月开始认生，到了9个月后开始黏妈妈，对妈妈的依恋会越来越强烈，这种依恋有的孩子会持续到2岁左右。这正是孩子心灵成长的表现，说明孩子能够区别妈妈和其他人了，他开始把妈妈当作自己最为依赖的人，一旦看不到妈妈就会感到不安。

孩子黏妈妈，是与生俱来的安全感需要

现在很多妈妈都需要一边工作一边带孩子，导致和孩子在一起的时间少了。

孩子看到妈妈离开，不知道妈妈还会不会再回来，以为再也看不到妈妈了。由于缺乏这种安全感，孩子理所当然地会黏着妈妈。

怎么做才能避免孩子黏妈妈

充分理解孩子与生俱来的以上两种需求，然后分别对待。

关于依恋：妈妈可以有节有度地与孩子待在一起，这并不需要妈妈一直抱住孩子不放手。妈妈可以试试这样做：坐在孩子附近，让孩子自己玩，但让他能看到你。玩一会儿后，他会突然跑过来让你抱一抱，这证明孩子想你了，也更证明他想确认妈妈始终是可以找到的。这样来回几次，他就会建立起信任度，他的情绪不会只被依恋所控制，因此他会变得越来越独立，越来越想自己玩。

关于安全感：当孩子无法理解一件事为何发生时，他会害怕，会失去安全感。所以妈妈要离开孩子时，千万别以为孩子不懂，躲着就离开，应该提前和孩子说一下，如果孩子年龄小，可以用表情、手势配上语言告诉他："妈妈有事出去一下，很快就回来。回来时妈妈会抱宝宝哦。"然后到了指定的时间，妈妈就应该尽量准时回来，这样反复几次，孩子就会明白，妈妈总会离开我一会儿，但她会告诉我原因，也会为我准时赶回来。妈妈所做的这一切，是让孩子相信：妈妈即便离开也会很快回来，妈妈是随时随地都会记挂他的。这种安心感是孩子今后走向自立的基础。

问题3：放假后孩子开始不愿意上幼儿园了怎么办？

儿子3岁8个月，去年9月份开始上幼儿园小班，很适应幼儿园生活，也喜欢老师。结果放完寒假开学后，每天上幼儿园他都哭："妈妈不要走，不要离开我。"怎么也不愿意进教室。但我离开之后，老师说他表现得很好，和没事发生一样。我很困惑，孩子是不是分离焦虑？我该怎么帮助他？

Jane答

你家孩子对幼儿园由喜爱变抗拒，我的理解不是他不喜欢幼儿园生活，而是在假期中某些事情要比幼儿园对他更有吸引力。这些事情让孩子不想离开家，不想离开妈妈。在长长的假期中，妈妈是否做了以下几件事：

❶ 零食随便吃。在这一个月的漫长假日中，孩子是否生活没有规律？例如，该睡觉的时候还在玩，该吃饭的时候却早被零食喂饱了。

❷ 事事放纵。妈妈是否过于放纵孩子？难得和孩子有一个月朝夕相处的日子，妈妈是不是样样都顺着他，他要吃糖还顺带着附送巧克力？

❸ 分秒不离。孩子每天有独立的时间吗？妈妈是不是每天24小时，分分秒秒都不离孩子，吃饭睡觉都陪着？

如果你做了以上几件事情，那你家孩子的表现不是分离焦虑，而是没规没矩了。一旦回到幼儿园，孩子的“自由”和“特权”没了；相反，他必须遵守幼儿园的规章制度，受幼儿园起居作息的约束。因此孩子抗拒的是受老师“捆绑”，害怕的是丢失妈妈娇纵的“特权”。所以，我的建议是，为了能让孩子顺利地回到幼儿园，妈妈应尽快恢复正常的饮食习惯、作息规律和行为规矩。

“可怕的2岁”，我们用智慧应对小恶魔

大家都听说过“Terrible Two”吧，从字面上看，觉得挺可怕的，怎么一个乖宝宝到了2岁就开始变恶魔了？其实并不可怕，不就是小人儿开始“造反”了吗！

在这个所谓的2岁反抗期里，你会经常听到孩子不停地大叫“不”，还有就是“让我自己来做”，或者经常自呼其名，说“宝宝（自己的小名）要这个”“宝宝不要那个”。而且身体越健康、精力越充沛的孩子，他们的“造反”程度就越强烈，自我意识的萌动就越清晰。

记得我有个侄儿，当年一不顺心就不分场合地满地撒泼、打滚，上海人的方言称此举动为“嚣地光”，引得亲朋好友都以为是他妈妈多么娇宠这个孩子。其实，孩子就是到了“可怕的2岁”这个难过的关头。

虽然这个阶段被定义在2岁，但其实每个孩子“闹腾”的时间段不一定都局限在2岁，跨度可以从1岁半到3岁多，如果习惯没有养好，可能就会一直延续下去。所以，当你发现两三岁的孩子常常没礼貌发脾气，千万要忍住，因为不是你的孩子特别淘气，也不一定就是你的教育方式出现了问题，而是我们可能没有做好心理准备，来迎接孩子的第一个反叛期。

孩子的造反“有理”

从儿童心理发展的角度来说，这个阶段孩子的造反其实是孩子成长的表现。这时孩子的叫嚷并不是针对父母的，而是开始把自己与父母分开，开始了解和体验“自己”与父母是不同的，所以特别喜欢说“我……”。因此，我更倾向于

将这一阶段称为“独立阶段”，把这个特别的“我……”的句式称为“独立宣言”。因为这是孩子正在学习与周围划分界限，让自己从“母体”的掌控中再次脱离出来，不过这一次与上一次剪断脐带不同的是，这次宣布的是“行为独立”，而上一次只是在懵懂中身体脱离母体。

接下来的第二波叛逆期可要等到青春期，约从10～12岁开始。这个阶段是为孩子成长为一个真正的自己来做准备，少男少女们开始再度发布“独立宣言”，不过不再局限于2岁时的“我要……”，而会更彰显个性，更彰显“我要的事物是什么”！比如，Ian直截了当地告诉我：“妈妈，我要回到美国去上寄宿高中了。”

孩子就是一路“造反”（2岁），一路“叛逆”（青春期），一路成长为将让我们感叹不已的独立的成人的。

不是孩子不听话，只是把妈妈的话暂存记忆中

小Sean 3岁那年冬天，我发现了一个有趣的现象，当我向家里两个孩子发出同样的指令时，两个人的反应是不同的。比如，外边天气很冷，我让他们穿上外套准备出发。10岁的大儿子会说：“妈妈，真的很冷，快多穿点。”而小Sean却好像没听见我说什么，直接开门撒腿跑出去了。等过一会儿，他发现外面很冷，又立马跑回来找我说：“妈妈外面冷，穿外套。”

以前我一直以为这是因为小孩子不听话，把妈妈的话当成耳边风，左耳进，右耳出。但后来我学习到一项美国科罗拉多大学做的儿童心理研究，结果表明，幼年的孩子不是不听话，他们只是把妈妈的话存在了记忆中，等到需要时再把妈妈的话从记忆中翻出来。

美国科罗拉多大学的宗像裕子教授和他的同事做了一个游戏，通过测量孩子瞳孔的变化来比较3岁儿童跟8岁儿童对事物的认知和反应。

游戏中有两个卡通人物：蓝色斑点狗和海绵宝宝。3岁和8岁的孩子分别被告知，蓝色斑点狗喜欢吃西瓜，而海绵宝宝不喜欢。当电脑屏幕上出现西瓜，紧跟着的画面如果是蓝色斑点狗，孩子可以点击笑脸的表情，但如果出现海绵宝宝，孩子就要点击苦恼的表情。

8岁的孩子玩这个游戏得心应手，因为他们能预见到结果，一出现西瓜和斑点狗，他们就知道要点笑脸了；而3岁的孩子无法预见到结果，反应缓慢，当看到西

瓜时，还在全力思考之前的画面，而不是去预见之后的画面。

此研究表明，3岁的孩子既不会为未来考虑，也不会思考当下的状况。遇到问题时他们会回到回忆中去寻找帮助。所以，当我让两个孩子去穿外套时，大儿子会预见到外边冷，所以立即就要添加衣服；而小儿子只是听到了妈妈的指令，但并没有把妈妈的话与外边的冷挂钩起来，所以他就把妈妈的话暂时存在了记忆中。看上去小Sean好像完全无视妈妈的嘱咐，直往外奔，等到被冻到了，他才会想起刚才妈妈讲过的话，然后理所当然地再跑回妈妈怀里来取暖。

所以结论是，3岁的孩子不是不听话，而是无法预知未来，也没有把原因与结果相联系的认知能力。因此，如果妈妈只是不停地提醒孩子一定要穿外衣，否则会冷，还不如把孩子的注意力引向未来，试试这样提醒："宝贝，等你到了外边觉得冷了，记得回来找我拿衣服哦。"还可以这样说："妈妈帮你拿着，你感觉冷了来找我要衣服哦。"

所以，当年幼的孩子一边对你叫喊"我要……"，一边又听不到妈妈的指令和提醒时，请多给孩子们一点耐心，具体办法如下：

重复指令。用温和的口气重复你的教导，一定是有用的，你的每一次重复都会寄存在孩子的记忆银行里，时间久了就会成为他的"指南针"了。

把提醒重点放在未来。换一种提醒的话语，不讲"你不做……于是会……"，而是提醒孩子"如果你碰到这样的状况……就去这样做……"。

放手一会儿。放手让孩子去试，就如我让小Sean 先去尝试一下外面的温度，让寒冷的天气"提醒"他妈妈刚才说过的话。

鼓励会有用。珍惜孩子"自己做"的愿望，当孩子尝试后，无论成功或失败，都要表扬他的勇敢尝试。受到妈妈的肯定之后，孩子会更加努力地去学习新技能，也会更容易走出"可怕的2岁"，与妈妈紧密合作。

过度保护会有麻烦。如果妈妈扼制孩子想"自己做"的愿望，孩子的积极性会减弱，甚至会让孩子认为"自己做"是一种错误的行为。长此以往，孩子就不再叫嚷"自己做"了，很快你就会发现孩子等着你喂饭，等着你帮他穿衣，等着你催他起床，催他睡觉……

孩子应该是“不听话”的

幼儿时期，孩子还没有良好的自控力，因为他们的神经还没有完全发育成熟。如果孩子没有自控力，我们怎么能要求他们百分百地按父母的指令去执行“任务”呢？怎么可能喊他们“不准再哭”，他们就停下来不哭呢？在很长一段时间里，孩子从吃喝拉撒到讲话行事都是不稳定的，这告诉了我们一个亲子关系中的重要事实：孩子的世界是不可控的，孩子应该是“不听话”的。

我曾读到过一个有趣的行为研究项目：在一个人一天的行为中，大约只有5%属于非习惯性的，而剩下95%的行为都属于习惯性的。英国唯物主义哲学家培根在谈到习惯时曾深有感触地说：“习惯真是一种顽强而巨大的力量，它可以主宰人的一生。”因此，为了能在不远的将来培养起孩子良好的自控能力，让孩子表现得“听话”，可以从家庭和学校环境入手，先来帮助孩子培养习惯和建立秩序。

建立习惯认知

帮孩子区分什么样的场合做什么样的事，什么时间做什么事。比如，到了约定的时间必须上床睡觉，到了校门口必须与妈妈道别，天冷了要加衣服，想尿尿了必须去洗手间……建立起习惯的认知，时间长了，习惯便巩固成为规则。有了规则，孩子就有据可循，自控力的练习也会水到渠成。一位年长的诺贝尔获奖者被问到他一生最重要的东西是从哪儿学到的。答案出人意料，他回答说：“是在幼儿园。”别人又问：“在幼儿园里学到了什么？”学者答：“把自己的东西分一半给小伙伴们；不是自己的东西不要拿；东西要放整齐；饭前要洗手，午饭后要休息；做了错事要表示歉意；学习要多思考，要仔细观察大自然。从根本上说，我学到的全部东西就是这些。”这些从幼儿园养成的良好习惯辅助他登上事业巅峰，一生受用。所以，一个有良好习惯的孩子，长大后会更容易拥有良好的自控力，有了自控力，一个人的其他能力自然也就养成了。

建立兴趣认知

孩子是否对某件事或某个人充满好奇或期待？如果父母可以把这个期待看作孩子做事的直接动机，那么越让孩子感兴趣的事，他就越能坚持下去，坚持久了便有了习惯和秩序。就以阅读为例，阅读所带来的快乐需要在生活体验中得到反复证实才能建立起来。婴幼儿时期，父母应该经常为孩子读书、讲故事，让孩子对书里的世界充满好奇，待孩子识字后，他就有冲动去迫不及待地自己读故事。如果父母让家里充满各类适合孩子的童书，那么孩子很容易被吸引去主动寻找书中的答案。所以，先有好奇心，再建立起兴趣，然后持续地尝到阅读的快乐后，孩子就有了阅读的动力。所以，妈妈唠叨、责备孩子没有兴趣和爱好，不如帮助孩子建立起兴趣和爱好。

建立稳定情绪

教会婴幼儿控制好情绪是不太可能的。但一个家庭稳定而和谐的关系，父母温和而关爱的言语都可以变成一种情绪力量，围绕着孩子，建立起一道情绪的屏障，让孩子慢慢浸泡出温和而文雅的好性格。妈妈越大叫大嚷地指责孩子，他顶嘴的概率就会越高。

妈妈不叮咛，让结果替你说话

有一段时间，小Sean经常对我说："妈妈，你别叮咛我，我不喜欢被叮咛。"他嘴里的叮咛就是啰唆的同义词。我听进去了，凡是我认为将会发生错误的，我提醒一遍，接下来就让他自己去接受后果。记得有一年天气刚进入早春3月，小Sean就急忙换上短袖短裤上学去了，我怎么试图说服他都不起作用，于是我让步了，妥协的好处是可以让他切身体验"错误"带来的后果。

没两天，小Sean开始流鼻涕，然后咳嗽。我对他说："Sean，你可能是花粉病又来了。"不料他对我摇摇头说："妈妈，我想我是感冒了。"我除了给他一点控制感冒症状的药之外，叮嘱他多喝水、多休息。这场烦人的感冒延续了两周，让他睡不好觉，吃饭没有胃口，游泳训练也停止了。在这些"不幸"的结果发生之后，Sean开始知道出门要在短袖外边加一件卫衣了。小Sean通过自己的经历来学习纠错，这远比我重复叮咛和强势要求来得有效得多，但是这需要父母一来能够抱着极大的耐心，二来顶得住当父母的"恐惧"感，因为我们天然地害怕让孩子付出"代价"，哪怕是一点点。如果父母敢放手了，孩子将能成为自己终身的老师。

等到孩子稍大，开始表现出越来越强烈的叛逆心理时，我们仍旧应该给他们多点时间来体验，让他们通过自己付出的"代价"来认识什么是对、什么是错，这远比家长的口舌来得有效得多。

以下是我的一些心得：

◆即使孩子顶嘴、不听话，也不要轻易给他们贴上“坏孩子”的标签。

◆放低位置，沟通时多表达为人父母的无奈心情，多聊聊自己年轻时遇到的相同的事，自己是如何不知所措，一个“不知所措”的妈妈或爸爸会让孩子感到亲近许多。父母的实例故事对孩子来说更感性，更胜于讲道理。

◆适当地惩戒是合理的。明确告知孩子父母的期望，也可以一起拟定违反准则的后果，让孩子明白因果的关联作用。当孩子亲身参与了，他会更乐意去接受不利后果带来的惩罚，同时也会找到属于自己的“问题”。

◆对有些事，父母不作为会比直接干预来得效果更好。有天放学，我在小Sean的书桌上发现了一个不是他的玩具，问他哪里来的，他支支吾吾地不说。于是我跟他说：“你自己去解决好，不要让别的小朋友担心自己丢了玩具。”他点点头。过了几天玩具不见了，我又问他：“你怎么不玩那只玩具了？”他轻描淡写地说：“Anthony借我玩了几天，我已经还他了。”看来，我的点到为止的方法既给了他小小的“预警”，又给足了他“面子”。父母要相信孩子的判断力，让他们自己在互相的“较劲”中解决互相的问题。

由此可见，一个孩子从“可怕的2岁”起步，开始建设自由的精神和自我独立的愿望，而很多妈妈却不太理解这个小小躯体里正在驱动的这个秘密，还沉浸在我的“小天使”“小宝宝”的可爱场景里不能自拔。如果我们不学习如何把孩子当作一个独立的个体来平等沟通的话，那么孩子“不听话”的日子会越来越多，叛逆的程度会越来越强。而如果我们能与自己的愿望妥协一下，能花点时间去找到开启孩子心中那个快乐记忆的“开关”，那么孩子与我们在一起共同分享的快乐时光将一天比一天多。

Ask Jane

问题1：如何让“乖宝宝”变得“不听话”？

我的宝宝很乖，很听话，很守规则，喜欢一成不变的东西。但她太听话，总是缺乏探索精神，希望专家告诉我如何在生活中引导和教育“乖宝宝”。

Jane答

宝宝的“乖”除了孩子性格原本如此外，很大部分原因则是由于“家有乖妈妈”或是“乖爸爸”。生活在“乖巧”的家庭环境中，宝宝“太听话”“缺乏探索”是“水到渠成”的。所以，如果想让“乖宝宝”变得“坏”一点儿，首先要做的就是爸爸和妈妈改变自己。妈妈要打破求稳的心态，多让孩子做些“超出控制”的事情。例如，如果妈妈平时经常让孩子玩橡皮泥，而妈妈晓得只要简单的揉搓，孩子就能从橡皮泥中得到“筑造”的成就感，若想让孩子不那么循规蹈矩，可以暂时放下橡皮泥，选择玩沙，因为沙要比橡皮泥更难控制，更有体验度。妈妈要舍得放手让孩子进行这些超越自我能力的活动，并不断鼓励孩子开动脑筋克服困难，获取小小的成功。每次逾越出自己的舒适区，就是孩子挑战自己的一次尝试。其实，把一个“乖”孩子变成一个“坏”孩子所花费的力气和时间与把“坏”孩子改造成“乖”孩子不相上下，因为两者都是在改变孩子的先天个性和后天环境，而环境里最大的把控因素就是父母。

问题2：宝宝个性强、很自我，怎么办？

我儿子4岁6个月，别人对他的评价是敏感、内向。他喜欢看书，喜欢模仿动画片中的情节，并且表演得惟妙惟肖。在3岁半的时候，一次活动中，他因为讲故事而一鸣惊人。说起表演，只要有机会他就会不分场合、不分时间地表演，但老师对此的评价是他只活在自己的小世界里，因此老师经常反映他什么都不跟着做，比如人家在听课，他却在一边跑来跑去。我想孩子的表现肯定会招致老师的批评甚至是斥责。第一，我不知孩子不跟随老师，是因为发育晚，听不懂老师的安排，还是其他原因。我试图帮助孩子跟着老师做事，但收效不大。需要说明的是，孩子的认知能力较强。第二，老师不允许个体行为存在，而且经常当着孩子的面向其他人评价他，尽情地表达不满意，这让我有些恼火。可我不知道采取何种办法与老师沟通。请您给些办法。

Jane答

很巧，我小儿子Sean和你家宝宝同岁，性格也很像，很自我，很有个性。分享一个前不久他在幼儿园的事：Sean就读于一所蒙氏教育幼儿园，按照幼儿园的教学理念，如果孩子身心智还未发育至一定程度，老师是不会逼迫孩子去做超越他能力的事情的。一天，老师来电让我去学校一次。见面后老师说：“你的儿子很聪明，但太爱自说自话了。与好朋友妞妞玩个不停，就是听不进老师的话。我们想让他开始学习数数等课程，但他就是不配合，总没耐心完成‘工作’。所以，想请您一起配合想想办法。”蒙氏教育的特点就是把学习贯穿在一个个手工的“工作”里，通过体验来学习知识。

我了解Sean的个性，他喜欢超前，不屑于做没有挑战的事情。所以，我就特意在每天晚饭后或睡觉前和他玩“跟我讲故事”。大致规则如下：

由我先提出若干问题，告诉Sean：“这些问题只有在妈妈讲完故事后你才能得到答案，所以你必须仔细听完。”因为Sean非常想得到答案，所以每次他都乖乖地听完故事再发言。我想通过这个故事游戏来培养他的秩序感和耐心。同时，每天早上我都会再次提醒他在学校要怎么做才是对的。他会说：“妈妈，我知道了，先做完我的工作，再去找妞妞玩。”这时我会说：“对呀，妞妞也要‘工作’完成再和你玩。”

两周后，我再去幼儿园开家长会，老师开心地对我说：“自从上次和你聊了之后，这两周Sean的变化非常明显，进步很快。”我想这次经历后，老师会更愿意与我坦率沟通，对我的诉求也会更理解。其实，对待很自我、喜欢超前的孩子，我的窍门是给他们一点儿小挑战，比如先给问题，再讲故事。有了问题挑战他，他才会跟着你的秩序去做。当大环境不能改变时，当家长无法左右老师对孩子的态度时，妈妈必须担当起“二传手”的角色。在家，以孩子能接受的方式锻炼孩子听从命令的能力；而老师方面，妈妈要做的则是经常沟通、配合。不到万不得已，不要正面冲突，因为有些事只有去影响而不能强行要求。

孩子学坏了，不打不骂可以管好吗

孩子就像一块海绵，吸收着环境里的各种信息，无论好坏都有可能影响他们。家长最怕孩子学坏，就如同最怕孩子生病一样。孩子生些小毛病的主要原因，一是抵抗力下降，二是环境里有不健康、会传染的病菌。孩子学坏与否，与孩子本身的素质、判断力和家庭关系是否和睦等都有关系。虽然我们都知道孩子犯错是避免不了的，但父母却很容易被“对孩子的爱”所左右，不能容忍孩子有任何偏差，即使知道自己管教孩子力不从心，也要想尽一切办法把孩子从“悬崖”边上拉回来。这些“悬崖”包括孩子的学习出了问题：作业没完成，考试不及格；行为出了问题：在学校调皮捣蛋、骂脏话、逃学、被老师告状；品德出了问题：说谎、打人、偷东西；习惯出了问题：顶嘴、爱看电视、玩游戏等。

大部分亲子关系不好的家庭，孩子会下意识地与家长对着干，久而久之孩子对家长完全失望，开始自暴自弃。家长也会从温和理性的管教方式走向强硬情绪化的沟通，如果再无效时便会采取肢体冲突、语言辱骂，甚至伤害身体的举动。习惯打骂孩子的家长中有绝大部分人相信，除了肉体惩罚之外没有更好的办法可以管束和教育孩子。中国传统教子法中有两个千古流传的“至理名言”：“孩子不打不成材”，要让孩子出人头地，父母必须打；“棍棒底下出孝子”，要让孩子懂规矩会感恩，父母必须打。

然而，父母是否发现，打孩子对幼龄孩子可能起到威吓作用，但对进入青春期的孩子基本无效，而且两代人的关系会因此恶化。在亲子关系严重对抗的家庭里，孩子恨不得把父母视为无形的空气，宁愿让父母在他们年轻的心里死去。曾经读到一篇报道，记者采访了屡次受到家长“棍棒”的孩子，问他：“你最大的愿望是什么？” 孩子答：“希望自己快点长高长壮，可以对一直责打自己的父亲还以颜色。” 还有一位我认识的女孩，她狠狠地告诉父母：“我可以把你们给我的一切全都还给你们，就是不想当你们的女儿了！”

这是多么悲惨的事啊！

孩子越打，智商越低

下面我用直观的数据来分析，孩子不是越打越好，而是越打越笨，越打越叛逆，越打越离心离德。

美国新罕布什尔大学（University of New Hampshire）默里–施特劳斯教授（Murray Straus）就体罚孩子做了长期的研究，其调查结果令世界震惊。他于2009年9月25日在美国加利福尼亚州圣迭戈市（San Diego）举行的第14届反暴力、虐待和精神创伤国际会议（14th International Conference on Violence， Abuse and Trauma）上，公布了以下研究成果：

研究人员利用4年时间在全美范围内对2岁至9岁的孩子进行了抽样调查。他们把被调查的孩子分成两个年龄组：

- 甲组共806人：年龄在2岁至4岁之间
- 乙组共704人：年龄在5岁至9岁之间

研究人员先后分两次对这些孩子的智商进行测试，第一次是在调查开始，即4年前；第二次是在4年之后。

结果发现，常挨打的孩子在智商测试中的成绩要低于不挨打的孩子，数据如下：

- 2～4岁年龄组中，常挨打者的平均成绩比不挨打的孩子低5分；
- 5～9岁年龄组中，常挨打者的平均成绩比不挨打的孩子低2.8分。

默里–施特劳斯教授指出，父母体罚孩子的次数对IQ有很大的影响。体罚越多，儿童的心智发育就越慢，哪怕是不多的体罚也会影响儿童的智力发育。原因是体罚会对儿童造成极大的精神压力，如果孩子在一周内受到3次以上的体罚，那么他会出现体罚慢性应激症（a chronic stressor）。如果常年这样打下去，孩子会出现精神创伤后的一系列应激症状，比如一直害怕和担心不幸的事会发生在自己身上，这些应激症状会导致IQ低落。同时施特劳斯教授也指出，在经济较发达的国家，家长使用体罚的概率较低，而那里的儿童和青少年的智商就显示较高。截至2009年，全球已有24个国家制定了法律，明确父母不得体罚儿童。

默里-施特劳斯教授是美国家庭问题研究所的联合负责人（the co-director of the Family Research Laboratory），他的家庭体罚研究是美国自1969年以来数据最庞大、最具有代表性的。虽然上面的数据来自几年前，但它非常严肃地告诫我们，打孩子不是一种有效的管教方法，为了孩子学习成绩更好而打骂孩子，更是得不偿失。

以爱施暴的结果注定是恶果

每天有千千万万的孩子活在父母的拳打脚踢之下，只因为他们还未成年，不能奋起反抗。其实靠打骂来教育孩子的父母并没有起到管教的作用，也没有很好地建立起家长的权威，因为权威是要建立在责任之上、理智之上的。只要父母开打，我们看到的就是愤怒的个体，父母为一方，孩子为另一方。在长期的身心煎熬下，这些孩子除了智商发育落后，还会产生许多行为和性格上的偏差。

说谎

孩子因害怕遭受体罚，自然会求助“说谎”这一本能来试图逃避被打。这时的孩子看不到父母原本想要教他的规矩或道理，也认识不到错在哪里，他只认定父母比自己更强大，必须逃避或躲过“灾难”。

伤害孩子的自尊

亲子关系原本的形态是“强者保护弱者”，但当父母用恶言、拳头来教训孩子时，管教模式变成了“强者摆布弱者”。面对父母的贬低、指责和持续的坏脾气，孩子会产生极度的无助感，这会迫使孩子自暴自弃。在亲子关系恶劣的家庭，孩子甚至会选择不惜一切代价离家出走。

孩子也会“继承”暴力倾向

长期遭受打骂的孩子会认为父母管教自己不是为了使自己“变好”，而真实的原因是父母用愤怒来伤害自己，让自己懂得父母是主宰一切的人。由此孩子也会模仿这一模式，并把这种强权的逻辑代入自己的思维和行为举止中，慢慢地便形成了暴躁的性格，成人后会重复父母的暴力行为。有个极端的例子，有位父亲长年累月地打妻子，而且为了防止妻子逃离，开打前必定剥光妻子的衣服，自己也赤身裸体。他们的大儿子因不堪此般羞辱（对母亲和自己），在13岁时服农药自杀。小儿子长大娶妻后也以一模一样的方式辱打妻子，迫使妻子带着孩子离家出走。遭遇家庭破碎的小儿子把愤怒撒到邻居孩子的身上，杀了2个，伤了4个。其实，他的可怕人生就是其父亲暴力行为的恶果。

孩子变得孤僻厌学

对自己没有了自信，对家庭没了安全感，对父母只想躲避，那么孩子的性格一定会变得孤僻。长期封闭自己，没有玩伴，没有赞扬，如果再因为厌学而逃学，那么人格形成一定会发生障碍，长大后易成为反社会型人格，不能融入社会，不能换位思考，始终抱怨他人，以极端的行为来报复社会。那些在公共场所滥杀无辜的人大多都有一个破碎的童年和充满仇恨的亲子关系。

在生活中易做错事

因为被负面惩罚太多，孩子在成长岁月里一旦遇到困难，就更容易采取暴力或错误的解决方式来为自己解困。比如，童年时，在集体活动中一遇到矛盾就情绪激动，大叫大闹，甚至出手打人；长大后，在与异性相处时，一旦不符合心愿或遭到拒绝，便很难自我解脱，这时的行为选择基本是错误的，甚至是极端的。

产生报复父母的想法

体罚和打骂都显示出父母对孩子的判断力和控制力的不信任，这种不信任会在平时父母与孩子的交谈言语和矛盾冲突中表现出来，孩子的情感会受到伤害，对父母和自己的关系感到彻底丧失信心。在憎恨和无助的双重压力下，孩子会漠视亲情，对父母心生报复之念。小的方面，可以故意把考试考砸，破坏家中物件，偷父母的钱财；大的方面，可能会在自己长大后的某一天，对父母施暴。

试想，在全球信息化高度发展的今天，我们能非常清楚地看到，武力是解决不了世界纷争的，那么为何父母还坚信打可以让我们的孩子变好？或许，武力的确可以让年幼的孩子暂且低头屈服于我们的意愿，或变成一个没有自我精神的人，或变成一个没有自觉的人。但一个很少被父母尊重的孩子长大后，即使功课不错、行为规矩，在精神上所遭受的伤害也会永远让他的内心成为一个弱者。

管教之前先管好我们自己的情绪

心理学研究告诉我们，如果把人的情绪用0～100分来表示，当父母的情绪低于60分，父母的自我管理功能将立即或正在关闭，所作所为都是在发泄自己的情绪，基本丧失管教孩子、说服孩子的能力。

应对方法：

◆情绪不佳时不要管教孩子，离开一会儿，去做点能让自己放松的事。孩子不是一天就能管好、变好的。

◆夫妻之间约定一个规矩，如果某人情绪失控，另一人出手接管孩子，给情绪失控者“放个假”，为情绪“搭个帐篷”。

◆在家中立下规矩，对还不会说话或没能力表达自己意愿的年幼孩子，父母或任何大人都不能动手打孩子，因为他们是家庭中最“弱势群体”，容易失手酿成事故。

◆宠孩子必须有度，过度宠溺的结果是让孩子失去了规则和应有的束缚，于是常常犯错。犯错会让父母无法克制地打孩子，打完后则更宠孩子，因为父母需要用宠溺来弥补自己打孩子的愧疚感，来向孩子表白自己是爱他的。

当然，以上任何一项方法的实施都必须建立在父母双方均接受不打骂孩子的管教理念之上。

消除“管不好”孩子的恐惧

有心理专家分析，隐藏在打人表象下的深层原因，很大一部分是来自父母内心的极大恐惧，他们害怕自己失职，没有为孩子把握好人生的头几关，导致他们成年后“没出息”。这份对未来的恐惧也折射出父母对自己人生的不如意感，当恐惧与愤怒掺和在一起的时候，就出现了火上浇油的效果，父母作为“大人”可以对“小人”开战，这对尚不具有自我保护能力的孩子来说，会造成不可挽回的伤害。

应对方法：

接受孩子的本来样子。不是每个孩子都能争到第一，妈妈心中那份过早的输赢感，可能会成为一把逼孩子走入歧途的刀子。父母最好的角色是让孩子靠自己的力量去发掘出自己的强项，世上没有最好的孩子，却有最不一样的孩子，一个不一样的孩子才是最好的自己。

放弃一意孤行。孩子来到这个世界上的人生目标不是仅仅为了满足父母的愿望。每个人的生命旅程与父母的生命旅程重合在一起的岁月不长。孩子年幼时我们是他们的护航者，成年后我们应该是他们的欣赏者。我们的父母没能代替我们做的，我们也无法代替孩子去做，这是人类发展的规律。做父母的要时时告诫自己：孩子的生命是我们给的，但他们的人生却不是我们的人生，我们主宰不了！

修炼，让自己做得更好。打骂都是“速成法”，人生不是一场考试，不能速成。记得这样一条规律：在孩子变得更棒以前，父母必须先做得更棒。你可以没有知识，没有专长，通过把孩子送入学校而让他变得有知识、有专长；但你不可以没有善良，没有温暖，却梦想孩子给予你善良和温暖；你更不可以对孩子“贪婪”，过度要求，奢望他们带给你不曾靠自己的努力挣得的。

做孩子的精神支柱。现在的孩子吃喝温饱已无大碍，缺少的是精神食粮。如果你能让孩子从小拥有好奇心，有冲动去探索，有勇气去尝试，那他就有机会做得更棒。如果你能让孩子从小沐浴在阳光之下，看到美好的事物，与品行优良的人交往，体验爱人、助人和被他人需要的快乐，那他就有机会变得更棒！

让“母爱”下岗，休息一下

曾经读过台湾著名音乐人许常德写的《“母爱”真可怕》一书，深受震撼。他在书中解释其书名由来时这样写道：“母爱”真可怕的原因是，首先，妈妈们的压力很大，所以妈妈本身可能变得很可怕；其次，如果有一个孩子在这样可怕的妈妈的压力下，日子会过得很可怕，母子之间也会互相伤害。

许先生在目睹了太太成为母亲之后把女儿当成生活的绝对重心，并强势育儿多年后，决定写一本“揭露”母爱怎么由“伟大”变“可怕”的书。他介绍说，“母亲的工作总是超时，她们的风险总是最大”“她们的脑袋还被塞满社会对她们不人性的期待”“她们的身份总是多重，她们的爱不知节制”“她们都是昨天的孩子，没人教过她们怎么做妈妈”……虽然妈妈们的辛苦众所周知，但她们最终收获的未必是孩子的理解和体谅。

我们来看看，强势妈妈的三部曲：

- 第一步：一定要好好学习，考上名校，千万不能早恋。
- 第二步：到了25岁之后，开始问怎么还没有男（女）朋友，到底什么时候才能结婚。

◆第三步：结婚后，逼着催着生孩子，迫切要养下一代。

孩子一生都在母爱的光芒照耀下，有压力地活着。于是，可爱的许爸爸给出了一个良方：母爱也需要休息。在书中，他一针见血地指出，妈妈其实是一份很容易上瘾的工作，圈子越小，越容易上瘾，越不知道外面的世界是什么样。许爸爸还说出了一条至理名言：孩子是全世界最诱人的毒品，不要小看妈妈成瘾的过程。

就像你每天早上6点把孩子叫醒，叫了20年，突然不用你叫了，你会怎么样？当一个妈妈全心全意在孩子身上，其实是很危险的，因为这个孩子的压力会很大。24小时不打烊可不是什么美德，这代表你工作量超时。一个不知节制给予的母亲，长期下来就会患心理疾病，她们会不自觉地把自己的生命掏空，没有自己只有孩子。一个没有朋友、没有梦想、没有私人空间的人，生活怎么会好呢？这样的人当妈妈，对孩子怎么会有好的影响呢？

孩子需要的是一个轻松又满足的妈妈，有时间和朋友聚会的妈妈，有心情一个人去旅游的妈妈，不把孩子和老公当作她生活全部重心的妈妈，懂得让家务分配得宜的妈妈。有了以上这些能力，做妈妈才有意思，做她的孩子才有意思。

时代越进步，代表我们每个人要越独立，不能依赖在别人身上，想要依赖在别人身上就不会有好下场，不管婚姻还是亲子关系，都一样。母爱可能只是一个出口，你可以想象当孩子独立不再那么需要妈妈，妈妈会多崩溃。

所以，母爱要适时休息。

不做苦妈，做酷妈

◆让孩子认为你是一个酷妈。尽量少啰唆，对事对人能放过即放过；选择相信，即使孩子说点小谎，也要耐心等待他内疚地告诉你：对不起，我做错了。

◆让孩子崇拜你。做好一件你能做的最好的事，那是你与孩子可以拿来聊天的资本。崇拜你，孩子就会尊敬你，就会需要你，就会把你当榜样。Ian就经常告诉我，他的孩子们以后一定要多和奶奶在一起，因为奶奶是个“育儿高手”。听到这里，我真的觉得我的“妈妈”这份工作做得还算称职。

◆与孩子保有一样的兴趣。他知道的，你都要了解，并全身心地投入，与他一起享受他的快乐。Sean是个小小的爱乐人，我们就一起“做”音乐，我帮助他参加剧团的筹款、卖票、招募乐手、推广宣传等活动。我让Sean知道妈妈不仅爱音乐，妈妈还爱所有爱做音乐的小伙伴们。

◆让自己保留一份童心。多以孩子的眼光来打量孩子，来与孩子相处；少用父权母权的威严，而是用幽默、人格魅力来感染孩子，让孩子愿意打开胸怀与父母交流，以此来了解孩子的内心。比如，每天临睡前，我和Sean会做“地上运动”，打“枕头大战”，讲“上海话”的滑稽段子等。

◆做一个欣赏孩子的妈妈。找到孩子的话题，发现他们的兴趣，放下妈妈的“架子”，不挑剔、不强求，妈妈越“弱”孩子才会越“强”。记得Ian初二至高二这四年中，我陪他走南闯北地参加各项击剑比赛，如此做，为的是让他知道，妈妈是他最铁的“粉丝”。

◆给孩子自由的空间。相信每个孩子都能自己长大成人，妈妈是来帮助孩子的，不是来管住孩子的。

◆给予孩子信心。告诉孩子，他终有一点是别人不及的，所以只要发现自己的长处，就是最棒的自己。

很多时候我们打骂孩子，除了情绪失控和焦虑之外，还有一个问题，就是我们不知道什么是比打骂孩子更有效的管教之道。这是因为，做父母就是一个从“无知”到“有所知”的自我学习和完善的过程。父母之爱像一座金字塔，其最上层的领域代表着智慧和精神之美，如果我们把孩子当作引渡我们人生走向金字塔最上层的天使，我们就会对他们抱有感恩之心，抱有敬畏之心，他们的生命和生活就不容我们用棍棒去打造，犹如我们的生命和我们的人生不容他人侵犯一样。

附：有关打骂教育和亲子沟通的案例分享

我曾在“新浪育儿”频道做过一次微访谈，与父母网友们讨论打骂教育和亲子关系，现在整理出一些问题作为案例分享。

问：不知如何教育一个脾气很倔强的孩子，达不到要求动不动就耍赖的顽皮孩子？

答：孩子是父母的镜子，脾气倔强可能还是父母给孩子的。所以，先要从理智上接受孩子的脾气，然后潜移默化地去改变。对一个性格倔强的孩子来说，最好的改变方法就是与孩子交朋友，真正热爱他所热爱的，欣赏他所欣赏的。如果你能每天坚持与孩子聊天，每周末与他约定一起做1～2件他喜欢的事，那么你自然就有“话语权”了。

耍赖有两种可能，一是孩子用来控制或威逼父母的手段，二是孩子不知如何与父母沟通。无论什么原因，都表明父母和孩子之间长久以来缺乏良好的互动形式。建议妈妈先做孩子的朋友，然后尝试用语言沟通的方式互相表达各种需求。比如，坚决地让孩子知道，耍赖并不能得到他想要的东西；相反，坐下来，明确地用语言告诉妈妈他想要的，只要合理，就会满足他。让孩子熟悉你的思维过程，慢慢学会表达要求而不是用哭闹表达情绪。开始时会难做到，但只要妈妈态度坚决，有耐心等待孩子的变化，再制造出良好的家庭氛围，习惯就会成自然。

问：我的孩子有这些缺点：顶嘴、说谎、爱看电视、玩游戏，我们跟他说不该怎样做，他都答应得好好的，可转眼就又忘记了。打也打了，骂也骂了，道理也讲了，说他不懂事他又好像什么都知道。真不知道该拿他怎么办好。

答：小时候我们自己顶过嘴吗？诚实的回答是：当然顶过。所以，也不要揪着孩子顶嘴不放，主因不是顶嘴，而是亲子关系不和谐。

说谎，大多是打骂威吓的必然结果，为了避免被打，孩子的第一反应就是说谎以逃避责任和被惩罚。

爱玩正是这个年纪的天性，如果不提供户外运动、各类兴趣活动让孩子释放体力，而整天关在家里做功课，那么他们只能选择沉迷电脑或电视。闲暇也是教育的一种有效形式，父母需要了解孩子的兴趣，安排更多有趣的活动，引导孩子发现学校功课之外的兴趣，用环境的力量，而不是打骂的力量。

孩子就应该是不懂事的，成长就是从不懂事慢慢过渡到懂事，但这个过程是一个试错和纠错的过程，父母担心他们犯错，不接受犯错，那么其结果就是孩子永远长不大，永远不知道自己到底有什么错。

问：现在的孩子很早熟，之前有次气得我差点打他，结果孩子给我搬出一句：

打孩子是犯法的！我哭笑不得，孩子像拿到了保护伞一样。我该怎么教育他？

答：孩子说得没错，打孩子在欧美本来就是违法的。中国因为有“棍棒底下出孝子”的说法，所以从传统来看，父母对这方面自我要求不严格。但在信息化的社会，全球化趋势更多体现在生活方式上，所以孩子会要求父母不可以对孩子动手。

再看一下在打孩子的家庭中会造就什么孩子。父亲常打女儿，会造成女儿缺乏自尊、自爱和自信，青春期易出现早恋，提高离家出走的概率。父亲经常打儿子，性格强的男孩会出现逆反心理，不服从社会规范；性格弱的，则会变得幼稚，缺少男子气。如果母亲常打儿子，更会造成男孩缺乏自信心、没有安全感等。出手打孩子容易，但事后再修复你在孩子心目中的形象，很难。在家庭教育里，爱和尊重永远是底线，如果要让孩子听你话，除了你讲的道理正确之外，你还要赢得孩子的尊重和欣赏。

问：孩子太顽固，怎么好言相劝都没用，骂骂还稍微管用一些，起码他知道怕。但这并不是长久之计，请老师支支招。

答：越是顽固的倔孩子，越需要尊重和温情。只要不涉及危险或非常规大事，让孩子按他自己的想法去做，然后和他一起评估事后的结果。让孩子试错永远比不让他犯错来得有效，只是父母要有耐心承担犯错的代价。比如，我经常让Ian犯点小错，然后借题发挥让他看到错在哪儿，到那时他居然还会说一句：“妈妈，为何你不早点告诉我？”我的回答是：“我要是告诉你了，你就会不犯错吗？”因此，他明白教训就是不犯同样的错，而且他必须对自己负责，而不是妈妈对他是否犯错负责。

打骂只是皮肉之痛，不会让孩子心服口服。相反，如果孩子犯了错还知道找妈妈帮忙，那才是妈妈的智慧。

问：我家儿子越叫他不要做的事越要做，倔得跟头牛一样，在外面又不懂跟别的小朋友玩，人家向他示好或欺负他，他都不知道怎么办。我该怎么做？

答：孩子和别的小朋友玩就是一个学习进入社会、学习与人相处的过程，这个任务是妈妈不能替代他去做的，所以妈妈就放宽心让孩子去经历，只要不涉及危险或健康的大问题，就不要太担心孩子吃亏，吃了亏他就会去学习如何不吃亏；如果从来都不吃亏，那么谁来扮演吃亏的角色呢？孩子间的游戏或相处就如角色扮演，大家轮着吃亏与不吃亏，慢慢就掌握了做人的道理。

问：我们工作忙平时陪伴孩子的时间不多，发现孩子竟然学会说脏话，就忍不住骂他。我知道自己这么做不对，但忍不住，该怎么办？

答：孩子好奇心旺盛，模仿别人说脏话，而且此时判断力差可能还并不明白脏话的意思。先不要断定孩子变坏了，更不要做出情绪化的反应，这不仅会吓到孩子，还会让孩子为吸引注意而重复讲脏话。建议每次温和但坚定地告诉孩子，不讲脏话，同时用拟人的办法让孩子理解讲脏话后会有一些惩罚的结果，比如，小朋友会不和他玩，妈妈会让他坐到椅子上去“禁闭”10分钟。

问：孩子犯错不让说，一说就哭怎么办啊？

答：“说不得”是孩子自尊心和个人意识萌发的表现。与内在感受相比，孩子在沟通表达方面仍不成熟，所以更多是以强烈的情绪如“眼泪汪汪”，来抗议妈妈的批评甚至关心。所以，妈妈首先要改变心态，认识到孩子已进入一个全新的心智生理发育期，不能再把他当作一个没有思想的小婴儿来随意摆布了。

对自尊心强、个性敏感的孩子，应避免在别人面前批评他，尤其不要在其他的小朋友面前直接批评他，这样会强烈地伤害他的自尊心。其实，他意识到把事情搞糟时，也会感到自责。这时妈妈应该考虑换个时间和方式，尝试用问题式的对话来引导孩子往妈妈希望的方向靠拢，如用拟人化的叙述把事情解释成易懂的道理。孩子扔玩具，妈妈可以捡起玩具问：“玩具宝宝，你摔痛了吗？”

问：我认为对孩子多一些表扬和鼓励能够更好地促进孩子的发展，所以批评就比较少，大多是持一个宽容的态度。但近期发现孩子有些任性，并且心理有些脆弱经不起打击，我的教育方法错了吗？

答：批评是必需的，但方式和频率是批评是否有效的关键。可以用谈话方式进行，频率可以限制在每次1～2个问题。我在饭桌上绝少批评，更多畅聊好玩的事，让孩子说出精彩的一天。批评安排在饭后，而且就事论事决不泛指，时间限制在10～15分钟，找到问题，达成改进协议，而不要全是父母的批评言论，没有孩子说话的余地。此外，多让孩子犯错，经历失败，面对犯错的结果就是最好的心理素质培养。

问：儿子2岁，每次他做错事情，我都会好好跟他讲道理。可是儿子听完后，会打自己的头。我不知道这是因为他觉得自己做错了，对自己的惩罚，还是对我说他的一种抵触情绪？对他的这种做法，我该如何处理？

答：你的孩子很乖巧，知道如何拿捏你这个妈妈了。如果妈妈能学习好与孩子沟通，那么这份本领就可以天下无敌。让孩子明白：第一次犯错是可以被允许的，但要与孩子讨论错在哪里，下次如何不重犯；第二次犯错还是可以的，因为又是一次学习和改进的机会；但第三次就是问题了，妈妈需要把惩罚的底线亮出来。

问：想继续问下老师，对于2岁的孩子，妈妈惩罚的底线在哪里呢？有哪些好的惩罚方法？

答：2岁的孩子似懂非懂，完全靠惩罚没有用。必须智慧地惩罚。1.冷处理，先安抚，转移注意力，等情绪平稳下来，再来讲道理。2.适度地惩罚，比如取消一次孩子最喜欢的活动，推延已答应的某一个礼物。在家里找到一个固定的位置，可以让孩子静静地在那里面壁思过，但时间不能过长，不超过15分钟。

问：我看到身边很多朋友的教育方法，其中有两种情况：1.沿用父母教育自己的方式来教育孩子；2.用当初自己需要的但没得到的教育方式在孩子身上实现。如何知道这两种方式是不是适合自己的孩子？

答：两种方式可以结合，当初父母教育你的方式哪些你很喜欢，沿用；哪些你想要但父母没做到的，尝试在孩子身上实现，让他成为那个幸运的小朋友。即使有时你还会不自觉地变成当时那个自己讨厌的“父母”，也不要放弃。随着孩子日渐长大，你会发现自己变成了更成熟的父母。

最后，我给大家贴出我的两个心得。

与孩子交朋友的5个方法：

- 让孩子认为你是一个酷妈。

◆让孩子崇拜你。

◆和孩子保有一样的兴趣。

◆绝不啰唆追究个没完。

◆选择相信，即使孩子说谎了，也要耐心地等待他内疚地告诉你他做错了。

如何维持良好的亲子关系：

◆适可而止。孩子的人生由孩子做主，幼儿时我们是他们的护航者，成年后我们是他们的欣赏者。

◆修炼自己。打骂都是“速成法”，人生不是考试，不能速成。

◆接受你的孩子，发现他的力量，在孩子变得更棒以前父母必须先做得更棒。

孩子成绩不好，父母怎么才能因材施教

有位网名为hmnpu的妈妈曾在我的博客专栏里留言，让我帮忙调整她家孩子“坐不定”的状态。她说：“老师反映我的孩子是全班唯一不会安静坐在板凳上的孩子，到处游走，只有吃饭和看书时稍微安静一些。”

从留言中我清楚地感受到hmnpu妈妈很担心孩子这一“弊病”会成为老师拿来说事儿的“尾巴”，不除掉这个问题则后患无穷，更会影响孩子的学业和成绩。然而在我看来，这个“坐不定”的多动状态对很多幼儿来说属于正常，因为我的两个儿子全都这样啊！

孩子就像花草，各有各的属性

Ian和Sean哥俩差了7岁多，而比年龄差别更大的则是他们的性格。小Sean4岁半那年，我带他回到纽约过暑假，我们去了在纽约苏荷区Mercer 街上的一家老掉牙的餐厅，名字叫Antique Garage，顾名思义就是充斥着老古董的大车库。然而就是在这个最不符合孩子兴趣的老店里，4岁半的Sean 却可以纹丝不动地坐2个小时。原来吸引他的是那家老店里的驻店爵士乐队，他们奏着动听的爵士老歌，Sean边听音乐边对乐器产生了无比的兴趣。还没学音乐的他，把大Bass（低音贝斯）叫成了cello（大提琴）。

望着孩子一动不动的背影，我被惊到了，同时也被点醒了，开始对比起哥儿俩的不同行为表现。就如提问的hmnpu妈妈的孩子一样，Ian的老师始终对我抱怨孩子在学校从来没有消停的一刻。最著名的也是最经典的一句老师评语就是：在课堂里，只要长“脸”的地方（有面的物体），Ian都用手摸过了！确实，大儿子

Ian极其好动，记得小时候走路他那只手从来都是连拍带摸地一路“抹”过去的。我也不记得是否曾看见过他用脚慢慢走路，因为只要一开步他就是跑的状态，是个典型的多动、爱动、不动不能活的孩子。

为何哥儿俩有这么大的区别？为何有的孩子不能安静听课，却能安静读书？为何Ian 必须动手动脚才能感到满足舒坦？孩子就像是地里长的花花草草，各有各的属性，各有各的生长过程。心急的妈妈不一定能有好收成，不明究竟的妈妈虽然养育的工夫下得多，但最后免不了感到越“种”越累，越累越没效果。

其实，Ian和Sean用他们各自的表现已经在向我暗示：他们两个观察事物的方法是完全不同的，所以接受信息的途径也截然不同，这就决定了他们各自有适合自己的不同的学习方式。比如，小Sean专注于听就能获得他需要的信息，而Ian必须靠触摸和实物感受才能完成接受信息的行为。可以用“听觉学习型”来定义小Sean的学习行为，用“动觉学习型”来定义Ian的学习行为。只有了解了孩子擅长用什么方式接受信息，父母才能为孩子找出快捷有效的学习方法。

认识一下听觉型孩子

教育专家发现，幼儿的学习类型主要分为三种：听觉型、视觉型和动觉型，也有称触摸型。我首先从听觉学习型入手来研究，因为小Sean是典型的听觉学习型，喜欢有声胜过于无声。随着年龄的增长，其特征越来越明显。他对音乐极度敏感，过耳不忘。一日我问他：“如果妈妈让你背诵一首诗，有两种办法可以帮你记忆，你觉得让你自己阅读诗快呢，还是由我朗诵给你听，你记得更快？”结果得到了干脆的回答：“当然是你来读诗更好。我是个听觉型的人，我看芭蕾舞表演时听的比看的多，不好听的部分我就不看舞蹈了。看电影也是这样的。”原来，小Sean已经能非常清晰地表述出自己的感受了，只是他没有把这份无意识的感受早早地剖析给父母亲听罢了。

听觉学习型孩子的特点

- 此类孩子喜欢通过聆听来学习新知识和新概念。这个类型的孩子只要听老师唱一遍儿歌，就能记住旋律跟着唱；一个指令老师讲过一两遍之后，就能一字不差地照做。他们通常对完整读一本书不是很感兴趣，对老师讲课的关注更多地集中在声音方面。听课时，只要能听清楚声音，即使离得很远，看不到老师也没关系，照样能记得很好。

◆ 在社交方面，听觉学习为主的孩子与新老朋友都会相处得好，一般是个爱热闹的孩子。喜欢找聆听者交朋友，爱说话，经常重复，随着年龄的增长会变得口若悬河。

◆ 在学习时喜欢安静的环境，难以忍受噪声；但矛盾的是，由于听觉灵敏，又很容易被环境中的一点杂音分散注意力。

◆ 阅读时爱跳跃式进行，对字词句的理解快，喜欢使用带声音描述的各种词汇，让文章表述变得生动。然而相对用眼睛阅读，这类孩子更喜欢听故事或讲故事。

◆ 录音机般的耳朵很奇妙，他们有能力无意识地记下来每一个听到的音节、音调和声音的内容，然后很轻易地按原样把听到的重复出来。

爱用耳朵“阅读”

哈佛教育学研究生院（Harvard Graduate School of Education）教授，库尔特·费希尔（Kurt Fischer）曾提到，帮助听觉学习型孩子学习的最好方法，就是要注意孩子喜欢哪些活动，尽量把他要学习的内容与他的听觉型兴趣活动结合起来。比如，如果孩子正在学习数学，就可以在家里准备一些少儿学数学的互动性视频一起看、一起听；找各种带有数数内容的儿童游戏、儿歌等CD放给孩子听。总之，让孩子以自己喜欢和擅长的方式来学习一种新的技能才是最有效的。

我曾替“听觉型”的Sean搜罗到一套六本的《我的第一次经历》。这套书的特点是需要大人把故事朗诵出来，然后由小朋友选择与故事情节相对应的词贴到故事的字里行间去。这既鼓励了小朋友仔细聆听故事的内容，又引导他把听到的故事转化成字面的理解，然后去完成贴纸；等故事贴完了，还可以让小朋友自己按照贴出来的内容重复讲述这个故事。记得那年我带小Sean飞回纽约前就应景地找出该系列中的《搬家》一书。在长达14个小时的飞行旅途中，只要我给他讲故事，他便会忘记飞行的枯燥和机舱里的束缚。就这样我一遍遍地讲“搬家”的故事，他一件件找出“家里”的东西去贴满书本，不知不觉我们就到了纽约。

爱用耳朵“混”小集体

以我个人经验发现，对听觉学习型的孩子来说，一个人的独处学习会较困难。比如小Sean需要一个好的声音和同伴环境来吸引和维持他的注意力。他5岁开始学习钢琴，那是因为他一直自己主动坐在钢琴边无师自通地用一根手指头

“敲”出听过的旋律，才让我们决定开始让他学习钢琴的。但很快我发现，小Sean对钢琴的兴趣游离不定，与此同时他对学校的音乐课却表现出百倍的兴趣，原因是他所在的学校音乐课要求从一年级到三年级全体同学学拉小提琴，而这正符合了小Sean爱热闹，喜欢与小伙伴在一起“玩”音乐的感觉。很快他对小提琴的兴趣被固定了下来，自己要求在课余请老师单独为他上小提琴课。学琴的同时，我经常带我去听学生乐队的音乐会，很快他又提出要报考这个乐队，在那里有更多的大姐姐和大哥哥可以与他一起“玩”音乐。开始他被分到第三小提琴部分（只有学生乐队才有这个编制，为了让年幼或程度较低的乐手加入），只拉根音，与主旋律没啥关系。没想到，他每次排练回家后竟然自己在小提琴上拉出了主旋律，我问他怎么学的，既没有谱子也没学过，他说靠听的。原来在排练时他是用耳朵聆听第一小提琴声部的哥哥姐姐们拉的主旋律。所以，靠耳朵学习的孩子让人觉得他们的确拥有一种听着音寻路的天赋。

声音是把双刃剑

有一天，小Sean的班主任花先生（Mr. Flower）在家庭手册上给我留言，说小Sean好动，不安心在课堂上完成“工作”。所谓工作，就是一些小朋友协作完成的手工作业，让我立即去学校一趟。赶到学校一聊发现，问题还是出在听觉注意力上。因为小Sean对声音敏感，只要哪个角落里有个小朋友发点什么声音，做点风吹草动的事，他会立刻离开座位，直奔“事件”发生的地方，可以把自己手上正在进行的“工作”忘得一干二净。这的确符合听觉型孩子的特点，注意力易集中于声音，也更易被环境中的声音所分心。声音对小Sean而言既是宝藏，又是毒药，实在是一把双刃剑啊！

回家后我想了很久，觉得必须培养小Sean的集中注意能力和自我控制能力，同时培养他更多习惯听从指令去“工作”的能力。于是我找到了一套英文系列书，叫《Highlights》，我自己给它取名为《找找看》。书面的上下左右部分都留出空，标出了要小朋友寻找的一个个“宝贝”物件，然后让小朋友逐一去图画中把宝贝们挨个找出来，找到了就用颜色把宝贝涂勒出来。我每天都会和小Sean一起玩《找找看》，之所以用“玩”这个字，就是因为在这本书里，宝物经常“躲”在不经意的地方，很有趣味性和探索性，因此可以锻炼小朋友的意志力、观察力和较长时间的注意力。这个体验对一个听觉型的孩子来说是个无声的挑战。刚开始，小Sean找到2～3个宝物就没耐心了，我就在旁边不停地给无声的图画编“故事”，吸引他去找出下一个隐藏的“宝贝”。很快，他每天可以坚持完成一整页，并明白不完成不可以做下一个自己感兴趣的活动。

所以了解了自己孩子在学习方式上的优势和弱点后，我们就可以选择适合的学习方式来帮助孩子。对听觉型的孩子，最好在上学前就启动和培养他们的视觉记忆能力，妈妈可以鼓励宝宝用朗读的方法来“阅读”，也可以去参加儿歌朗诵会，还可以和孩子一起用手点着故事大声读出来。总之，父母要教会孩子用自己在听觉方面的长处，去弥补那些偏向视觉或动觉的学习活动。

认识一下动觉型孩子

一切动手动身体的活动都是Ian的最爱，从画图到陶泥，从击剑到去林子里探险，每一样能带动身体的活动都会让他蠢蠢欲动。记得他6岁前我与他有个暗号，只要我大声喊“Stop”（停），他会立即从奔跑状态中停止，然后回过身来望着我，等待我的下一个指令。这是Ian儿童时期与我的小秘密，因为他太爱跑动，我追不上他也来不及警告他，只能像训练小狗小猫一样采用一个口令法——“Stop”，再加上我的高声调，Ian会立马“get it”，然后停下来。更让我哭笑不得的是，他永远忘东西，丢三落四，有时学校午餐的饭卡丢了，只能饿肚子一天，或去吃朋友剩下的那半块比萨。有一年冬天他连丢了两件大衣，当我给他第三件时，我说：“这是最后一件了，再丢，今年你就冻着过冬吧！”还好，居然再也没丢过。

动觉学习型

动觉学习型又叫触觉或感觉学习型。这类孩子超级爱动，根本坐不住，各类小动作会让他们兴奋不已；即使听人讲话，也要跑着听，或站在那儿腿脚不停地动。所以，他们是传统课堂里最不受老师喜欢的一群孩子，学习起来也最吃亏。一般学校里的“差生”多属于这一学习类型，考试总是粗心，不是读错题就是做错题。然而他们在体育课、实验课以及手工等活动中却表现出超越一般孩子的优秀。他们是一群依靠肢体体验、喜好“动手”的孩子。他们重直觉，遇事易冲动，逻辑性会相对弱一些。概括下来，他们有以下几方面特点：

- 不守规矩，不易按指令做事，所以可能常常被定义为“问题”学生。
- 灵活、爱动，一听就懂，一学就会，是这类孩子的学习特点。但因为过早认为自己已掌握了要点，注意力马上就会转移，最后影响学习的结果。

◆经常犯错，但会虚心接受批评，也真心想改，可是过不了多久，老毛病就又会重犯。

◆性格决定他们凡事耐力不够，需要自我改善的是，完整地执行学习指令和不懈地坚持。

让学习中掺入更多“动手”项目

Ian最早上的幼儿园是纽约的蒙台梭利式的幼儿园，在那里孩子们除了集体的固定读书或手工活动之外，有一大部分时间是在教室里“游学”。也就是喜欢画画的孩子可以去涂鸦区域调颜色板、画铅笔画；喜欢游戏的孩子，可以去游戏角落玩角色扮演；喜欢读故事的孩子，可以拉着老师去懒人坐垫上坐着讲故事……而老师会用各种小道具来帮助孩子认识数字和数数，比如玩豆子搬家的游戏。总之，这种重体验、重感觉的学习非常合适小年龄的孩子，尤其是动觉型儿童。

了解了Ian的学习类型后，我会把他的学习内容分解到日常生活中去，让他能够边动、边学、边理解和边记忆。比如，当孩子学算术加减时，我让他用量杯去挖米；有阵子家里磨豆浆，我就让他前一夜把豆子数出来泡水。就这样用简便而直观的方式教会孩子理解容量、重量和数的概念。

有一年过中秋节，我特地安排了许多DIY节目让Ian带领小Sean做。其中有一个做鲜肉月饼环节，我没让Ian做他喜欢的揉面粉、做月饼馅，而恰恰让他先来个“纸上谈兵”，让他采访烧饭阿姨，把做月饼的步骤记录下来，其中包括面粉的重量，加多少水、油，如何和面，做馅，发面及烤月饼的时间，笔记中会涉及数学、物理和操作精准度的问题。

其他节目也是让Ian学习的好机会。比如，西方的复活节要做彩蛋，需要把鸡蛋先染上颜色，然后藏到花园里或家里的各个隐蔽角落，再邀请一群小朋友来找蛋。这 “染蛋”可不容易，要让白白的鸡蛋变成五颜六色，必须在颜料水里加入醋，才能使漂亮的颜色附着在蛋壳上，这可是一个化学常识。为了能让自己的彩蛋被大家夸奖，Ian还会努力从颜色和画风上体现自己的独特。

在Ian4～12岁时，是我最热衷与他一起做手工和角色游戏的日子，因为我明白Ian的学习需要在实实在在的活动中进行。

让学校课堂变得无边界

动觉学习型的孩子需要在书本之外有更广阔的天地去散发本能的动力，然后再接受启发去想象从书本里学来的东西。比如，每个孩子都爱自然和动物，但某些孩子可以通过阅读、看电视等方式满足好奇心并加以记忆，但动觉学习型的孩子单靠阅读是不够的，他们必须有阅读前和阅读后的补充记忆，也就是在真实世界里找到学习对象，加深理解，然后记忆。我常说，如果Ian不用手摸过，就算没见过。所以，对Ian来说，除了学校的课堂还有一个非常重要的现实课堂，那就是他可以触摸到的现实世界。

为丰富Ian的感官体验，我首选了运动。我发现运动可以释放Ian身体里无穷旺盛的活动精力。一到暑假，我不忙着为他找补习班，而是为他报名体育夏令营。在纽约的上州有个Future Stars 体育夏令营，每天早上有巴士挨家挨户来城里接孩子，把他们带到在山中的营地里，一天8个小时在户外运动，有球类的、爬跳的、攀岩的、涉水的。总之，让孩子们浸泡在山水的绿色中流连忘返。一个暑假下来，Ian连耳背都晒得通黑。

其次，我选择了旅行、交友和创意写作。只要条件允许，我就带上他游历世界，并创造机会让Ian与父母的朋友们交谈、互动。在丰富了体验之后再鼓励他把各种感受沉淀下来，变成文字。

Ian曾写过一篇小作文，讲的是在一个闷热夏天的晚上，爸爸妈妈带他到纽约的中国城吃饭，他在街边看到了一对小乌龟，他先被它们甲壳背上的一根橘黄色的细线所吸引，然后发现它们的黑色小眼睛深不可测，还有滑稽的“游泳”姿势，最后历经与爸爸的“斗争”，Ian成功地把小乌龟们带回了家。令我感动的是，6年后我们全家搬回中国，他居然用文字写出了对乌龟兄弟的深情厚谊：

> 虽然我每天多了一份责任要给这两只小乌龟喂食，但我也多了两位朋友。每天我喂它们，然后看着它们吃完饭，再和它们说说话。我会告诉它们我白天做了什么，遇到了什么麻烦，还有许多事情发生。小乌龟是我们家庭的一部分。
>
> 现在6年过去了，我的两只乌龟和我一样，都长大了。与它们一起成长很开心，也很好玩，它们已经变成了我的两个兄弟：我爱它们，照顾它们，我们在一起的岁月为我留下了数不清的记忆。每年夏天当我回到纽约自己的房

间，我就会去喂它们，一边看它们吃饭一边与它们打声招呼。它们很安静地睁着黑黝黝的眼睛，好像在对我说，欢迎你回家。这对看起来不怎么起眼的乌龟，在我的真实生活里却是两个聪明的兄弟。

动觉型孩子需要其他的学习方式来补充

读完以上这篇小文，我知道对Ian来说，没有体验就没有真情实感，没有真情实感就很难让他开动大脑有效率地学习和记忆。同时，Ian也会在需要听觉或视觉技能的问题上遇到困难和麻烦。比如，要是他正在学习区分正方形和三角形，最快的办法是让他把不同形状的实物拿在手里，通过触摸来理解不同形状的特点。如果他记不住一首歌，就用身体动作来表演歌曲的内容。记得Ian小时候爱唱一首英文歌《我是一只小茶壶》，其中有一句“我是一个又矮又胖的小茶壶”，我们总是一起用一只胳膊摆成茶壶的把，另一只胳膊摆成茶壶的嘴，而这样“演”歌是经常的事。与弟弟不同，听觉学习不是Ian的长处，但作为鼓手他每周也会参加学校乐队的排练，他已经可以用音乐与其他乐手配合默契了。我一直坚信，声音和音乐对一个必须靠体验才能获得感受的学习者来说将来一定会有非常重大的存在意义和推动作用。

此外，我还发现，让Ian记得每天该做完的功课和规定的活动是件很难的事。他的抽象世界里好像缺了一根连贯的链条，事情和事情之间没有紧迫的时间线索。进入中学后，功课量加大，合理安排时间非常重要。于是，我让他每周自己做书面的作息规划，只有当他一字一句写出来，掰着手指数出来放学后每个小时该做什么事时，他才会有更好的意识去执行。

每个孩子的性格长处不一，动觉学习型的孩子在成长过程中可能会为父母带来许多学习和行为习惯上的麻烦事，但他们很有可能会“赢”在现实的生活里哦！

认识一下视觉型孩子

这类孩子一出生就性格鲜明，他们与别的孩子相比显得安静，不大哭，不爱动，也就是妈妈嘴里的“乖”孩子。在以后的成长过程中，他们也主要是以“看”来建立脑子里的信息库。乍一看，他们的表象性格比较闷，甚至有人会以为他们的反应有些迟钝。但其实，这只不过是这个类型孩子的特点。他们有个超常的能力就是，用眼睛记录下看到的一切，凡是在他们眼前一闪而过的东西都会被摄入进去，然后输送到大脑，牢牢存放在那里。比如，别看他们人小，妈妈的一个眼神、一个表情，或者一个细微的动作都会被他们不动声色地看在眼里，然后有一天或许他们会语出惊人地“揭秘”，或身体力行地把场景“表演”出来。

视觉学习型孩子的特点

这类孩子主要是通过观察来接受信息，其学习中70%～80%的内容来自视觉性记忆。“看”这个动作往往比谈话、聆听或实际动手所学到的东西还要多。他们如果不能“看到”，那就无法完成“接受”，也就没办法很好地理解。我们中大多数人（约人群的80%）偏向于视觉学习型，所以大部分学校课堂设计成老师站在讲台上，孩子们的视线会紧随教师，认真听老师讲话。

视觉学习型孩子的特点：

◆具有敏锐的观察力，思考快，行动力强，能在同一时间里兼顾听，但更多的是看，从别人的表情和肢体语言中获取信息。

◆喜欢阅读，较容易从书本上吸收知识。尤其对图片上的故事理解得快，能经常画出一些让父母都吃惊的图画。

◆上课认真听讲，视线紧随老师，喜欢做课堂笔记。

◆能将所读的文章轻而易举地记住，并转换为口语。

◆讲话时语速一般都很快，与人说话时，喜欢盯着对方的脸看。

◆记得快，忘得也快，学习时适合多做复习少做预习。

最好的学习类型是综合学习型

在这个世界上没有100%的视觉学习型孩子，对大部分孩子来说，视觉学习占了主导，他们或多或少会具备动觉型和听觉型的学习方式。而最好的学习类型是综合学习型，让听知觉能力和视知觉能力都较平衡地发展，这样孩子早期的学习能力和习惯培养会顺利很多。

此外，我发现随着孩子成长环境的变化，个性不断成熟，自控能力不断加强，他们也会自然地学习用原本不太突出的学习模式来“工作”。Ian就是一个典型的例子。他初二、初三连续两年去了美国著名的因特劳肯青少年艺术夏令营，主修创意写作，副修自然环境探索。他一直立志要成为高中的校报记者，而且希望聚焦环保和动物保护主题。然而，进入高中后，他从“写”的专长转向到了“拍”的专长，缘起我的摄影记者朋友李叔叔送了Ian一架照相机，从此他迷上了摄影。慢慢地，他从摄影编辑变成了摄像记者，并与另一位趣味相投的同学一起创办了学校在Youtube上的视频网页，每周用视觉信息和报道为大家传送校园里发生的大小事件。由此他也赢得了一个校园昵名“the video guy”，即那个拍视频的家伙。这个转变让我看到，Ian 很自然地从“写手”转变到了“摄手”，也就是需要动的工作，这符合他的学习类型，而同时又开始往视觉型延伸发展。

故事还远没有结束。弟弟Sean在两年前开始热衷于演音乐剧，这个在上海的音乐剧团完全由各种年纪的学生组成，从演员到乐手，再到导演、剧务，都是学生， 如5岁的威利（Willy）唱、演功夫自然天成，剧团的创意总监凯瑟琳（Katherine）是一名音乐剧专业的大二学生（演出照片请见本书124～125页）。这群孩子每年寒、暑假都会聚在一起排戏，我趁机安排Ian从美国的高中回家，参与到剧组的排练中来。一开始他就是拿着个照相机拍剧照、拍录像，不知从何时开始他临时充当起剧务、打字幕和舞台监督等，只要动手动腿的事他样样轧一脚。很快到了报考大学的时候，始终心仪去读环境保护专业的他突然宣布要去报考电影学院，而报考作品的重头戏恰恰就是那部他为音乐剧团制作的4分钟的纪录短片。从热衷动手做事转移到善于用视觉语言来表达，这可以说是一个完美的转身。2015年12月15日，我接到了Ian从学校打来的跨洋电话，他告诉我，他被著名的纽约大学电影学院录取了。他还告诉我，他可能会考虑选择电影摄影专业。我含着眼泪在电话的这一头开心地听着，我开心不完全是因为他实现了自己的梦想，真正让我欣喜不已的是，Ian终于可以在18岁这个重要的年头里走上一条适合自己的路，一条可以让他把视觉与动觉紧密联系在一起的路。我已望见他扛着摄像机奔波在纽约的大街小巷，极度的累，却开心地追求着。

孩子们学习长大是一件多么不容易的事。学习发现自己的所长和所爱，更是要靠自信、缘分和家长长时间的信任！所以，无论你的孩子今天在学习上遇到多大的麻烦，不要强压他、责怪他，更不能轻视他。可能真的不是他不努力，而是他还没有找到自己擅长的学习方法。请帮助每一位在学习上暂时遇到困难的孩子，他们可能是你意想不到的宝贝。

附：Ian所写小乌龟文章的原文

Despite being faced with the responsibilities of having to feed these two turtles, I have made two new friends. Every day I would feed them and watch them eat, and I would talk to them. I would tell them what I did today, the problem I had, and many more things. They had become part of my family.

Now six years later, my turtles have both grown big, as I have. Growing up with them had been fun and entertaining, but these two turtles are now like my brothers: I love them, care for them, and I have shared more memories with them than I can count. Each summer I return to my room, I feed them, mounting "hi", as I watch them eat. Silently, with their dark, shiny eyes, seemingly simple but in reality my intelligent brothers, seem to whisper back, Welcome home.

Ask Jane

问题1：幼儿园的学习环境对孩子会产生不良影响吗?

你好，我儿子今年3岁4个月，我刚刚送的幼儿园是个人办的，屋里没有玩具，只是在外面有一些，很古老的那种，但是都说这里教得很好。昨天开始送，上午送去进屋后老师就告诉我：你走吧。中午去接，老师说很好。可是孩子下午却不想去，还哭了，哄去后，碰见有一个小朋友正哭着，他便又开始哭，而且不让我走，最后没办法就带回家了。今天送去很好。虽然他不哭了，但我却担心幼儿园的环境对孩子会有什么影响。

Jane答

你的问题其实是一个很普遍的问题，很多父母都会在为孩子选择幼儿园时感到不知所措。我有以下建议供你参考。

首先要了解为什么要把孩子送去幼儿园。幼儿园其实是孩子第一次独自进入父母家庭之外的一个小集体、小社会。这第一次的集体经验非常重要，如果环境不适合，体验不好，孩子可能从此会对与其他小朋友在一起心生恐惧。所以在选择幼儿园时，不能只是单纯地考虑是否“教得好”。建议妈妈去幼儿园具体了解一下老师每天的日程安排和教学理念，学龄前孩子的学习方式与学龄期的孩子完全不同，学龄前的学习需要靠体验和触摸来完成。如果这所幼儿园教3岁至5岁幼儿的课程，却没有适合3岁幼童需要的各类玩具作为“教具”，那我认为这所幼儿园并不合格。还应该实地看看其他小朋友都是什么类型的，能与孩子相处好吗？有没有配备足够的玩具和适合的读物？配备的玩具是否干净，小朋友是否喜欢这些玩具？从幼儿园配备的玩具和读物中立即可以看出这个幼儿园的“教学”是否符合幼儿身心发育的需要。像你描述的那个幼儿园“屋里没有玩具，只是在外面有一些，很古老的那种”，我认为这个幼儿园可能并不适合幼儿3岁阶段身心发育的需要，它可能就是一个帮助妈妈看管孩子的地方。

问题2：孩子是好动还是多动？

妈咪Jane你好！我家宝贝2岁7个月，太调皮好动了，除了睡觉没有一刻能停下来，3个大人带他一天都很累。我很担心他是多动症，该如何让孩子变得安静乖巧些呢？

Jane答

儿童时期是接受能力最强的时期，好奇心很强、贪玩，这是孩子的天性。他们在玩耍中逐渐获得新知识，渐渐聪明起来。这也就是说，孩子活泼好动，甚至注意力不集中，绝大多数是成长的正常表现，以用来满足孩子的探索、好奇、能量强的心理特征。因为我的两个孩子都好动，所以我研究了判断孩子“好动”或“多动”的问题。

根据儿童心理专家的意见，6岁以后的孩子才能够被诊断是否为多动症，所以请妈妈别自己先对号入座。当然6岁之前的孩子有一些细节也可以提醒家长提早关注。要区分孩子是“好动”还是“多动”，妈妈可以从以下几方面来综合观察：

注意力与兴趣的关系

好动的孩子：虽然一刻不停，但有自己的兴趣爱好，一旦遇到自己喜欢的事物，注意力就能集中。例如看到喜欢的动画片能认认真真地观看，完全沉浸其中，也不喜欢大人的干扰。

多动的孩子：几乎没有兴趣爱好，对待任何事情几乎都不能集中注意力，坐不住，静不下来。

行动的目的性、计划性及系统性

好动的孩子：做事经常具有一定的目的性，并有计划及安排。比如回家后先看动画片，然后做作业，虽然他看电视很认真，但只要动画片播完，他还是会有意识要做作业。

多动的孩子：行动常是冲动式，杂乱的。他们看动画片好动，做作业好动，有始无终。

自我控制能力

好动的孩子：在严肃的、陌生的环境中，有自控能力，安分守己不再胡乱吵闹。

多动的孩子：没有自控能力，经常在一些陌生和严肃的场合做出越轨的事情来，常被指责为“不识相”。

要让好动的孩子安静下来，父母可以这样来尝试：

1 让孩子在家里多做事，鼓励孩子做些力所能及的事，学会照顾自己，参与家务劳动等，让孩子多体验完成一件事之后所产生的满足感、快乐感。

2 给孩子足够的运动机会

父母可以鼓励孩子去学习一两项他喜欢的运动，让孩子发泄过剩的精力，从而逐渐学习安静下来。

3 有规律地安排生活作息

父母要协助孩子制定严格的每天作息时间表，要求孩子执行，并在执行状况好时及时给予肯定和奖励。好动的孩子往往在日常生活有所变动时，其好动症状会变本加厉。所以，父母要事先多与孩子沟通，从而避免变动发生后引得孩子兴奋过度，无法自控。

4 玩一些培养专注力的游戏

孩子运动够了，父母可以再引入拼图、穿珠、搭积木等静态游戏，从简单开始慢慢加深游戏的难度和延长游戏的时间，以延长孩子的耐力，增强专心度。

多动的孩子需要医学干预，然而大多数好动的孩子在父母的关怀和耐心引导下，是可以慢慢加强自控能力的。就与内向的孩子一样，好动也是孩子的一份天然的属性，我们应该接受它，慢慢地化解它。

孩子对性好奇了，父母怎么对他说

小Sean 5岁半时，给我带来了一个特别的问题。那天他放学回家，一副天真的模样说："今天老师告诉我们，爸爸会在妈妈的身体里撒上一粒种子，种子慢慢地在妈妈的小房子里长大，长成了一个小baby。这个小baby需要吃奶，还需要妈妈抱，然后慢慢就长成了现在的我。"我知道幼儿园老师在给孩子们做"性"启蒙的功课了。因为已有Ian哥哥的成长案例在先，我对于应对小Sean的这个故事已经很有"实战"经验了。

性，从"人人都有"开始谈起

很多年前，小Sean曾絮絮叨叨地告诉我，在幼儿园里，老师专门选了一本插画书来让大家读，老师还特别讲解了"我从哪里来"的故事。这位小学预科班的老师有一个很特别的姓名，叫Flower，直译就是花先生。难怪，他可以用一个非常唯美的方式，把新生命的诞生用童话般的语言传达给五六岁的孩子，这让孩子对"性"和父母之间的身体结合抱有一份正面的、美好的第一感受。

5年过去了，Sean已到了小学五年级。一天，我接到他班主任发来的邮件，其中有两个视频链接，一个是给班上男孩看的，一个是给班上女孩看的。班主任希望家长也看一下视频，好与学校正在开展的生理健康教育课保持同步。然而，视频我还未来得及看，小Sean就已经自己找上门了，"妈妈，我要买除汗味的腋下涂液。因为我马上会有体味了。"同时他还加了一句，"我可以用哥哥的吗？"

我立刻看了视频，看完知道了小Sean为何想要除体味的用品。视频在线观看已达24万人次。

这真是一个制作严谨，完全从科学的角度、用孩子的方式来科普青春期性知识的教育视频。一开始是一群孩子在玩拼字游戏，一个男孩出了一个拼字题，一个女孩拼了出来，叫“青春期”，英文学名为puberty。我查了一下，原来青春期还有一个译名叫“开花期”，这不就是“花季少年”一词的来历吗？这让我一下子想起了自己的青葱岁月，那时我们大多是从手抄本式的禁书里了解自己和异性，我们对性更多的是误猜、误会和误解。

短片里，一群10～12岁的少男少女围坐在一起，交谈着他们即将迎接的生命奥秘。首先，有个画外音告诉孩子们，他们即将遭遇到的身体变化叫“青春期”。男孩会长高，身体会长出体毛，尤其是腋下和私处；阴茎会变长，睾丸会变大，讲话声音会变粗……每个男生很快会遇到现实的问题，有体味（所以Sean会来找我要除体味用品），长青春痘，头发会变油腻，晚上睡觉会经历另一种“尿裤子”，这叫遗精……这些都是因为大脑中的垂体腺被启动开始工作所造成的。其中有一段话特别重要：垂体腺启动了一系列身体变化的结果是让男孩变成男人，女孩变成女人。变成男人和女人后，大家会有更多的自由去做自己的判断和决定，但同时也需要担起更多的责任。比如，一个男人可以成为爸爸，一个女人可以成为妈妈，但现在看来大家还需要爸爸和妈妈照顾自己，所以你们还没准备好去担起做爸爸和妈妈的责任。没有任何说教，而这段话语已经在传递一个对自己性行为负责的理念。

屏幕上的孩子们七嘴八舌地说着问着，讨论第一次特殊的“尿裤子”或第一次来月事后该向谁透露秘密……而我可以想象出与Sean在一起看视频的同学们的不同感受，有的可能会感到不知所措，有的会害怕，有的会暗暗地羞涩，但无论孩子们此时心里怎么想，他们终究在阳光之下可以直面彼此，在集体里即使感到疑惑或尴尬，也是可以抱团“壮胆”的。

小Sean的11岁暑期过去了，他从5周的寄宿夏令营回来，把我拉到一边告诉我他的身体有了一次神奇的“尿裤子”。我说：“你怕吗？”他回答说：“哪有，这不是很正常吗？”我很庆幸，我和他一起看了那个视频，他完全没有把我屏蔽在“秘密”之外，相反我是他倾诉的第一人。

其实通过这样一次次的讨论，学校在向父母和孩子传递一种态度：我们到了必须用科学和知识来揭示性的真理的时候了，任何遮遮掩掩、拐弯抹角的隐喻都只会是误导。同时也想给孩子们一个暗示：我的身体开始变化了，如果我有害怕，我感到羞涩，我无法控制一种莫名的情绪，那都是正常的，我更不应该觉得有什么肮脏或罪恶，因为这样的身体变化人人都有！要知道，当青少年认为“人人都有”时，这件事就好办了。因为就怕孩子们以为只有我有，而别人没有，那么我就是这个世上最差或最糟糕的人。

这个视频抓住了一个重要的点，那就是：性，从“人人都有”开始谈起。而小Sean也因此很理所当然地与妈妈讨论了他的“尿裤子”。

美国儿童性发育标准

我从网上搜关于中国孩子性发育标准，可惜没有找到任何权威机构发布的资料。然而，却找到了很多让人担忧的数据。

我国儿童的发育时间，从原来的普遍认为11岁至12岁开始发育，提前到女孩平均9.7岁，男孩平均11.3岁。提升的幅度十分大。

云南省健康与发展研究会对昆明6所农村寄宿制中小学近千名学生就“青春期性健康教育现状”做了问卷调查，调查结果显示，有一半以上的学生没有接受过专门的青春期性健康教育。

广州的一项调查显示，1/3的母亲在其女儿初潮前没有告诉过孩子如何处理。2014年，我国一个女童保护项目对1346名男生、2136名女生进行的调查显示，仅有20%的孩子知道什么是性教育，48.3%的孩子不知道何为性教育，31.7%的孩子选择“似懂非懂（知道一点点）”。

看来为孩子们进行性教育是家长、学校和社会必须共担的责任。性启蒙如此落后于社会进步、科学发展的深层原因不乏家庭教育走到今天还有很多人错误地认为，对孩子进行性教育会破坏孩子的纯洁性，会无意中起到过早挑起性意识的负面作用。听说甚至有父母抵触幼儿园和小学开展性教育，不接受学校分发性教材等。

而与此同时，2014年1月1日至12月31日，被媒体曝光的儿童遭受性侵害案件却高达503起，平均0.73天就曝光1起，也就是每天被曝光的就有1.38起，是2013年同比的4.06倍，这还不算没有曝光的案子。总结2014全年媒体曝光的性侵儿童案件特点，受害人群呈现低龄化趋势，尤其以7岁到14岁的学生居多。

虽然国家和社会在性教育问题上落后了，但作为父母，为了更好地保护孩子的性安全和身心健康，我们应该跟上时代的要求，跟上孩子成长的速度。

我找到了美国全国儿童创伤压力网络（NCTSN）网页上提供的一个美国儿童性发育的标准，供父母参考。

年龄	性发育表现
4岁以下	◆ 和同龄人谈论拉屎撒尿； ◆ 对他人上厕所或换衣服感兴趣； ◆ 试图触摸妈妈或其他女生的乳房； ◆ 脱掉裤子给他人看自己的私处； ◆ 问关于身体的问题，比如说上厕所； ◆ 触摸自己的私处； ◆ 用手或者其他方式来蹭自己的私处以获取快感； ◆ 喜欢脱衣服、裸体。
4～6岁	◆ 谈论私处，并喜欢用一些不雅的词语来形容私处，不论是否理解这些词的含义； ◆ 对他人上厕所或换衣服感兴趣； ◆ 和同龄人一起探索私处，比如玩医生扮演游戏； ◆ 模仿约会，比如亲亲或拉手； ◆ 故意在别人面前触摸自己的私处，手淫等。
7～12岁	◆ 试图看其他人脱衣服或是裸体； ◆ 看他人的裸体或半裸体照片； ◆ 观看或收听与性有关的内容； ◆ 和同龄人玩与性有关的扮演游戏，比如男女朋友； ◆ 有意识地私下手淫； ◆ 需要更多的隐私，不愿在别人面前脱衣服，或是不愿与成人讨论性的问题；开始对同龄人有好感。

我放上这个表格的最大用意，不是为了让父母记住在某个年龄段孩子会出现什么动作和表现，然后认为这是正常的表现就行了；相反，我更建议暂时忘却这些条条框框，取而代之的是在我们的心里建立起一种开放的态度：无论你的孩子目前处于成长历程的哪个阶段，我们都不回避与孩子谈论“性”。为了做好准备，我们应该立即学习有关孩子性发育的知识，学习与孩子谈性的科学表述方法。这份开放的态度和沟通的能力将决定我们和孩子在今后十余年里的关系，是继续亲密还是开始显现隔阂，因为当他们回避与我们谈性，当他们拒绝与我们讨论男女生之间的友谊和爱情时，我们就开始成为他们的“局外人”了。反之，我

们则会赢得他们的信任，并成为家中“准男人”和“准女人”的贴心朋友。

学做“准男人”的贴心朋友

时光倒退7年，Ian在读初一时，第二学期的科学课最后一个章节，讲的是男生和女生的生殖器官之异同，包括生命如何起源，内容与我看的小Sean学校提供的教育视频相同，但7年前还没有制作出如此严谨而又有趣味的短片。

这节课本我通读了，完全从科学和生物的角度来阐述与性密切相关联的男女生殖器的知识。学期中，在我去学校开家长会时，见了科学课的老师，从他那里得知这门课被巧妙地安排在学校即将结束的前夕，如此安排就是为了乘假期让孩子们回家有机会与父母或亲人们做交流。当时，我暗暗做好了准备，想在假期找机会与Ian聊聊这门课的一些细节。然而等待的合适机会始终没有出现。

一个月后，当我和Ian一起观看一部美国青少年电影《迷情》（August Rush）时，机会来了。

影片的男主角是一位少年音乐天才，他叫奥古斯图。他的出生是妈妈在高中里的一次早恋造成的。影片里奥古斯图父母在亲吻拥抱、互相爱抚，然后镜头很唯美地转到了少女怀孕。这时Ian对我解释说：“妈妈，你看奥古斯图的妈妈怀孕了。”

我立刻接着话茬问他：“Ian，你知道奥古斯图的妈妈怎么会怀孕的吗？”他很自然地说：“当然知道，我们刚上过这门课。”

“你看奥古斯图的妈妈年纪那么轻就怀孕了，结果给自己、给孩子带来了多大的困难和不幸，害得奥古斯图必须去孤儿院里生活。”我说这话正应景了电影中的情节，奥古斯图的外公在外孙出生后，瞒着自己的女儿把奥古斯图送去了孤儿院。

“的确是这样的！奥古斯图好可怜。”Ian神情悲切地说。

“虽然奥古斯图妈妈很受打击，但其实，对男孩来说情况也一样，他也失去了自己的第一个孩子，与自己相爱的人也没法继续感情。所以，男孩也要等到能负起做爸爸的责任时才可以当爸爸，你说呢？”

“我知道，年轻人不可以太早这样做。”Ian用了一个“do it”含糊且含蓄地带过了与“性”相关的那关键一笔。我们的谈话在电影的故事背景下自然地进行着，没有尴尬，更没有回避，我有点小心翼翼，Ian则心神自然。

时间过了5年，Ian独自在美国念高中了。他在高二的期末时告诉我他交往了一个女朋友，是学校乐队的打击乐首席，用Ian的话来形容就是“她对待音乐就如对待上帝一样虔诚”。我们母子一起与女孩见了面，我们在一起就如朋友般地自然和美好。

有一天，我问Ian：“你们相处得好吗？”他说：“很好，我没法想象有人比她更适合我了。”接着他突然问我：“妈妈，你遇到爸爸以前还有过其他恋人吗？”

我说：“当然有。男女交往带给彼此的很大一个好处就是，不仅仅让你经历爱情，更重要的是男女之间互相学习如何对待异性。Ian，你知道，世界的一半人口是男人或是女人。如果一个男人无法了解女人，无法与她们良好互动和协作，那么他将失去对一半世界的认知和把握。而我们能最近距离与异性接触，除了父母或兄妹之外，就是异性恋人了。所以一份好的感情是很珍贵的，尤其是少男少女的第一份爱情，会影响一个人对待他人和整个世界的态度与信任度，更是了解这个世界上的另一半人群的途径。”

这时Ian说：“那么我们算是很幸运的了。”

我紧接着问他：“对，好的开始和过程比一切结果都重要，因为你们在学习相处之道，其中的每一个冲突过后回想起来都是让你们成长的最好练习。”我特别用了英文中的exercise这个词，是想告诉Ian 感情不只有甜蜜的味道，更需要学习和演练自己的各种能力来应付复杂的两性关系和友谊。

“你们有否想到要有更多的身体接触？比如，尝试性？”我很直截了当，没有一点拖泥带水，因为我知道这个时机很好，而且可能稍纵即逝。

Ian说：“妈妈，我们两个聊过了。我的决定在17岁，她的决定是18岁。我当然尊重她的决定。”

到此，我非常欣慰，Ian 能够如此敞开心怀地告诉我他与女朋友的约定，这不容易。如果Ian选择把我关在他的青少年情怀之门的另一边，也无可厚非，这毕竟是一个“准男人”的私事。然而，他没有，他向我敞开了门。我知道只要这扇门可以对我打开，后边的许多门都会一一打开。

Ian还很自信地告诉我，他会保护她，爱护她，尊重她。这时，我想起了5年前我们一起看过的电影《迷情》，那时我们没有预想到今天的这场母子对话，但一起看那场电影的影响却极其深刻而长远，细腻而牢固。没有那场电影，就没有5年后谈论性的可能。

让谈“性”变成自然的事

如有亲朋好友正在怀孕或生产，跟孩子讨论一下生育是怎么回事；带孩子到公园，借着观察动、植物的机会，解释生物如何借由传递花粉及交配来繁衍生命。告诉他们，这是生物的本能，是很自然的事情。你会发现，其实孩子从来与自然界很亲近，他们在阅读各类动物和植物的书籍画册时，早已听说和了解了许多与“性”相关的词语，比如交配、授精、受精、着床、怀孕，只是他们的意识还停留在科学及生物的领域，未曾走到男女“授受不亲”的层面。所以我们必须牢记：性是生命的起源，最早的性不邪恶。

以下是父母与孩子谈论性的几点建议。

◆性器官教育从幼儿就要开始，谈论性器官要坦诚、具体、简短，不用代名词，不让孩子认为那是隐讳和龌龊的器官。

◆尽早满足孩子对身体的好奇心。如果父母在3岁前没有满足孩子对异性的好奇心，那么4岁以后孩子有可能会出现去摸其他小伙伴身体的行为，因为他想了解自己的同时也想了解别人的身体结构。

◆正确对待孩子的早期“性行为”。1～3岁，孩子的愉快感觉集中在肛门附近，所以孩子自己抚摸身体的行为属于对身体的探索，是成长过程中必须经历的一个认知阶段。但是到了3～4岁时，父母需要用引导的方式来约束孩子过于频繁地抚摸生殖器，因为这涉及孩子的性态度的发展。

◆别让孩子的手闲着，多安排孩子参加各类有趣的活动，尤其是户外运动、小伙伴们的集体活动，想办法淡化孩子对性器官的过度关注，也不要用辱骂去强化对性的负面意识。

◆自然地谈及身体发育和个人清洁、卫生习惯。我每年都会陪孩子去做体检，每次都是我们一起进门去见医生，孩子脱去全身衣服接受各个部位和器官检查。从10岁开始，我被留在门外了，由孩子和医生自行交谈与做体检。体检完毕后，医生和我还有孩子会一起讨论各类发育问题，这个环节非常重要，让孩子习惯于敞开心怀，大方地讨论一些敏感话题。我的朋友为了能与女儿讨论性问题，她选择与女儿一起去做妇科检查，由妇科医生来引导母女展开第一次的敏感话题。

◆性教育不只是器官教育。父母在家所呈现出来的两性关系，其实就是对孩子最初的性教育。父母恩爱时是如何传递感情，如何拥抱、相互亲昵，如何公开地赞美彼此，这些都是生活中的异性相处之道的活教材。孩子能感受的正面异性接触必定首先来自父母。

◆从小培养“自己的身体自己拥有”的概念。4岁后可以较直接地告诉孩子，自己的隐私部位是哪些，为何不能随便让人看和摸。也可以用图画、绘本的方式告诉孩子哪些部位是自己要去照顾好的，比如每天清洗、换衣服、穿戴整齐等。

◆在家里创造一个开放的环境，让孩子能自由地表达他们的情感和担忧，父母也可以清楚地表达自己的观点。无论父母是否同意孩子的意见，认真倾听孩子的想法是最重要的态度。如果孩子问性方面的问题，则要尽力坦诚地面对。如果你毫无准备，感觉还没想清楚如何回答，那么大可直接告诉孩子，你需要想想如何回答他的问题，可以再选一个时间来聊。总之，越冷静，越自然，越正面，则越能传递对孩子的信任和支持。

◆不居高临下，相信孩子自己能搞定。比如，我会问Ian：“你的声线还没有变，而比你大几岁的奥斯汀已经开始变声了，你知道这是为什么吗？”到了长胡子的时间，Ian一直没有学怎么刮，我让他去找奥斯汀学，结果他说：“我上网去看一下吧。”孩子们比我们想象的要能干得多，提醒一下，他们自会用满意的办法去搞定的。

◆纯洁不等于无知。我们已无法再把孩子关闭在无知的黑屋里，他们获得性知识的渠道很多，避谈性不会让他们变得更安全；相反，越隔离性问题则越会把孩子推远。我们可能已经无法成为传输孩子“性知识”的第一人，却应该做不传输给孩子“性负面论”的人。

◆做一个酷妈，比做一个老妈来得更受欢迎。我鼓励Ian交往男女性同龄朋友，一旦他宣布有了异性女友，我立即表示欢迎，并与女孩保持联络。因为妈妈越阳光，孩子就越会靠近你，知己知彼才能真正护航青少年的峥嵘岁月。

知识带来力量

记得2015年Ian所在的高中有一批新入学的学生家长在微信群里嘀咕不停，因为他们听说学校的医务室给孩子们准备了免费的避孕套，供需要的学生拿去用。父母们开始担心这会助长孩子们的滥交。于是我电话找到了Ian，与他讨论此议题。他对我说：“ Knowledge comes with power（知识带来力量）。学校为我们提供避孕措施，不是为了让我们没有责任地去交往，而是让我们更负责任地对待女孩，更尊重互相的决定，更好地懂得保护好自己。”

作为父母，我想我们不应该在孩子十几岁这个年纪把避孕套主动递给他们，因为这个动作所传递的信息是：你们可以放开去做了，不过有个要求就是极其小心保护自己和对方。而当孩子们接受这条信息时，“你们可以去做了”会变成主旨，后半句话会被他们忽略。

然而，当学校和医疗机构为孩子们递上避孕药物和工具时，前边那半句的意义显得非常不重要，恰恰是后半句才是孩子们要去思索的：小心保护自己，因为我们还不能承担性关系可能带来的后果。这也就是Ian所提到的，“知识带来力量”。这个力量就是“准男人”和“准女人”正在学习直面因果的力量，一种了解因果之后才能学习到的控制自己的力量。

在写这个篇章时，我恰巧在朋友圈里看到了一帧朋友晒出的大学时代的学生靓照，她的留言是：“青春，就像一场春天的雨，谁都希望再湿一次！”青春真的值得讴歌，值得追忆。我们做父母的，就坦然地让孩子替我们再湿一次吧！

Ask Jane

问题1：孩子喜欢讲和摸自己的私处怎么办？

我的儿子3岁，总是喜欢讲到他的隐私部位或用手去摸隐私部位，怎么才能改掉这个毛病？

Jane答

孩子在这个阶段对隐私部位的理解非常不同于成人的想法，不要先去定义它，也不要太大惊小怪，这样会让孩子觉得很酷，或者有罪恶心理。妈妈只要很亲密地、悄悄地告诉宝宝，这是只属于宝宝自己的东西，不要随便让别人看，不要随便说给别人听，要保护好自己的身体，就可以了。

问题2：男宝宝对裙子感兴趣怎么办？

黄老师，您好，我家儿子2岁9个月了，最近夏天，儿子老是说裙子好看，要穿裙子，我该如何化解呢？我也已经说了，男人要穿男人的衣服，儿子就说，裙子好看。

Jane答

孩子的性取向应该是自然的，如果孩子的确偏女性，妈妈也是没法去纠正的，只有顺应。然而，现在孩子才2岁9个月，这么早还不能判断孩子的天然性取向。首先，父母不要太强调此事，更不能负面去批评孩子。可以让孩子试试，可能他说裙子好看仅仅是在好奇，在夸他喜欢的某个女生小伙伴也不一定。请些孩子来家里“扮家家”，让孩子扮个小女生，在好奇心得到满足后再观察孩子的后续反应。

问题3：如何回答孩子的性问题？

面对孩子提到的性问题，我们该如何解答呢？

Jane答

我的态度是不用把“性”的问题当成罪恶的事物来警诫或吓唬孩子，也不要避而不谈。通过自然的方式来交流，让孩子明白，爸爸妈妈只是想帮助他们，让他们知道得更多，准备得更充分，以后和异性朋友相处更有风范，更受人尊重。

年龄小的宝宝总是会关心自己从哪里来的爸爸妈妈可以直接回答。让他知道自己就是爸爸妈妈相爱的结果，因此他很珍贵。最好不要用“是从路边捡的”这种托词，会伤害孩子的感情。其次，小宝宝比较容易接受形象的解释，比如妈妈肚子里有个小房子，爸爸放了一颗种子在那里，长大后就变成宝宝了等。

大孩子则更会自己思考，捣弄答案。他们愿意聊的时候，爸爸妈妈可用信任的态度、平等的语气把一些问题和注意事项直接传递给他。千万不能居高临下，让他觉得这好像是一件不能谈的很坏的事情。

记住，谈性从认识性的美好开始，否则我们的孩子不都成了罪恶的果实吗？

问题4：十一二岁的女孩子洗澡不知道避开父亲，怎么提醒呢？

女孩子到十一二岁，洗澡不知道避开父亲，该怎么和她说呢？

Jane答

洗澡不避开只是表象。想一想是否家里还有很多时候、很多事情父母与孩子之间都互不避忌呢？

第一，父母应该让进入学龄的孩子有对自己身体自我保护的观念，包括对自己的异性父母也有避讳的意识，比如上洗手间、更换衣服时要关门。到了一定的年龄，父母应意识到孩子的身体是私密的，即使是父亲也不可以与女儿过于亲密，造成性别模糊。

第二，父母自己就像孩子的一面活生生的镜子，自己在家的生活习惯、生活方式也会影响孩子。父母如厕是否关门，夫妻洗澡是否避过孩子？如果生活环境并不宽敞，一家多口居住在一间房间内，在孩子稍大后可以考虑拉个帘子之类，起居分开，让夫妻与孩子间可以保有相对隐私的空间。

第三，男女有别。即使父亲再疼爱女儿，也不能无界限地接近。父亲必须以身作则，在平时与女儿的相处中，自然地与女儿保持有距离感的亲近，让女儿觉得需要在爸爸面前保持自己的隐私。

全章总结

父母的大智慧就在于帮助孩子解决了吃喝拉撒问题后，还能成为他们一辈子的朋友和人生路上的辅导员。这就是为何我们必须学习应对亲子关系中的危机，这些危机就是孩子身体里那些暗藏着的利刺，一旦处理不好，它们就会冒尖出来，成为孩子手上伤人的利爪，变成父母心头上的大患。我们因为爱得太狠、太急、太缺乏智慧，便开始不信任孩子，错误判断他们的学习能力，完全漠视他们潜在的、独有的能力。我们错把每个孩子都有的这些与生俱来的利刺当成与自己过不去的障碍，时时刻刻地想去消灭它们，最后却发现我们就是与大风车作战的孤独的堂吉诃德。

我们不要求孩子变得最好，因为世上没有最好的人，只有更好的自己。在孩子变得更好以前，让我们先变得智慧起来，只有更好地理解和读懂孩子，我们才能成为够格的父母，成为给予生命之后还能给予理智光芒的父母。

孩子与动物和自然之间有着与生俱来的亲近感。小Sean眼里看到的世界是鲜艳的，而且他常常会在每张画的边角悄悄地留住太阳的一角，仿佛阳光就那样点点滴滴地洒落下来。

通过我创办的微信公众号“父母堂”，我和我的小伙伴团队每天服务成千上万的父母和孩子。我们一周7天都会推送内容，节假日无休，已坚持了4个年头。之所以能如此忘我，是因为我们皆为父母，都有一颗天然奉献的心。

后序　好妈妈当有自己的精彩

年轻时的我，爱情丰满，一心想着事业。我当时眼中的格局只有“事业要成功，做一个有事业的女人”。

20世纪90年代初，我在美国印第安纳大学完成了MBA学业后，被美国一家跨国公司聘用，直接派往香港和大陆工作。稍后遇到了先生，轰轰烈烈地恋爱了一场，因不堪两地牵挂便离职回到纽约。这时，我开始思索起自己最想投身的一件大事。

记得我刚到纽约大学学习英文时，写过一篇作文，题目为“I Want Change the Color of China”（我想改变中国人看待生活的方式）。老师把我叫上讲台，要我大声地把这篇文章念出来。在大家眼里，这个中国来的女孩不同寻常，很有一点儿惊世骇俗的范儿。这一幕一直留在我的脑海中。这里的“Color”其实就是我们眼中看到的五颜六色的生活。我当时就在想，怎么能改变大家看待生活的视角。

于是，辞了跨国公司工作的我又重新奔波在中美两地，踌躇满志地创办起一本杂志——《iLOOK》。我决心为中国女性自创一本时尚先锋杂志，我为她最初取的名字是LOOK，意思是视野，希望LOOK就像一扇徐徐打开的窗，引领刚刚涌现的中国白领女性群体看向世界，审视自己，催生一派新视野。

我在杂志上留出大幅版面给了服饰和风尚，而且每期在纽约筹划大片拍摄，同时大胆地报道以纽约为据点的世界美术、音乐、文学和演出等各类新鲜人物和事件，其中包括街头之风、好书热读、电影快报和纽约人的吃喝玩乐。刚创办时是季刊，然后变成双月，最后实现单月出版，跻身商业化运作的杂志行列。

1993年6月，我与后来成为我先生的谭盾相遇于纽约；7月我们第一次旅行就去了最远的地方西藏。

两件大事同时突袭了我

就在这个时候，有两件大事同时发生在我的生活里，而且来得突然，我全无准备。

第一件大事，我怀孕了。

那是一个还有点温热的初冬下午，我刚从北京飞回纽约，去超市张罗一些吃喝拉撒的日用品。回家的路上我突然眼冒金星，竟瘫坐在地上不想起来，那可是人来人往的SOHO区的街道啊！我在地上蹲了十几秒之后勉强站了起来。我一直以为自己具有非常强大而良好的自控力，相信精神可以控制身体的一切，包括健康和暂时的不适。可就在这一刹那，我觉得自己对身体毫无掌控，彻底失去了引以为豪的那份自我力量。这十几秒对我的精神形成了巨大的冲击，甚至让我在刹那间摸到了恐惧的尾巴，冰冷的，绝无任何讨价还价的余地。一个念头莫名其妙地蹦了出来——我怀孕了！

直觉让我冲进汤姆森街上那间我常去的小药店，一下子买下了两个不同品牌的早孕试纸。我想一种试纸不可信，一定要做两个不同品牌的试纸测试才行。回到家，试纸非常直接地告白了一个对我来说惊天动地的“坏”消息——我确确实实地怀孕了。

那一刻，我的眼泪止不住地哗哗流下来。我立即打电话把先生叫回家，对着他尽情地“挥洒”着不能控制的情绪。先生静静地坐在一旁，一点儿声音也没有，足足半个小时过去了，才听他轻柔地说了一句：“对不起，全是我的错！”有时候，时刻未到时你是看不到自己的。在这一刻我听到了这么一句简单的话，竟突然领悟到了生活的不可理喻：我可以一直哭下去，但一丁点儿也不会改变让我恐惧至极的现实。

与我的惊慌失措相对的恰恰是先生的冷静。他开始行动起来，先打电话给我的两位美编，开口就说今晚请她们来家吃饭，而且由他掌厨。他在那里有条不紊地忙碌着，而我却满脑子问号，我怎么办？杂志15日就要付印了，谁帮我去深圳看菲林片，谁帮我去香港落实广告，谁帮我去上海对接发行？当时我眼中的人生只有一件事——《iLook》杂志，我把她看成自己的第一个孩子，我的女儿。

饭桌上，先生对两位美女编辑解释说：“请你们来有件事想商量，这件事对Jane和我来说很重要，就是Jane怀孕了，所以我想请你们帮忙去香港看样稿和去深圳签字付印。”两个女孩来自台湾地区，一听都蒙了。无奈之下，同意这次中国之旅她们俩互相做伴，一起去。

就这样，之后的3个月，我老老实实地待在纽约，24小时地不眠不休，跟着太阳的起落遥控着京、沪、深、港的“大局”。先生除了呵护我和我的情绪，还始终坚如磐石地支撑着我向前行进。

怀第一个孩子很辛苦，因为得了妊娠期糖尿病，不仅体重大增，还坚持中美两地飞行至孕8个月，以保证杂志的按时出版。

第二件大事，我的第一个“女儿”被抢走了。

与怀孕几乎平行展开的还有一个“坏”插曲。

在发现怀孕前不久，我遇到了住在北京也曾在纽约留学的H。她是由杂志当时的投资人推荐过来的，希望能帮助我在北京建立办公室，实现编务制作中国本土化的设想。第一次见面，H告诉我，她愿意做我的“接生婆”，帮我把《iLOOK》诞生在中国。我听了很感动，虽还没有当过母亲，但明白这层意思的内涵，也深信自己感受到了一份真诚。

很快北京办公室诞生了。我在纽约，负责编审内容，并遥控香港的广告业务和深圳的印刷。 H开始介入刚刚开放的中国广告市场，着手招聘国内编辑，尝试本土化内容的策划。终于，杂志度过了初创期，为进入中国做落地前的最后准备。

孕初的5个月过去后，医生放行我飞来飞去，直到生产前夕停止旅行。生产之后的6个月因为哺乳，我必须“滞留”在纽约办公室。之后不久，危机毫无预警地突然出现了，而我连危机的源头在哪里都没弄清就已经被出局了。

1998年8月25日，我从北京赶回纽约，因为第二天是Ian的第一个生日。26日早上起床，我看到传真机上放着一份奇怪的传真，是H发来的，上面这样写着：我建议你投我一票来替代你（主持工作）。一时间我僵住了，就如当初瘫坐在SOHO区街道上的感觉一样无助又无力。明明记得她告诉我，她是来当接生婆的，结果现在接生婆要变身当妈了。我从情感上、理智上都没办法接受这张白纸传递来的黑字信息。我努力让自己平静下来，因为我要先为儿子过1岁的生日呀！

记得为了让生日会更有气氛，我决定去买氢气球，可是我发现我居然完全不知道去哪儿买，也不知道要去询问谁。如果这件事放在今天，我会把自己鄙视得无地自容。可那时我对当妈妈这件事真的一无所知，只是被一种与生俱来的感情所驱动。在Ian出生的第一年里，除了杂志是件大事，其他一切连小事都算不上。从我内心来说，Ian不在我的生活中心。现在我要为Ian去找生日气球，这让人气愤的传真暂时退到了脑后。

本来我设想满屋子都要有气球飞舞的，可当我终于在一个地下室里找到气球时，发现只剩下了6个。

然后，我开始想客人的名单，我发现自己居然不认识任何孩子可以请来与

Ian做伴。当时先生又不在身边，我只能请来先生的教母雷吉娜和教父爱德华，再加上孩子的保姆，凑成6个座位。

我把晚饭做好，给Ian选了一套墨绿色的背带裤和一双深红色小鞋子，打扮得如我想象中的小绅士，可他还不会自己走路。我家有条长长的走廊，连着餐厅和卧室。我起身去房间里拿什么东西，一只气球好像也跟了过来。我回身望去，看到Ian从椅子上跳下来，跟随着往我这边飘来的气球也跌跌撞撞地冲了过来。就在要抓到气球的一刹那他没能站稳，往前摔去。我，自然地、毫不犹豫地一下子抓到了他的小手。就在这一刻，我感到一股被救赎的力量，一下子从Ian的指尖通透地穿过了我的全身。眼前这个“不太熟悉”的孩子就像以前画上看到的天使，没有翅膀却已飞翔在我的头顶。一年来他喊我妈妈，我却没太多理会他，可他还是在那里等着我去看见他。而我花了无数心血、搭上仅有的积蓄和3年宝贵的时间去建构的杂志世界，说消失就消失，只剩下一页纸上那些冰冷的字词句。

我强忍下在胸中上下翻动的苦水，做好了一桌饭菜，为Ian过周岁生日。小小Ian哪看得出妈妈心中的委屈，捧着空酒瓶模仿大人干杯。时光荏苒，再看此景，我深怀感恩，是Ian把我从心中的苦海里一把拉了出来。从此我开始真正学做母亲。

自以为生命中最舍离不去的，竟然是最脆弱的，轰然倒塌时无痕无影；相反，生命中被忽略的恰恰就是最值得珍爱的。从抓到Ian小手的那一刻起，我真正当妈妈了。

从头学起做妈妈

在我触摸到Ian小手的一瞬间，我下定决心放弃我曾一手拉扯的“女儿”。就这样，两个“坏”消息不谋而合地催生了一个真正的母亲。之后1岁的Ian，成为我的领路天使，我开始为他学习做妈妈的道道，而我的生命也由此开始向更广袤的天地生长、延伸。

第一步，搞懂如何当妈妈。我先用拿来主义，读大量的书，任何能找到的书我都读；然后再来检验主义，拿着书上的理论去生活里做检验。我完全不记得读过的书名，因为我尝试从学习中建立起自己的养育体系，而不是绑定任何一种固定的或某专家的养育理论和模式。其次，我订阅大量的母婴和亲子类杂志。当时还没有网络信息，但在纽约可以找到很多专业的杂志，信息量大，有很多很有用的碎片式的实用知识，包括大量的专家建议。

第二步，我开始交朋友，与有孩子的家庭做朋友，看美国的父母是怎么带

2001年喜事临门。先生谭盾凭李安的影片《卧虎藏龙》荣获奥斯卡最佳原创音乐奖。从好莱坞归来，我们一家三口相拥留影，Ian把小金人当巧克力啃着。

孩子的。我经常带着孩子去华盛顿广场公园，看到有推着小车的妈妈就去跟他们聊天交朋友。在我眼里，每位父母亲都是我的老师和榜样。每次去买婴幼儿产品，我都要花很长时间，因为我喜欢与营业员交谈，他们可以给我很多好的产品建议和使用心得等。

第三步，跟孩子的学校学习。孩子的学校把我带入了一个全新的学习环境和教育体系，我发现不同的学校原来是有不同的教学理念和方式方法的，而且不同的学校聚集的家庭也是不一样的。通过参加学校组织的和家长自发的各类活动来更深入了解养育的大、小环境，比如家长合作为孩子们做的阅读课堂，课余的专题实地考察，家长俱乐部，为学校策划做主题演讲和捐款活动等。

第四步，跟孩子们学习。通过Ian，我与他的小朋友们交上了朋友。我们每周末都与小朋友们一起做户外活动，也邀请他们来家过夜（sleep-over）。我观察他们，通过他们再研究他们的家庭教育，发现不同的养育模式和方法会给孩子带来不同的习惯和面貌。

这四步是我育儿初期学当妈的入门课程。

用一己之力改变中国父母的养育观

2006年Ian的一句“我不是中国人”惊醒了我，一年以后我带着两个孩子毅然回到了中国，希望用母亲的力量来改观两个孩子对自己和对中国文化的认识。但完全没预料到的是，原本只打算待一年的我，竟然被一个更大的挑战“绊”住了回纽约的脚步。

2007年的中国，父母们关于婴幼儿的各种养护和教育的知识、资讯和设施都显得不足。在朋友的建议下我在当时正红红火火的新浪博客上开通了个人博客，取名叫“妈咪Jane育儿妙方”。第一篇博文是“为什么我会高龄生下第二个孩子”。虽然这是一个比较私人化的问题，但我非常有愿望与大家分享自己在工作与生养孩子后所遭遇的变化和冲突。当时我是这样结束第一篇博文的：“无论以后的日子里我将做什么，我要做的事一定是让自己与孩子相关联，因为我深刻体会到母亲和孩子是世上最美好的一对。开博写博，正是一种聆听，我们需要聆听自己，聆听彼此。”

此后我坚持每周一篇博客，聚焦在养儿育女的那些事上。令人惊喜的是，

我很爱我的工作，因为它让我感受到一个平凡的母亲同样拥有一股不可阻挡的力量！虽然我们养育的是一家的孩子，但千千万万个我们合在一起，其实正在塑造着未来。通过对孩子的培养，母亲的力量是无穷尽的。

我的中西互通的育儿观受到了广大网友的热烈关注。同样在2007年，我创办了结合养育知识和母婴用品选购为一体的妈妈宝酷网，我的服务理念是“一个产品解决一个问题”。也正是在运营妈妈宝酷网的过程中我认识到了一件事：中国父母不怕东西贵，只怕名气不够响；不怕渠道难，只怕代购不帮忙。这种一窝蜂式的“育儿”概念很多时候都是由于育儿知识的缺乏造成的，于是我决定把触角延伸到微博和母婴杂志的育儿专栏上。

然而不久我就发现，所有在微博上免费服务父母大众的专家都好累，包括我自己，一天有千百个人围着问问题，要是回答一个人，就会有100个人出来抗议：“黄老师，为什么你不回答我的问题呢？”而在我看来，绝大多数提问都是常规的养护问题，无须一一照本宣读。为了节省专家们的精力和时间，也为了让父母们更积极地自学，我开始研究起当时正在悄悄热起的微信公众号，我提出了一个新概念，就是聚合父母的提问，进行归类分组，再以主题来编写文章引导读者阅读，这样对大家来说，只要订阅公众号就可以定时收读专家的文章了。想明白我就立即行动起来，在2012年圣诞节当天，“父母堂”微信育儿公众号上线试运行。

当时我为“父母堂”提出了3个绑定：绑定新的生活方式，即手机端阅读；绑定新的学习方式，即碎片化、主题化的阅读模式，并做点对点的免费推送；绑定权威的专家文章，“父母堂”所提供的知识和服务大多数来自全国百余位各行各业的专家和专业机构。至此，我完成了一个大梦想，就是在读者大众与专家之间架起一座桥梁与一个平台。然而当时有许多朋友不理解，他们悄悄地问我，为何不继续做大购物平台，却要做一个没人知晓的公众号，我的回答是：我要找到一个最大效应的渠道去影响父母们。在生活中扮演多重角色的妈妈们都很懂得怎么去“偷时间”，她们会把零碎的时间使用到最大化，所以随时随地地阅读和分享是妈妈们最需要的一种学习模式。

时间一晃我回国已经快10年了。在这10年里，我的大儿子从拒绝说中文的一个9岁男孩转变成一个会开心地感谢我带给他多视角、多文化和多语言生活的大学生；我的小儿子从一个讲话不利索的2岁宝宝成长为一个内心坚韧、热爱音乐并很有自律心的初中男孩。10年光阴里我能做到这一切，都与我所追寻的梦想和日日夜夜的工作相关联。当我每天回答网上父母的提问时，我总是望

陪伴先生参加各类社会活动也是我工作的一部分，我在生活中扮演着各种角色，每一种都让我快乐在其中，成长在其中。

见自己就坐在对面的镜子里：在镜子里的他们就是我自己，帮助他们和他们的孩子，就是帮助我自己和我的孩子。我常常这样想，如果只是我家的孩子成长得很好，别家的孩子不够好，那么未来的世界真不会太好；孩子需要更好的社会、更好的社区、更好的朋友和更好的父母。

由此可见，养儿育女是件关乎未来社稷的大事。辛勤养育靠母爱，但当好妈妈不能只靠母爱。只有妈妈活出了格局，孩子才能有榜样、视野、信念以及内在的力量去争取和把握自己的人生，去参与和改变未来的世界。当你的孩子属于世界，世界才会属于你的孩子。

在我的心里，妈妈能给予孩子的最好礼物就是活出自己的精彩，先做一个有格局的女人，再做一个让孩子崇拜的妈妈，更不能忘记做一个能够感动自己的人。

我们一家人已到了很难凑齐人数的年代了！Ian已比父母高大健硕了，小Sean很快也会走向他要去的远方。回首18年，我们能在一起走过实在太幸福了。

图书在版编目（CIP）数据

父母的格局：成就孩子的“第三种力量” / 黄静洁著. -- 北京：中国妇女出版社，2017.1

ISBN 978-7-5127-1402-1

Ⅰ.①父… Ⅱ.①黄… Ⅲ.①家庭教育 Ⅳ.①G78

中国版本图书馆CIP数据核字（2016）第296240号

父母的格局——成就孩子的“第三种力量”

作　　者： 黄静洁　著
策划编辑： 姜喆
责任编辑： 姜喆　宋文
封面设计： 周周设计局
责任印制： 王卫东
出版发行： 中国妇女出版社
地　　址： 北京市东城区史家胡同甲24号　　邮政编码：100010
电　　话：（010）65133160（发行部）　　65133161（邮购）
网　　址： www.womenbooks.com.cn
经　　销： 各地新华书店
印　　刷： 北京中科印刷有限公司
开　　本： 165×235　1/16
印　　张： 22.5
字　　数： 280千字
版　　次： 2017年1月第1版
印　　次： 2017年3月第2次
书　　号： ISBN 978-7-5127-1402-1
定　　价： 49.80元